扬子江传

陈正荣 著

南京出版传媒集团
南京出版社

图书在版编目（CIP）数据

扬子江传 / 陈正荣著. -- 南京：南京出版社，2024.5

ISBN 978-7-5533-4578-9

Ⅰ. ①扬… Ⅱ. ①陈… Ⅲ. ①长江中下游－文化史 Ⅳ. ①K295-49

中国国家版本馆CIP数据核字（2024）第028059号

书　　名：扬子江传
作　　者：陈正荣
出版发行：南京出版传媒集团
　　　　　南 京 出 版 社

社址：南京市太平门街53号　　邮编：210016
网址：http://www.njcbs.cn　　电子信箱：njcbs1988@163.com
联系电话：025-83283893、83283864（营销）　025-83112257（编务）

出 版 人：项晓宁
出 品 人：卢海鸣
责任编辑：冯展君
装帧设计：赵海玥
责任印制：杨福彬

排　　版：南京新华丰制版有限公司
印　　刷：南京工大印务有限公司
开　　本：787 毫米 × 1092 毫米　1/16
印　　张：20.5
字　　数：301千
版　　次：2024年 5 月第 1 版
印　　次：2024年 5 月第 1 次印刷
书　　号：ISBN 978-7-5533-4578-9
定　　价：68.00 元

目 录

引子 / 001

空间篇

江与城 / 016

板桥的月色 / 022

三山半落青天外 / 025

大胜关晚霞 / 028

沧桑石头城 / 031

下关的荣光与屈辱 / 034

阅江楼上览大江 / 041

五马渡 / 044

幕府新绿 / 047

凌空飞燕子 / 052

寻找黄天荡 / 056

老浦口 / 059

春江十里 / 062

长芦晚钟　/ 065

潮打三更瓜步月　/ 067

飘来的龙袍　/ 071

古渡夕阳红　/ 073

江南江北　/ 078

长江三洲　/ 083

秦淮金川汇大江　/ 089

水八鲜与盐水鸭　/ 096

坐看江豚蹴浪花　/ 100

天堑变通途　/ 104

南京：以江为名　/ 107

时间篇

时光里的金陵大江　/ 116

大江的黎明——金川河畔的北阴阳营人　/ 125

吴头楚尾——春秋战国时期的金陵大江　/ 128

从金陵到秣陵——秦汉时期的金陵大江　/ 131

浮江万艘——东吴的江面　/ 134

霸业大江流——六朝的金陵大江　/ 140

潮打空城——唐代的金陵大江　/ 151

泣望石头城——南唐悲歌　/ 155

槛外长江空自流——宋元时期的金陵大江　/ 158
风云际会——明代的金陵大江（上）　/ 163
奔向海洋——明代的金陵大江（下）　/ 170
波诡云谲——清代的金陵大江　/ 175
潮起潮落——民国时期的金陵大江　/ 186
哭泣的江水——1937 年的金陵大江　/ 193
百万雄师过大江——换了人间　/ 197
大江入海流　/ 201

文学篇

文学大江　/ 208
十首最经典的长江诗词　/ 223
四大古典名著与长江　/ 232
《世说新语》中的大江　/ 242
长江三赋　/ 249
诗词扬子江　/ 256
宁饮建业水　/ 262
六朝山水诗　/ 264
唐诗里的金陵大江　/ 267
一江春水向东流　/ 275
春风又绿江南岸　/ 277

不用长江限南北　/ 279
有记无楼六百年　/ 281
滴滴沉江底　/ 285
背影　/ 287
六朝烟水气　/ 290
金陵大江意象　/ 293

扬子江，向海洋　/ 298

参考文献　/ 315
后记　/ 318

引子

一

你从雪山走来，春潮是你的丰采；
你向东海奔去，惊涛是你的气概。
你用甘甜的乳汁，哺育各族儿女；
你用健美的臂膀，挽起高山大海。
我们赞美长江，你是无穷的源泉；
我们依恋长江，你有母亲的情怀。

你从远古走来，巨浪荡涤着尘埃；
你向未来奔去，涛声回荡在天外。
你用纯洁的清流，灌溉花的国土；
你用磅礴的力量，推动新的时代。
我们赞美长江，你是无穷的源泉；
我们依恋长江，你有母亲的情怀。
啊，长江！啊，长江！

这首《长江之歌》唱出了长江母亲的伟大胸怀与磅礴气势。

大江东去，奔腾不息。

长江像一条舞动的巨龙，自青藏高原唐古拉山脉，蜿蜒东下，一路横穿中华大地，流经青海、西藏、四川、云南、重庆、湖北、湖南、江西、安徽、江苏、上海共11个省（区、市），汇纳万千河川，最后汇入东海，干流全长6300余公里，为我国第一大河，也是亚洲最大的河、世界第三大河。

长江太长，长得不同区域的人们迫不及待用各种名称来称呼它。从最上游的江源至当曲口，称“沱沱河”。从当曲口至青海玉树的巴塘河口，称“通天河”。从巴塘河口至四川宜宾的岷江口，称“金沙江”。四川宜宾至湖北宜昌段，因长江大部分流经四川省境，俗称“川江”。下段为奇险的长江三峡，因山峦夹峙、水流湍急，有“峡江”之称。湖北枝城至湖南岳阳城陵矶段，因长江流经古荆州地区，俗称“荆江”。荆江下段河道蜿蜒曲折，素有“九曲回肠”之名。长江流经九江境内，因为九江古称“浔阳”，所以又有“浔阳江”之称。长江流到安徽境内，因安徽简称“皖”，所以有“皖江”之称。从南京至入海口，又有“扬子江”之称。

江流千古。长江究竟有多少岁了？它又是怎样形成的？

地质学家告诉我们，长江是因数次地壳运动而形成的。

距今2亿年前，长江流域的绝大多数地区都处在古地中海中，其中西藏、云南西部、青海南部，以及湖北西部长江三峡和四川盆地都是一片汪洋大海。

发生在1.8亿年前的印支造山运动使得山脉突起、高原呈现，开始出现了昆仑、横断等山脉；秦岭突起，古地中海西退，长江中下游南半部隆起成为陆地，云贵高原开始呈现；在横断山脉、秦岭和云贵高原之间有一些断陷盆地与槽状凹地被一条水系串联着，从东向西，经南涧海峡，流入古地中海，这是古长江的雏形，其水流流向与今日长江正好相反。

距今1.4亿年的燕山运动，在长江上游形成了唐古拉山脉；青藏高原缓缓抬高，褶皱形成许多高山深谷、洼地和裂谷；长江中下游大别山和川鄂间巫山等山脉隆起，四川盆地凹陷。

在距今1亿年的白垩纪，四川盆地缓缓上升，云梦、洞庭盆地下沉；湖北西部的古长江逐渐发育，向四川盆地溯源伸长。

距今4000—3000万年前，强烈的喜马拉雅运动，青藏高原隆起，古地中海消失，长江流域普遍间歇上升，西高东低的地势逐步形成；金沙江两岸高山突起，青藏高原和云贵高原显著抬升，同时形成了一些断陷盆地；河流强烈下切作用，出现了许多深邃险峻的峡谷，原来自北向南流的水系相互归并，顺地势折向东流。

距今300万年前，喜马拉雅山又强烈隆起，长江流域西部进一步抬高，从湖北伸向四川盆地的古长江溯源侵蚀作用加快，切穿巫山，使东西古长江贯通，浩浩荡荡，注入东海，形成今日之长江。

长江的源头又在哪里？唐古拉山脉主峰各拉丹东雪山西南沱沱河被认为是长江的正源。沱沱河长375公里，流域面积有1万多平方公里。

长江古称“江”，如同称黄河为“河”。在上古时代，“江”是专有名词，特指长江，《诗经·周南》写“江之永矣，不可方思”。古人称长江为“大江”，极言其大。西汉司马相如《子虚赋》写道：“缘以大江，限以巫山。”谢朓写道：“大江流日夜，客心悲未央。”（《暂使下都夜发新林至京邑赠西府同僚》）阴铿写道：“大江一浩荡，离悲足几重。”（《晚出新亭》）又极言其长，曰“长江”。《三国志》载：“将军大势，可以拒操者，长江也。”到了唐朝，“大江”“长江”用得都很普遍，如王勃的“长江悲已滞，万里念将归”（《山中》）、李白的“孤帆远影碧空尽，唯见长江天际流”（《黄鹤楼送孟浩然之广陵》）、杜甫的“星垂平野阔，月涌大江流”（《旅夜书怀》）、张九龄的“滔滔大江水，天地相终始”（《登荆州城望江二首》）。长江、大江，不仅嵌入诗行，也刻在世世代代中华儿女的心中。

二

人们通常把长江宜昌以上称为上游，长4504公里，流域面积100万平方公里，其中巴塘河口至宜宾称“金沙江”，长3464公里。宜昌至江西湖口为中游，长955公里，流域面积68万平方公里。湖口至出海口为下游，长938公里，流域面积12万平方公里。南京大体位于下游的中心。

从南京开始的长江，有时又被称为“扬子江”，自隋朝起就有了这个称呼。

隋唐年间，扬州城南十几里许，有扬子镇。因地临长江北岸，又名“扬子津”。《资治通鉴》记载：“隋开皇十年，杨素率舟师自扬子津入击朱莫问于京口。”炀帝继位，为了游幸，利用吴王夫差开的邗沟故道，开运河自山阳（今淮安）达扬子，并在扬子建扬子宫。明《隆庆仪真县志》云：“炀帝既幸江都，春二月遂临扬子津，置扬子宫于方山。扬子之名始此。后因以名镇，而江亦称扬子云。”唐代永淳元年，曾于扬子津附近设扬子县。

扬子津在唐诗中经常出现。如孟浩然《宿扬子津寄润州长山刘隐士》诗云：“日夕望京口，烟波愁我心。”李白《横江词》其一写道：“横江西津阻西秦，汉水东连扬子津。”唐开元天宝以后，由于淤沙扩展，瓜洲渐与北岸相接。自扬子津行船南渡，须绕过瓜洲尾部，水程增加20多里。后来自扬子抵瓜洲的运河竣工，扬子津退出历史舞台，其地位被瓜洲渡取代。

清末民初徐珂编纂的《清稗类钞》，在“地理类”有“扬子江”条的解释：“扬子江之名由来久矣。盖江苏扬州府城南十五里有扬子津，隋以前津尚临江，不与瓜洲接，故江面阔至四十里，北人南渡者悉集此津，而江亦以是名焉。”

明代早期开始，人们就开始用扬子江指代从南京开始的长江下游段。意大利传教士利玛窦、葡萄牙传教士曾德昭都把南京附近的大江称作“扬子江”。西方传教士、商人进入长江流域，首先接触到的便是长江的扬子江段，于是将扬子江（Yangtze River）作为南京下游甚至整段长江的代称。曾德昭写到南京城时说：“河水轻触城脚，有几条支流流入城内。河名叫洋子江，意思是海洋之子。”他们误以为“扬子江”或“洋子江”得名于“大洋之子”，即“Son of the Ocean”。其实这是他们想当然。

长江到了安徽芜湖境内，有东梁山、西梁山相迎。二山耸峙，江水北去，所以李白有诗云：“天门中断楚江开，碧水东流至此回。两岸青山相对出，孤帆一片日边来。”（《望天门山》）

长江再往下游，就来到马鞍山境内的采石矶。这里是历史上北方军队渡江进攻南方政权的重要渡口之一，南京的锁钥之地。历史上在这里曾经发生过数十次渡江战役。李白写采石矶：“绝壁临巨川，连峰势相向。乱石流洑润，回波自成浪。”（《牛渚矶》）采石矶附近的当涂是李白终老之地，这里有李白“醉酒捉月，骑鲸升天”的美丽传说。

长江带着采石矶的传说，继续北去，很快就来到江苏境内。长江在江苏境内全长为432.5公里，先后流经南京、镇江、扬州、泰州、常州、无锡、苏州、南通8个设区市，岸线总长1169公里，是全国拥有长江岸线最长的省份。

南京是长江进入江苏的第一站。始建于宋代的铜井镇，是迎接长江进入南京的第一站。这个古老的名字昭示着这里曾经盛产铜。站在这里的江边西望，对面就是名气很大的乌江，项羽自刎的地方，那里是安徽省和县乌江镇与南京浦口桥林镇接壤之地。

从长江南岸慈湖河口开始，经三山矶、大胜关、上新河、北河口、三汊河至下关，在八卦洲拐了一个弯，呈现出“厂”字形，复又向东流去，下游交界口在镇江的大道河口。长江北岸从浦口的桥林入境，经浦口、长芦、瓜埠，于六合的龙袍镇乌鱼洲出境，流入扬州仪征范围内，而南岸则是镇江范围。

南京长江段全长为97公里，从这里开始往下游去，有“扬子江”之称。南京长江段，古往今来，风云激荡，波诡云谲，与古城南京相辉映，与中国历史的进程相关联，演绎了多少悲壮激越的故事！

长江流经镇江境内103.7公里。镇江三国时称“京口”，孙权在此筑铁瓮城。镇江是南京的锁钥之地，历史上北方政权进攻南京，常常先从江北的瓜洲或瓜步进入镇江，比如朱棣从瓜洲渡江，先占镇江，再攻南京。“何处望神州？满眼风光北固楼”，是南宋爱国词人辛弃疾留下的千古绝唱。江南运河的北端就在江苏镇江谏壁口，南端为杭州。因此，镇江也是古老运河与浩瀚大江交汇之地。

长江流经扬州境内86.7公里。扬州是长江与运河交汇城市。“天下三分明月夜，二分无赖在扬州。”“故人西辞黄鹤楼，烟花三月下扬州。”扬州的月，扬州的水，扬州的花，扬州的诗情画意实在太多。扬州虽处江北，但水韵绵延，帆影叠叠，不似江南，胜似江南。

长江流经泰州境内125.7公里。泰州古称“海阳”“海陵”。历史上，江淮海三水激荡于泰州，滋养着这片大海中长出的土地。南唐时为州治，称为“泰州”，取国泰民安之意。泰州是承南启北的水陆要津，兼融吴楚越之韵，汇聚江淮海之风。

常州虽然只拥有25.8公里长江岸线，但长江对这座城市留下深刻印记。乾隆皇帝曾用“江湖汇秀”来赞美常州。如今贯穿常州新旧城区的两条南北大道，一条名为通江路，一条名为长江路，是长江印记的标志。

长江流经无锡境内的江阴达34.8公里。山北水南为阴，江阴因地处“大江之阴”而得名。在古代，江阴为长江入海口。江阴北枕长江，与靖江市隔江相望。春申旧封，延陵古邑。长江至江阴，江面收窄，江流湍急。长江到此，已经流入太湖流域，与文脉久远的吴地文明遇合、碰撞、交流、融汇，由此，长江与太湖、运河，以及众多塘河浜渎，一起成就了江南的水文化。

苏州拥有158公里的长江岸线。长江流经张家港、常熟、太仓三市。张家港原名“沙洲”，顾名思义，曾是江边小岛，今天，它已经成为长三角地区一颗闪亮的明珠。常熟正如它的名字一样，拜大江滋润，土地肥沃，百姓富足。太仓，东濒长江，与崇明岛隔江相望，明代建州，是郑和下西洋的起锚地。苏州市辖区虽然不直接临江，但苏州与长江、大海的关系太密切。古运河联通长江。宋元时期，称东海为“苏州洋”。“君到姑苏见，人家尽枕河。”（杜荀鹤《送人游吴》）苏州是一座地地道道的水城。缘水而美，水是苏州的灵魂。汇聚江湖河海之风，尽享通江达海之利，苏州最具江南水乡的气质，也是吴文化的杰出代表。

南通是长江的最后一站，沿江岸线达166公里。南通有“江海门户”之称。长江沿岸有如皋的长江镇、通州的五接镇、崇川的临江社区、海门的临江镇、启东的船舶工业区与圆陀角。6000年前，南通主城区、海门、如东一带，还是江海交汇处几个孤零零的沙洲。沧海桑田，如今这片土地已经成为控江临海的发达之地。如皋的“皋”为水边的高地。如皋还有长江镇，如同南京有长江乡、长江村一样，直接以长江命名，尽享长江的红利。长江流过南京后，北岸基本上看不到山。到了南通，黄泥山、马鞍山、狼山、剑山、军山等5座小山突然出现在人们面前，令人眼前一亮。五山临江而立，秀丽多姿。多年前，它们曾是长江中的小岛，清初成了江岸的风景。站在狼山之巅，沐浴浩荡江风，目送大江入海，心潮澎湃，胸怀开阔。

江水奔腾，日夜不息。长江从唐古拉山脉的各拉丹冬峰奔腾而来，流过6300多公里后，在南通与上海之间的长江口汇入浩瀚大海。至此，万里长江完成了它伟大而神圣的使命。

三

长江南京段总长为97公里，南北岸线总长为280公里，两岸共有28条入江河流，其中主江岸线长186.55公里，占全省岸线的23%。长江在南京境内涉及江宁区、雨花台区、建邺区、鼓楼区、栖霞区、浦口区、江北新区、六合区8个行政区。

长江南京段江面最宽处为3公里左右，最窄处只有1公里左右。水深一般在15—30米，最深处有50米。在南京段的江面上有7个岛，最大的是八卦洲，其次是江心洲、新济洲，新济洲上目前已经没有人居住。江心洲与市区江岸之间的江面较窄，此段长江又称“夹江”。下游的沙洲叫“八卦洲”，又名“草鞋洲”或“七里洲”。八卦洲南岸与燕子矶之间的江面，称“草鞋峡”或“内江”，现在为长江的主航线。八卦洲与江北六合之间的江面称为“外江”，原先是长江的主航道。

长江位居南京城的西部，两岸又有“江东”与“江西”、“江左”与“江右”之称。

扬子江虽然因扬州南岸的扬子津而得名，但自古以来，就有扬子江指代南京段的长江的说法，比如唐代诗人李益的《长干行》（一作李白）写道：“忆妾深闺里，烟尘不曾识。嫁与长干人，沙头候风色。五月南风兴，思君下巴陵。八月西风起，想君发扬子。”“发扬子”，意为从金陵大江出发。明代蔡羽的《清凉台》写道：“扬子江边白鹭洲，白云红叶长悠悠。”近代诗人陈三立的《浦口别印昆入都》写道：“扬子江声日夜喧，历阳树色暗郊原。”今天，南京有扬子江大道、扬子江隧道，用“扬子江”之名来称呼金陵大江，别具一番古意。

南京跨江而踞，因江而生，因江而兴，因江而盛。所以我说，金陵大江是一部大部头的书，需要慢慢解读。

——从地理位置看，金陵大江由南向北再向东逶迤而去，像一条银色的飘带，环抱金陵城。诗人岑参说：“大江盘金陵，诸山横石头。”（《送许拾遗恩归江宁拜亲》）诗人李白说：“地拥金陵势，城回江水流。”（《金陵三首·其二》）又说：“金陵控海浦，渌水带吴京。”（《入朝曲》）“海浦”是指长江入海段，唐朝时，长江的入海口在扬州、镇江附近。在李白眼里，金陵大江绕城而流，依江控海，是绝好的地势。

关于南京的地理形势，古人经常用“龙盘虎踞”“帝王之宅”“金陵王气”等来描绘。诗人谢朓说：“江南佳丽地，金陵帝王州。”晋代张勃的《吴录》记载：“刘备曾使诸葛亮至京（指建业），因睹秣陵山阜，叹曰：‘钟山龙盘，石头虎踞，此帝王之宅。’”这段话的意思是说，三国时期，刘备为了联吴抗曹，派诸葛亮到吴都建业游说孙权，看到建业的山势地形，不由得感慨：“紫金山山势险峻，像一条龙环绕建业，石头城很威武，像老虎蹲踞着，这可是帝王建都的好地方啊！”

古人对于南京独特的地形，多有考察、论述，比如南宋周应合在《景定建康志》中分析道：“石头在其西，三山在其西南，两山可望而挹。大江之水横其前，秦淮自东而来，出两山之端而注于江，此盖建邺之门户也；覆舟山之南，聚宝山之北，中为宽平宏衍之区，包藏王气，以容众大，以宅壮丽，此建邺之堂奥也；自临沂山以至三山，围绕于其左，自直渎山以至石头，溯江而上，屏蔽于其右，此建邺之城郭也；元武湖注其北，秦淮水绕其南，青溪萦其东，大江环其西，此又建邺天然之池也。形势若此，帝王之宅宜哉！”

周应合从风水的角度，解释了“帝王之宅”“金陵王气”的由来。

究竟什么是王气？金陵有没有王气？没有人能说得清楚。有的说，金陵的自然地形好，有山有水，负山带江，天险可守，就是“王气”。这其实就是古人说的“地利”。现代著名学人朱偰在《金陵古迹图考》中这样说：“居长江流域之沃野，控沿海七省之腰膂，所谓‘龙蟠虎踞’‘负山带江’是也。论者每谓金陵形势，偏于东南，都其地者，往往为南北对峙之局，不足以控制全国，统一宇内。故三山驻师，终鼎足割据之势；五马渡江，开南朝偏安之局。”

朱偰认为，金陵是有地利的，在金陵建都的朝代往往与北方形成对峙的局面，不足以控制全国，也不至于被北方征服，基本上能保持一种力量均衡状态。但是，当北方政权变得强大，这种均衡就会被打破，南方的政权就会被颠覆。这说明，地利不能起到决定性的作用。

还是周应合说得到位：“自吴以来，立国江南者，莫不恃江以为固，江又恃人以为固。人善谋而武事修，则江为我之江，否则与敌共耳。”（《景定建康志》）意思是说，如果政权团结，人心齐整，江防牢固，大江就是我之大江，反之则就是敌人的大江。

——从历史角度看，南京城因江而生。早在新石器时代，南京的北阴阳营人就选择在离长江不远的金川河谷高地安家。几十年来，在南京长江两岸以及支流秦淮河、金川河台地上，发现新石器时期原始村落200多处，以秦淮河中游的湖熟镇比较密集，考古学界以“湖熟文化”命名。从古长干里算起，南京已有3000多年建城史。从范蠡筑越城算起，南京拥有2400多年建城史。从孙权建都开始，南京拥有400多年的建都史。六朝以后，南唐、明、太平天国、中华民国在此建都，范围不断向江边扩大。历史上，金陵大江风云变幻，惊心动魄，上演了太多悲壮激越的故事。

——从自然风光看，金陵大江有宽阔的江面，也有狭窄的江面；有湍流，有静波；有主流，也有支流。江边有连绵山峰，江上有洲渚小岛，岸边有矶头石岸。城市之河汇入大江，形成诸多江河交汇处。临江、环山、抱湖，为南京带来诸多美丽的自然景观。历史上有“金陵四十景”“金陵四十八景”之说，其中江边的美景就有十几处。最近十几年，长江大整治，江边的美景就更多。

——从大江本身的变化看，大江的河道，一直处于变化中，今人看到的长江，已不全是古人看到的长江；古人看到的长江，也不是更古之人看到的长江。沧海桑田，高岸为谷，深谷为陵。唐朝诗人胡玢的《庐山桑落州》诗中写道：“莫问桑田事，但看桑落洲。数家新住处，昔日大江流。古岸崩欲尽，平沙长未休。想应百年后，人世更悠悠。”诗中写的是九江附近桑落洲沉浮情况，但也道出了沧海桑田的普遍道理。明代学者顾起元说：“陵谷变迁，江上尤速。”清代《读史方舆纪要》写道：“江流南北迁徙，今昔迥殊。”

在远古时代，南京城里的玄武湖、莫愁湖都与长江相连，后来渐渐被陆地隔开。李白有诗云：“三山半落青天外，二水中分白鹭洲。”白鹭洲原先也在南京城西的江中，后来与东边的陆地相连。历史上，黄天荡先是一个沙洲，后来与陆地相连，就渐渐消失了。现在的八卦洲江面，主河道原先在洲的北汊河，现在主河道已经移到了南汊河。明代建立的浦口城，位于江边，现在江岸已经东移数公里了。无论怎么变，长江一路向东，奔向大海，却又是不变的。

——从军事上看，金陵大江自古以来就被认为是天堑，在这里建都的各个政权都看中了这里的天险阻隔。春秋战国时期，在南京建造的最早的城池都是军事堡垒。范蠡在秦淮河边筑越城，楚国在石头上建金陵邑，都是看中了金陵险要的地形；孙权建石头城，并定都建业，也是看中了长江的天险。小江可以安放大船，天险易守，出击便利。当然，天险只是地利，如果缺少人和，天堑也就失去了保护的作用。金陵大江上曾经发生过无数次战斗，一次次渡江战役，颠覆了失去人和的政权。金陵大江见证了“几度战血流寒潮”。

——从生物的角度看，位于长江下游的金陵大江物种丰富。根据2023年底南京市新闻发布会上公布的南京生物多样性本底调查成果最新数据，目前共记录到3672个物种，其中水生生物712种。过去，由于人类对环境的破坏，长江生物多样性指数持续下降，情况令人担忧。曾经在南京附近长江里生活的白鲟，现在已经销声匿迹。白鲟是国家一级重点保护野生动物，也是长江中体型最大的水生生物，最大个体记录为7米。2002年12月11日，在南京下关一带江中，一位渔民误捕到一条3.3米长的白鲟，虽经南京渔政工作人员和专家全力救治，但因伤势过重还是死了，这也是长江下游最后一次发现该物种的记录。2019年，白鲟被宣布灭绝。这更加提醒人们，长江大保护，刻不容缓。

最近几年，由于实施长江大保护战略，长江的水生生物得到有效保护。长江南京段共有两个水生生物保护区，分别为南京长江江豚省级自然保护区和长江大胜关长吻鮠铜鱼国家级水产种质资源保护区，对中华鲟、胭脂鱼等珍稀水生物种进行保护，在长江边建了多个江豚观察站，并成立江豚水生生物保护协会，沿江各区同时成立江豚保护志愿者协会。根据2022年长江全流域江豚最新科考和保护区本底资源调查显示，保护区内长江江豚数量由先前的50多头增加至60多头。南京已经成为全国闻名的江豚观赏地。如今，在下关江边、鱼嘴公园、大胜关江边、三山矶公园等地，都可以观赏到江豚逐浪的有趣画面。

——从水利的角度看，水可以载舟，亦可以覆舟，历史上，长江大洪水曾多次给南京造成灾难。随着长江大堤的加固，洪水得到有效遏制。南京在主城区河道水系中设立三汊河口闸、南河闸、莲花闸、武定门节制闸、天生桥套闸、秦淮新河闸，不断调取长江水灌注城区水系河道，有效地调节和控制了城区河道水位，城内江水倒灌的现象得到了缓解。

——从吃的、用的方面看，长江丰富的水资源养育着沿岸的城乡居民。南京作为一座特大城市，靠江吃江，全城90%的城市供水依赖长江，全市10个城市集中饮用水源地全部分布在长江沿线，南京最大的自来水厂——北河口水厂的取水点就位于河西新城与江心洲间的夹江水域。

由于水源丰富，南京江边的野菜特别丰富。南京自古以来就有吃野菜的习俗，因此有“水八鲜”“旱八鲜”之说。其中芦蒿是最受南京人欢迎的野菜之一，如今八卦洲上的芦蒿种植面积超过3万亩，年产量超过4万吨，八卦洲有“中国芦蒿第一乡”之称。另外，南京人喜欢吃鸭子由来已久，南京人一年要吃掉上亿只鸭子，南京因此有“鸭都”之称。

从用的方面看，金陵大江为两岸居民提供了丰沛的水源。在过去漫长的岁月里，沿岸农人用长江水浇灌庄稼蔬菜，城郊居民用江边芦苇野蒿作柴火。在工业生产方面，长江更是发挥了重要作用。

——从行的方面看，大江为江南江北的居民提供舟楫之利。火车没有开通之前，船是重要的交通工具。自六朝以来，金陵大江段有诸多渡口码头。1968年，南京长江大桥通车，虽然水上客运规模大大收缩，但货运仍然发挥着重要作用。南京港集团拥有50多座码头，其中有万吨级深水泊位13个，万吨级以上锚地泊位6个。南京港开辟了至美洲、欧洲、东南亚等几十条国际航线。

——从开放的角度看，金陵大江拥有通江达海的优势，早在东吴时代，就有航船到达今天的台湾岛。到了明代，郑和从金陵大江起航，七下西洋，到达30多个国家或地区。晚清，金陵大江边下关开埠，一时间，西风东渐，中西文化交汇，客观上繁荣了经济，开阔了南京人的视野，也加快了南京融入近代化的步伐。

——从文化的角度看，水脉亦是文脉，金陵大江文化是长江文化的重要组成部分，长江滋养着南京文明，创造了辉煌的文化遗产，留下很多有形或无形的文化遗产，列入全国重点文物保护单位的有55处，列入省级文物保护单位的有114处，列入市级文物保护单位的有405处。这些文保单位很多就在长江边。说六朝文化，金陵大江是必须要说的。说明代的对外交流史，郑和与大江边的宝船厂是必须要说的。说中国近代史，江边的静海寺是必须要说的。说中国现代史，中国人民解放军横渡长江解放南京是必须要说的。有的文化遗产，形成了一种文化现象，比如石头城，它既是军事意义上的堡垒，也是一种历史意象的沉淀。比如南京长江大桥，虽然是一座建筑，但它成了一种文化符号。

就文学来说，与金陵大江有交集的诗人、文人不计其数，留下的经典作品比比皆是。李白是长江之子，他有很多抒写长江之作，在金陵，他就留下了不少经典作品。其他如刘禹锡、杜牧、王安石、辛弃疾、文天祥、高启等等，都留下了抒写、讴歌金陵大江的优秀作品。

四

“君住长江头，我住长江尾。”

长江孕育了灿烂的长江文明，习近平总书记说：“长江造就了从巴山蜀水到江南水乡的千年文脉，是中华民族的代表性符号和中华文明的标志性象征，是涵养社会主义核心价值观的重要源泉。要把长江文化保护好、传承好、弘扬好，延续历史文脉，坚定文化自信。”

万里长江与千年古都碰撞出璀璨的文明火花。金陵大江是万里长江的一部分，它不仅具有长江的伟岸、壮丽、浩荡、宽阔等共性，同时也具有南京独有的沉郁、深邃、悲怆的特点。它滋养了世世代代的南京子民，创造了璀璨夺目的南京文化，为中华文化史书写了厚重的“南京大江篇章”。所以说，金陵大江是一部伟大的书、一部深邃的书、一部美丽的书、一部令人回味的书。

过去，大江与金陵共生、共荣。

今天，祈愿大江护佑金陵走向更加灿烂、辉煌的明天！

空间篇

江与城

长干古城的发现，许多专家认为这将南京建城史提前到至少3000年前。

南京城与长江的关系十分密切。可以用四点概括南京城与大江的关系：因江而生、拥江而兴、跨江发展、得江水之利。

——南京城，因江而生。

今天的南京人，要好好感谢古人最初的选择，选择在长江边、紫金山下居住。

大约在距今50万年前，直立人就在金陵大江流域的汤山一带生活。汤山猿人只是被偶然发现的直立人，没有被发现的也许还有。

在距今五六千年前的新石器时代，就有先人选择在南京河边的北阴阳营高地栖息。为什么选择这里？因为不远处就有长江，高地旁边就是金川河。择水而居，是先人们最初朴素的智慧。那时的南京还是一片原始之地，森林覆盖，山峦起伏，河流自然流淌，北阴阳营人来到金川河畔，选定了一块高地安营扎寨。站在高地放眼望去，远处大江如带。金川河流向大江，河谷草木茂盛，食物丰富。

再过了三四千年，在中原的西周早期，刚刚从江北来到江南的早期吴国人，为了加强对秦淮河流域的控制，在今天南京长干里一带，建了一座军事城池。500多年后的战国早期，越灭吴，吞并吴地，沿用并修缮了这座城池。吴国人和范蠡为什么看上了这里的山川地形，选择在秦淮河南岸筑城？因为这里地势较高，北临秦淮河，南倚雨花台，西控长江。越城其实不大，城周只有“二里八十步”，相当于942米，占地面积6万多平方米。越城遗址位于南京中华门外、大报恩寺遗址西侧。

再后来楚国灭越国，看中的是江边清凉山附近的地形。那时，清凉山麓就位于江边，他们在江边建起了一座军事堡垒——金陵邑。又过了若干年，到了三国时代，吴国的首领孙权来这里考察地形，看中了楚人建的金陵邑，因为这里据山临江，地势险峻，江面开阔，可以停靠很多艘战船，这对于以水军力量见长的孙权来说，是求之不得的。孙权原先的根据地是吴郡富春（今富阳），但他觉得富春远离长江，不利于与北方的曹魏和西方的蜀汉对抗。他考察了多个地点，先是长江上的京口（今镇江），后来又打算在武昌（今鄂州）建都，最后听从大臣张纮的建议选定了秣陵。他于东汉建安十六年（211）将治所从京口迁往秣陵，并改秣陵为建业，意思是建立大业。他把宫城放在玄武湖南，即今天的进香河、珠江路一带，因为那里是一块巨大的平地，又有内河通过石头津流向大江。

可以说，如果没有孙权在建业定都，南京城后来也许会变得默默无闻。

——南京城，拥江而兴。

东吴灭亡之后，东晋继续在建康建都，都城的形制基本没有变化。长江沿岸的军事据点如石头城继续受到重视。建康城的东边有青溪，西边有运渎，北边有潮沟，南边有秦淮河，内河都是直通大江，所以水上交通十分便利。六朝的300多年间，建康城得到快速发展，到了梁朝时，建康人口已超百万。

六朝建康城的走向并非正南正北朝向，而是一座“倾斜”的城市。根据目前发现的城墙及城壕遗迹，其中南北走向的都为南偏西25度左右。建康城的“倾斜”特征，一方面与长江的流向有关，另一方面与城中青溪等水道的走向有密切关系。青溪和潮沟、运渎都是北偏东走向，它们是南京城的天然屏障。

到了南唐，李昪在改造南京城时，将都城的南边拓展到秦淮河之南，将秦淮河包括在都城里面，把六朝都城的城西清凉山外围防御城堡石头城以南一片也纳入城中，使都城的西面城墙紧临长江。这样的扩建，让南京城向西靠近了长江。

到了明代，朱元璋花了20多年时间，在南京城建起了四重城墙——宫城、皇城、京城与外郭。都城的范围再次扩大，尤其是西北边的仪凤门，临近大江。由于长江夹带着大量泥沙，使得南岸的沙洲不断扩大，岸线逐渐向江心方向移动。所以，明朝人才有条件向城西发展。京城十三道城门，其中有五座面对长江，这五座城门分别为三山门、石城门、清凉门、定淮门、仪凤门。西边的石城门有两层瓮城，东边的通济门有三层瓮城，都设计成船形，含有通江达海、以济天下之意。明代南京京城基本上奠定了现代南京城市的格局。

晚清民国时期，随着下关开埠，津浦铁路线、沪宁铁路线的建成通车，下关地区成了商贸中心，滨江地区空前繁荣。滨江地区的市政建设水平超过城内，当时有“南有夫子庙，北有大马路”之说。

——南京城，跨江发展。

早在春秋战国时期，楚国就在长江北岸六合区西北方向建立了棠邑。公元前559年，楚子囊率师攻吴至棠。公元前528年，楚平王封伍子胥之兄——伍尚为棠邑大夫。公元前518年至公元前515年，棠邑为吴所据。公元前473年至公元前334年，属越。公元前334年，又归楚。秦始皇二十六年（公元前221年），改为棠邑县。汉高祖六年（公元前201年），封陈婴为棠邑侯。棠邑侯国是南京地区历史上第一个侯国，也是唯一以军功所封侯国。可见，江北地区的开发起步很早。

到了明代，江北地区的地位得到极大提升。朱元璋意识到江北的重要性，认为浦口“扼抗南北，钳制江淮”，所以在江北筑浦子口城。后来又设置江浦县，隶属应天府，县治设在浦子口。

晚清至民国，浦口被辟为商埠。1911—1922年，由天津至南京浦口的津浦铁路正式通车，浦口与下关地区成为当时全国铁路交通枢纽。浦口火车站、浦口码头的建成，带动了浦口的繁荣。孙中山先生曾经构想，在江南与浦口之间建立隧道，发展江北，建立“双联”城市。

民国时期，江北地区的工业开始起步。1908年，为铁路运输配套的浦镇车辆公司成立。1934年，“中国民族化学工业之父”范旭东先生在大厂地区建立永利铔厂，其规模和技术在当时堪称一流，时称“远东第一大厂”。永利铔厂生产了我国第一代硫酸铵化肥，创造了30多项“中国化工之最”，后组建为南京化学工业公司。江北地区的大厂成为重要的化工基地。

尽管南京江北地区自古以来都被认为是很重要的，但总体来说，江北发展不算快。原因是多方面的，其中交通是制约发展的主要因素。多年来，连接南京江南江北只有一座长江大桥，从江南到江北十分不便。最近十多年，长江上大桥多了起来。2015年，江北新区成立，江北地区实实在在迈入快车道。

——南京城，得江水之利。

南京城紧靠长江边，长江为南京人提供了出行便利。在火车、汽车运用之前，水路是重要的交通方式。南京西面、西北临长江，古代人出入南京城，都是依靠舟楫，所以，自古以来就有很多渡口。东吴时代有石头津，明代有龙江关，清代有燕子矶、上新河、大胜关等。尤其是大运河开通之后，南来北往，尽享舟楫之利。

长江为南京人提供了丰富的水源。南京人共饮一江水，直到今天，南京人用的自来水九成来自长江。长江及其支流为南京两岸带来了丰富的水源，滋养了庄稼。南京人在吃的方面，也打上长江烙印。南京人爱吃鸭子，与丰富的水源有关。此外，南京有吃“旱八鲜”“水八鲜”之说，也是因为水多、沙洲多，宜于野菜生长。

古人云，水可以载舟，亦可以覆舟。今人说，水是生命之源。上善若水，水善利万物而不争，恩泽万物而处下，以柔克刚、无坚不摧……这些都是人们赞颂水的话。水有利，也有患，关键的是要看人们学会如何与它相处。

长江的水流量不是恒定的，有些年雨水多，洪水暴发，就会对长江两岸造成破坏。长江沿线的城市都遭受过洪水侵害。南京的历史上曾多次发生水患。早在六朝时期，就有过几次大洪水。据《景定建康志》记载，从建立东吴政权到陈朝灭亡，整个六朝一共有50多次淹水事件，多在七八月份。孙权定都南京后的太元元年（251）八月，长江洪水伴随大风漫溢南京城，“大风拔树三千……水深八尺”。有一次发生在东晋永和七年（351）七月，长江水倒灌进入南京城，淹死数百人，主要是在当时石头城一带。东晋元兴三年（404）二月的一天夜里，南京城再次遭到江涛袭击，石头城下商旅船只猝不及防，被摧毁千余艘，尸陈江面，一派惨状。还有一次发生在梁朝天监六年（507），八月连下暴雨，积水越来越多，长江水倒灌城内的水又无法排出，内涝加外患，形成水患，御道上的水深就有3米多，梁武帝的皇宫也有一部分被泡在水里，就连朱雀楼上的顶都被大风吹掉，后来大臣们划船进去把梁武帝救出皇宫。

中唐以后，由于长江江岸西移，南京城的水灾大大减少。而且为阻江涛，南京沿江陆续筑起了堤坝。数百年间基本没有出现大的洪灾。仅于宋隆兴二年（1164）六月，南京出现过一次较大水灾，城内“操舟行市”，灾情严重。

到了明代，洪水又屡屡入侵南京。明弘治十五年（1502）七月，接连数日狂风暴雨致使“江水泛溢入城五尺余（深）”。军民房宇倒塌1000多间，连孝陵内一些墙垣、桥梁也未能幸免。万历三十六年（1608）六月，南京遭遇了一次更大的水灾，大雨连下二十天，城内一片泽国。据南京地方官给朝廷的奏折中说：“水灾异常，百姓漂没……盖二百年来未有之灾。”

清道光年间，南京城多次发生大水灾。道光十一年、二十年、二十八年、二十九年都发生过严重水灾，导致江南乡试延期举行。道光二十年（1840），南京大水致使当年庚子恩科江南乡试改期举办。不久，南京城内即有“开山凿脉、引湖入江”之议，即开凿运河，将玄武湖水导入长江，避免湖水倒灌入城。时任江宁布政使的成世瑄采纳此策，准备动工。但是不少南京士绅从传统风水观念出发，坚决反对。在各种反对意见中，尤以甘熙的意见影响最大。甘熙将家刻《金陵诸山形势考》一书以及所撰《后湖水道略》一文托友人转呈成世瑄，引经据典，力陈反对的理由。成世瑄在各方压力下，终于放弃了引湖入江方案。

道光二十八年（1848）秋，山洪暴雨，不少百姓没有来得及逃出，失踪者众多。魏源作《江南吟》哀叹城内灾民的凄惨遭遇：“江潮挟淮城倒灌，一闸难回万马奔。城南移定走城北，月华照城如泽国。船撑桥顶鸡栖树，父老百年来传说。一岁潦尚可，岁岁淹杀我。南北六朝都江左，几见金陵之城水中坐？”南京遭受洪水之灾，人民遭殃，诗人十分痛心。

光绪年间，每隔两三年，南京就要遭受一次水灾。光绪二十一年（1895）二月，连降暴雨十三天，引发山洪暴发，停泊在下关的船只被毁无数。光绪二十七年（1901）夏天，大雨连下五天六夜，江水暴涨，下关江堤被冲毁，大水漫进城里，城里可以行舟。

民国时期，1921年、1931年、1935年都有大水灾发生，其中以1931年为最。这年7月，南京由于连降暴雨，引起江水猛涨，沿江堤坝多被冲垮，“淹没田亩达百数十万亩……人类则与虫鸟竞争，同栖树头”。

最近几十年，南京的长江沿岸都筑起了牢固的防洪堤坝，城市内河也建起了水闸，防止江水倒灌入城。长江南京站历史水位最高值为1954年的10.22米，第二位是1998年的10.14米，2020年7月的水位达到10.23米，创长江南京站水位新高，但由于有了坚固的防洪设施，南京城并没有遭受严重灾害。

“天壤之间，水居其多。”“上善若水，水善利万物而不争。”我们古人治水时早就遵循“道法自然、因势利导”的原则，大禹治水有为，兴水有道，今天的我们，更应该尊重大自然的规律，扬长江之长，变水害为水利，让长江更好地造福于中华儿女！

板桥的月色

板桥的江边月色很美。

永明十一年（493），谢朓从荆州随王府被召回下都建业，路过板桥附近的新林浦时，曾写过《暂使下都夜发新林至京邑赠西府同僚》，其中有“大江流日夜，客心悲未央”“常恐鹰隼击，时菊委严霜”的诗句，表达了自己在严霜中枯萎的深重忧心。建武二年（495），谢朓被调离朝廷，出任宣城太守。赴任途中经过板桥附近的新林浦，写下《之宣城郡出新林浦向板桥》，“天际识归舟，云中辨江树”。在板桥的三山，他还写了《晚登三山还望京邑》，“余霞散成绮，澄江静如练”。

开元十四年（726）的秋天，李白来到板桥，那一夜，江水浩荡，月白风清，一生爱月色的诗人泛舟江面，举杯对明月，想起200多年前的诗人谢朓，写下了《秋夜板桥浦泛月独酌怀谢朓》：“天上何所有？迢迢白玉绳。斜低建章阙，耿耿对金陵。汉水旧如练，霜江夜清澄。长川泻落月，洲渚晓寒凝。独酌板桥浦，古人谁可征？玄晖难再得，洒酒气填膺。”诗的意思是说，江水如练，月色如水，江天一色，秋寒涌起，想起古人不在，谢朓难寻，情何以堪？

板桥因为谢朓、李白变得非常有名。1500多年过去了，板桥成了南京长江文学的一个重要符号。

早在北魏地理学家郦道元的名著《水经注》里就有关于板桥的记载：“江水经三山，又湘浦出焉，水上南北结浮桥渡水，故曰板桥浦。”当时板桥河上的桥，只是河面筏子上铺木板的浮桥，后来慢慢变成有桥桩和桥板的木板桥，板桥由此得名。据史书记载：板桥底下有巨流“阔三丈、深一丈，下入大江”。到了明清时期，木板桥已经被石板桥取代。开始为单曲孔桥，后来为三曲孔桥。

目前保存完好的青石板桥建于清康熙年间，为南京板桥贤士募款，在桥东侧的一块石板上刻有这样一段文字：大清康熙二十七年（1688）岁次戊辰十一月初二重造，郭贤吾与祠山庙羽士（道士）赵嵩如共同募款重修。可见，这里先前就有了石板桥，由于损坏严重，乡绅郭贤吾、道士赵嵩如四处募款，重修了这座桥。郭贤吾、赵嵩如因为做了这件善事，其名被镌刻在石头上，流芳百世。

板桥又叫“花篮桥”。传说清朝时，板桥是由柏家村慈堂庵蒋道士四方化缘而搭建的一座木板桥，后来被洪水冲垮。河附近有家姓陈的富翁有一个儿子，已成年，但不成器，成天在外赌博。富翁原希望儿子继承家业的想法落空了，便将钱财捐出来，在被洪水冲垮的木板桥处建了一座石头桥。世人感叹，陈姓富翁苦累了一生，本指望独子继承自己的家产，结果是“花篮子打水一场空”，于是人们就称这座桥为“花篮桥”，以纪念他的善举。

南朝时有乐府民歌《三洲歌》：“送欢板桥湾，相待三山头。遥见千幅帆，知是逐风流。”说的是少女从板桥湾送别情人，一直送到江边的三山矶，船走了，她仍然在矶头伫望。她见到江上的风帆，便胡思乱想那薄情郎会不会在外头追逐新欢。六朝时的板桥湾是金陵大江上的一个港湾与渡口。

历史上到过板桥的文人，除了谢朓、李白，还有郭璞、鲍照、韦庄、杨万里、陆游、曾极、王安石等。南宋诗人曾极有诗云：“轮鞅千年路欲迷，板桥名在市朝非。玄晖太白微吟处，独酌悠然命驾归。”（《板桥》）清代王友亮有诗云：“十年作客频来此，秋风秋雨过板桥。”（《金陵杂咏·川梁类·板桥浦》）清代陈文述写道：“谪仙当日题诗处，放棹来寻旧板桥。”（《板桥浦是李白夜泛处》）诗人来到板桥，会情不自禁地想起李白、谢朓。

岁月更替，江水西移。过去，板桥就位于江边，后来由于江水泥沙淤积，板桥附近渐渐成了陆地。现在，板桥新城盖起了很多高楼，俨然成了南京的一座“卫星城”。

板桥土地由于是泥沙淤积而成，土质深厚松软，最适宜萝卜生长。《白门食谱》中记载：“板桥所产萝卜，皮色鲜红，肉实而味甜，与他处皮白而心不实者，绝不相似。”老一辈南京人说，以前板桥的萝卜上市后，农民都卖往南京城，城里的居民争相抢购，怪不得有“南京大萝卜，一烧一大锅”的说法。此外，南京人有“南京大萝卜”之戏称，或许与板桥的萝卜还有关联呢。

三山半落青天外

三山很有名，都是因为李白的那两句诗——“三山半落青天外，二水中分白鹭洲”（《登金陵凤凰台》）。

诗中所写的白鹭洲原是金陵附近江中的洲，后来由于江水西移，早已与陆地相连，可是大江边的三山依旧。虽然山不高，只有90多米，但由于临江耸立，三峰相连，形似笔架，从江上看去，颇为壮观。三山矶与南京的燕子矶、马鞍山的采石矶合称为长江下游“三大名矶”。

“矶”是长江沿岸特有的地貌，长江江滨矗立的悬崖峭壁，一面连着江岸，三面环水，凭岸临江，如同屏障，又好似半岛，地势险要，自古就有“长江七十二矶”的说法。其实，从长江中游的湖北宜昌，到长江入海口的江苏南通，沿岸的“矶”有110多座之多。千百年来，这些长江之矶沉淀了太多的历史传说，成了长江文化的组成部分。

南北朝时期的顾野王所编《舆地志》及郦道元所编《水经注》均对三山有所记载。“三山周回四里，吴时津戍处也。大江西来，汹涌砰磕，势如建瓴，而此三峰南北相接，其山积石森郁，濒于大江，诚奇险也。”“其山积石森郁，濒于大江，三峰并列，南北相连，形如笔架，故曰‘三山’。”（《舆地志》）“江水经三山，又湘浦出焉。水上南北结浮桥渡水，故曰板桥浦。江又北经新林浦。”（《水经注》）东吴时期，孙权为加强建业都城西南外围的军事防卫，派重兵戍守三山，操练水兵，这里的水兵营被称为“三山营”。那时的江水比现在要汹涌得多，所以，文献描述这里地形奇险。

东吴还在三山矶的下游一百米处设三山渡口。六朝人送别，有时要从建康城里送到这里方才回头。所以，六朝时期，三山矶一带不仅是京畿战略要冲，而且也是一个商业小镇。人们还在三山矶上建立了三山寺。南朝民歌《三洲歌》中“送欢板桥湾，相待三山头”的“三山头”，指的就是三山矶。

南齐著名诗人谢朓有诗《晚登三山还望京邑》，留下了“余霞散成绮，澄江静如练”的名句。诗人登上三山，回望京畿，灿烂的余霞铺满天空，犹如一匹散开的锦缎，清澄的大江伸向远方，仿佛一条明净的白绸。李白踏着谢朓的足迹，来到三山，写下《三山望金陵寄殷淑》：“三山怀谢朓，水澹望长安。”他还在《金陵城西楼月下吟》中写道“解道澄江静如练，令人长忆谢玄晖”，表达了对谢朓的崇拜之情。又有一天，李白登上城南凤凰台，这一次他朝着三山方向望去，茫茫大江成一线，三山、白鹭洲依稀可见，联想到自己还没有建功立业，惆怅不已，写下了《登金陵凤凰台》。

三山矶一带还有一个传说，元末明初，朱元璋和元军在三山附近交战失利被追杀，藏身于三山寺大殿神像下面。他刚进去关好门，一只大蜘蛛就爬了过来，在门上吐丝结网。元军追赶至此，看到蜘蛛结网，认为这里已很久没人来过，就撤走了，朱元璋逃过一劫。朱元璋当上皇帝后，改建三山寺为“护国寺”，故三山又称“护国山”。明代的护国寺很大，庙宇共有九十九间半，绵延至江边，曾有“驴驮锁，跑马关庙门”之说。

明代“金陵十八景”的第一景就是“三山”。在“金陵四十景”“金陵四十八景”中，三山都位列其中。明代诗人金大舆有诗《三山》云：“白石三山路，青春二仲过。缘涯穷鸟道，倚槛看鲸波。夜静潮声急，江空月色多。”诗人说，春天的时候，绿色葱茏，攀石而上，登高望江，涛声急迫，抬头望，月光普照，月色如银，江天一色，令人流连忘返。

曾几何时，三山矶一带的江滩上树木被砍伐，铺上水泥混凝土，建起了一座座汽车修理厂、砂厂、煤矸石堆场、矿石原料加工厂，环境遭到严重破坏。

南京市从2016年开始整治江滩，在三山矶周围拆除8座码头、20多家污染企业，然后平整场地，启动江岸复绿，在江边建了三山矶公园，栽植榉树、枫香、乌桕、池杉、水杉、旱柳、墨西哥落羽杉等苗木1万多株。如今，三山矶的周围环境大为改观，3.1公里的三山矶段岸线成了一座花园，水清、岸绿、景美。

三山矶附近江面也是长江江豚的主要栖息水域之一。板桥街道与南京江豚水生生物保护协会联合打造了“宁小豚”志愿服务站，一批江豚保护志愿者每天在附近江边巡视，成了江豚保护天使。

如今，登临三山矶头，抬眼望，白云蓝天，大江东去，百舸争流，令人神清气爽。漫步江滩，迎江风拂面，与江水亲近，看水鸟翔集，赏岸边花草，其乐何极！

大胜关晚霞

大胜关晚霞很美，南京人是一定要去欣赏的。

我相信很多南京人都没有到过大胜关，但对大胜关的名字非常熟悉。

现在长江三桥已经改名为大胜关大桥，大胜关旁边还有一座大胜关铁路桥，是行高铁的。跨秦淮新河上的公路桥，原先也叫大胜关桥，现在更名为天后桥。

早年前，如果你想去寻觅大胜关，可能难以找到，那时候的大胜关周边都是荒滩、芦苇、杂树，现在不一样了，到了大胜关江豚广场，你会有惊艳的感觉。

站在江豚广场，朝西望，大江东去，浩浩荡荡，波光粼粼。左边是大胜关铁路桥，头顶上方是大胜关大桥，右边是秦淮新河入江口，河的对面就是鱼嘴公园，红白相间的灯塔，特别醒目。

夕阳西下的时候，来这里走走，令人心旷神怡。

古代的大胜关究竟在哪里？大体上位于雨花台区大胜关村附近，当然，由于江岸西移，今天的这片陆地，古代都在江中。但大胜关的大概位置是清楚的。秦淮新河水道将大胜关分为南北两部分，北部属建邺区双闸街道，南部属雨花台区板桥街道。这里也是板桥河的入江口处。由于地形险要，六朝时期，这里就设有官船码头，停靠很多舟船。宋朝时，设大城冈漕渡，并设置巡检塞，有“居民数十家，亦有店肆”，是长江下游的重要渡口。1132年，在这里置烽火台。元朝时在这里设水驿，名大城港，负责传达军政文报，接待过往官员。

真正让大胜关扬名的是朱元璋。陈友谅亲率60万水陆大军顺江东下进攻金陵。朱元璋派杨璟屯兵大城港截其退路，自己率主力在江东桥和狮子山截击。结果，朱元璋大获全胜，陈友谅军队残部溃退至大城港时，杨璟的部队迎头痛击，又取得大胜。朱元璋遂改大城港为大胜港，所设税关称为“大胜关”，此名一直沿用至今。

一天，清代诗人王友亮来到南京的江边大胜关，写下《大胜关》一诗：“长流分细港，衣带恰一弯。有明杨将军，镇此如铁山。汉兵千舰来，屡遇辄败还。表功锡嘉名，是为大胜关。至今呼渡人，旦暮相循环。野花开两岸，想见战血殷。老农携酒榼，兀坐听淙潺。不知蜗角闹，只爱鸥群闲。”

诗很好懂，把大胜关的历史写明白了。“野花开两岸，想见战血殷”，诗人由眼前喧嚣的渡口、盛开的野花，联想到过去激烈的战事、死去的将士，不胜感慨。

太平天国时期，大胜关成了太平军与清军抢夺的军事要隘。先是太平军从武昌、安庆水陆并进，一路打来，攻占了大胜关港，继续进攻南京，后来，太平军在大胜关驻军被清军攻破，清军又在此驻军。可见，大胜关的军事地位十分重要。

民国时期，孙中山先生在《建国方略》之“实业计划”中有关于大胜关的论述：“大胜关即大成港，有运粮河，东至西善桥，为京市天然界限，后来航运之孔道也。长江上游货物，由此折入内河，转运入城。大胜关沿江直下约四英里，至上新河。江在江东门外，距水西门四英里，为著名木材市场，湘赣诸省木材，皆以此为入口。大胜关至上新河，中有江心洲（又名“梅子洲”）横亘江中，绵亘八英里，势若长堤，最广处二英里，面积约三万余亩，与首都外郭之夹江，谓之大胜关，水道宽约1200英尺，小轮、民船及木、竹排等可以行驶。总理计划建商港于江心洲，预定为工商区域之一部。”按照这个构想，在大胜关对面江心洲建立港口，而在大胜关建立相呼应的工商小镇。当然，这只是一个蓝图。

大胜关地区真正有大变化是在2005年之后。大胜关大桥（长江三桥）于2005年正式通车，雨花台区利用大胜关附近的江边滩涂地形，打造三桥湿地公园。大胜关铁路桥于2011年通车，它是世界首座六线铁路大桥，同时也是世界上跨度最大的高速铁路桥。2019年，雨花经济开发区对大胜关金大妈码头进行整治，将这里打造成了集生态保护、文化展示、科普教育、休闲体验等功能于一体的江豚广场，并设置了两处江豚观测点。

一座横跨河西和江豚广场的秦淮新河步行桥也已经在规划设计之中。步行桥建好之后，游人可以从江豚广场一路漫步到鱼嘴公园。

自大胜关起，北至三汊河水道，被称为大胜关水道，这里是南京市居民饮水的主要水源地。

大胜关的名气很大，历代写大胜关的诗很多。明代诗人湛若水写道："驻桨燃灯大胜关，此关人道是天关。胜心已化江流远，超出人间第一关。"（《长江杂咏·大胜关》）诗中将大胜关称为"人间第一关"，极言大胜关的重要性。

沧桑石头城

石头城太古老了，赭红色的砂岩，被江水冲刷的印迹，满脸的皱褶……南京人称之为“鬼脸城”。鬼脸城的下面是宽阔的秦淮河水，所以，南京老百姓说这里是“鬼脸照镜子”。

石头城的名气实在是太大了，大到很多时候它甚至成了南京的代名词。南京又称“石城”，亦是从石头城的简称而来。

今天，要想看看石头城的一角，循着清凉门的古城墙，走进石头城公园，就可以看见鬼脸城了。

过去，石头城可不是现在这个样子，鬼脸城下是滔滔江水。从江上看鬼脸城，危岩险峻。从鬼脸城上往下看，大江浩渺，怒涛汹涌。

公元前333年，还是战国中期，楚威王灭越之后，尽占吴国的土地，看中了这里的险要地形，在鬼脸城往东北的位置修建了一座城邑——金陵邑，其实就是一座军事堡垒。

500多年后，到了三国时期，相传，诸葛亮在赤壁之战前夕出使东吴，与孙权共商破曹大计。诸葛亮途经秣陵县时，特地骑马到石头山观察山川形势。他看到以钟山为首的群山，像苍龙一般蜿蜒蟠伏于东南，而以石头山为终点的西部诸山，又像猛虎似的雄踞在大江之滨，于是发出了“钟山龙蟠，石头虎踞，真乃帝王之宅也”的赞叹，并向孙权建议迁都秣陵。还有传说是刘备到了金陵，说了以上这番话，建议孙权将这里作为都城。

东汉建安十六年（211），吴国孙权将政治中心从京口迁至秣陵，第二年，就在石头山楚人金陵邑原址上筑城，取名“石头”。

石头城以清凉山西坡天然峭壁为城基，环山筑造，周长“七里一百步”，相当于3200多米。北缘大江，南抵秦淮河口，南开二门，东开一门，南门之西为西门，城依山傍水，夹淮带江。当时，石头城为孙吴水师的总部，江面上停泊上万艘船只。城内建有石头仓库，用来储存粮食、兵器等。城西最高处建有烽火台。据说一旦发现敌情，在烽火台一举烽火，半日内即可传遍长江沿线。

当时长江就从清凉山下流过，石头城扼守秦淮河与长江的交汇口，“因山以为城，因江以为池，地形险固，尤有奇势”，是保障首都建康城西部安全的军事重地，被称为“东吴第一军事要塞”。此后数百年间，这里一直是攻守双方争夺的军事重地。

关于石头城的准确位置，自20世纪90年代以来，考古人员对石头城遗址所在地区进行了多次勘探和局部发掘，目前已经基本确定石头城遗址位于今清凉山、国防园、菠萝山、红土山一带。石头城平面形状不规整，呈北宽南窄的粽子形。除南墙外，其城垣多依自然山体而建，占地面积至少在60万平方米以上。在考古发掘时，一块砖上发现有“石头”二字。

石头城何以被古人称为“临江控淮”？原来，在唐代以前，长江南京段的江面宽达十余公里，石头城所在地方就是江边。

从石头城再往南，就是石头津，这里是重要的港湾。史书描述六朝时这里帆樯林立，南梁诗人何逊在《登石头城》诗中用“连樯入回浦”描绘石头津舟船首尾相接入港的繁荣景象。隋文帝灭陈、毁建康城后，在石头城置蒋州，唐代初年在石头城设扬州大都督府。石头城在隋朝和初唐时是南京地区的中心。

唐代以后，江水日渐西移，自武德八年（625）后，石头城逐渐被废弃，故中唐诗人刘禹锡说“潮打空城寂寞回”。诗人笔下的石头城，已是一座荒芜寂寞的“空城”了。五代时期，石头城上兴建了第一座寺庙——兴教寺，以后这里就成为寺庙、书院集中的风景名胜区了。

从六朝以来，历代文人都喜欢到石头城来看看，怀古吟咏。因此，大量以“石头城”为主题的诗词名篇佳作涌现出来。“石头城”不仅成了南京城市的别称，同时也成为最具金陵特质与象征意味的代表性地名意象符号。

如果选两首代表性的吟咏石头城作品，第一首当推刘禹锡的《石头城》：

山围故国周遭在，潮打空城寂寞回。
淮水东边旧时月，夜深还过女墙来。

另一首可以推荐元代诗人萨都剌的怀古词《念奴娇·登石头城次东坡韵》：

石头城上，望天低吴楚，眼空无物。指点六朝形胜地，唯有青山如壁。蔽日旌旗，连云樯橹，白骨纷如雪。一江南北，消磨多少豪杰。　　寂寞避暑离宫，东风辇路，芳草年年发。落日无人松径里，鬼火高低明灭。歌舞尊前，繁华镜里，暗换青青发。伤心千古，秦淮一片明月。

一诗一词，写景怀古，情景交融，抒发兴亡之感，透出沧桑之美，是怀古诗中的佳作。在所有关于石头城的怀古诗中，有两种情况：一种是诗人登上石头城，看到六朝遗迹，生发感慨；另一种是诗人也许没有到过石头城，但了解金陵、石头城，在写金陵怀古诗时，自然会想到石头城这个象征性的意象。这时候，石头城不是实指，而往往与台城、朱雀桥、乌衣巷等其他符号一样，是一种虚化了的六朝意象。

下关的荣光与屈辱

下关曾经太有名了，可以说它是集荣光与屈辱于一身。

下关是南京城与大江亲密接触的江滨之地，在这块江岸、江面上曾经发生过太多的故事。从明代开始，下关地区就是一个重要的滨江纳税关口、来往船只的码头，郑和下西洋所用大船大部分是在下关江边的宝船厂制造的。清代第一个丧权辱国的不平等条约《南京条约》就是在下关附近的江面上签订的。连接津浦铁路与沪宁铁路的火车轮渡就位于下关。南京的近代化也是从下关开始起步的。1949年，解放军从对面的浦口渡江，在下关上岸，从挹江门进入南京城，直捣总统府，宣告南京解放。

下关的繁华和荣耀、失落和屈辱，是南京人的群体记忆。龙湾大战、龙江夜雨、郑和下西洋、商埠沧桑、洋务运动、津浦铁路、沪宁铁路、侵华日军在江边集体屠杀、渡江战役……都与下关有关。在南京可能还没有哪一片区域像下关拥有如此厚重的历史。从某种意义上说，下关曾经就是南京的代表性符号。

一

今天的下关，是沉寂的。

我从哪里开始触摸到下关的历史脉搏？自然是江边路。

那就沿着约3公里长的江边路，来一趟寻觅之旅吧。

江边路南起中山码头，北至长江大桥。中山码头位于中山北路的终点，整座建筑呈“山”字形，外墙以红色为主，间杂白色，虽历经百年沧桑，看起来依然很稳重、大气。

为迎接孙中山灵柩到南京，1925年，民国政府在下关江边建造码头，1928年完工，当时被定名为“津浦铁路首都码头”。1929年，孙中山灵柩从北京迁来，在此上岸，从此被叫作“中山码头”。江北的浦口，是津浦铁路的终点；江南的下关，为沪宁铁路的起点。南京长江大桥通车前，中山码头是江南和江北最主要的连接点。新中国成立后，中山码头一直承载着大江两岸的轮渡运输，尽管如今长江两岸有七八条快速过江通道，但中山码头依然在运营，单趟两元钱船票，与公交同价，不少游客特地来乘坐轮渡，从江南渡江到江北，感受一下百年轮渡的魅力。

沿江边路往北走，离中山码头百米远的就是民国首都电厂旧址公园。它的历史可以追溯到清末，是我国第一家官办公用电厂，距今已有100多年历史。早年前，在油灯时代，能让南京的居民用上电灯，那可是惊天动地的大事。如今，当年电厂的设备已所剩无几，遗留的运煤码头、“浦龙号”趸船和部分厂房被改建成了遗址公园。电厂的码头上设置了一组以电厂工人装卸货为主题的铜像。两座高耸的塔吊伸入江中，特别醒目。攀上塔吊旁的观景平台，视野极好，江远水长，让人心旷神怡。

从首都电厂遗址公园出来，继续往北走，就能看到江堤平台。如果走平台，可以纵览大江，也可以走在江边路浓密的梧桐树荫里。由于下关地区地势低洼，历史上多次长江洪水泛滥，下关变成泽国。后来，设计者在江边筑起高高的防洪墙。防洪墙高出江边路好几米，现在如果走在江边路上，很遗憾是看不见大江的。站在防汛墙前，品味“下关往事”搪瓷画和“下关记忆”铜浮雕，能感受到老下关的烟火气息。

再往前走，江边路树丛里有座白色的侵华日军南京大屠杀中山码头遇难同胞纪念碑，侵华日军曾在此杀害数千名手无寸铁的中国军民，滔天罪行，令人发指。

继续往前，在江边路和建宁路交界处，江中有个江豚观赏点。长江禁渔，生态环境有了大改变，江豚数量明显增加，如果碰巧了，在这里能观察到江豚吹浪的情景。如果想与大江亲近，可以走上揽江台，这是利用老码头的趸船改造而成的，像微缩版的上海外白渡桥。通过长长的栈桥走上揽江台，置身江心，只见江水浩浩荡荡，滚滚东去。

沿着江边路往前不远就是大马路入口处，江边路21号，一幢三层洋楼，红柱绿梁，灰墙拱门，特别醒目。这是以前的老下关码头候船厅，如今摇身一变，成了南京下关历史陈列馆。这里也是晚清时建立的省城小火车轨道的起点。

从路口往东走，就是赫赫有名的大马路了。大马路往往是泛指，可是在晚清的下关，它却是一条马路的名称。这条600米长的大马路可是往日下关的商业中心。1858年，清政府被迫签订《天津条约》，南京被辟为通商口岸。张之洞上任后，修筑了码头至城内的马路，就是盛极一时的大马路。大马路两旁建有多幢西式楼房，商贾云集，有银行钱庄、舞厅、洋货行、商店等，十分热闹。当时有"南有夫子庙，北有大马路"之说。如今，在大马路上走走，中国银行南京分行旧址、江南邮政管理局旧址等民国老建筑修缮一新，可是物是人非，建筑虽在，但没有了往日的人气，显得很冷寂。

从大马路再回到江边路，往前走就能看到民国海军医院旧址。这座建筑始建于1946年，使用的是最简单的青砖木瓦，既有中式雕花，又有罗马柱，古朴低调。旁边一座小院也是中西合璧的风格。清末民初，德国水兵在此设营，随后被民国政府收回，设为海军总部医院。

从海军医院旧址往北，走过惠民河桥，一直往江边走，就可以看到铁路轮渡栈桥遗址。

20世纪初，沪宁铁路和津浦铁路分居长江南北。往来北京上海的旅客到南京，必须下车乘船过江，再换另一班火车。1933年，下关火车轮渡通车。火车开到这里，分成几节开上轮渡，到对岸直奔北京。这也是亚洲第一座铁路轮渡。南京长江大桥通车后，繁忙喧嚣的铁路轮渡归于沉寂。铁路轮渡于1973年停航，整整运行了40年。如今，站在这时光的渡口，每一处斑驳锈迹都在诉说当年的荣光与骄傲。渡船已无踪影，铁轨和栈桥还在，风雨腐蚀了轨道的光泽，时光埋葬了过往的繁忙。

这里现在被辟为火车主题园。南京西站曾经作为沪宁铁路的起终点，是

20世纪南京联通全国的重要门户。门口两条老旧的铁轨上，停着一节蒸汽火车头、三节绿皮火车车厢，车厢上“南京西—北京”的字样让人有一种穿越感，仿佛到了多年前的南京西站。游客可以在绿皮车厢内坐坐，品尝咖啡，感受火车文化。

江边路再往北不远就拐弯与宝塔桥西街交汇，这里离南京长江大桥已经很近了，沿着滨江绿化带步行五分钟，就来到南堡下的大桥公园。最近两年，政府在南堡旁的金川河入江处新修了一座亲水圆环景观玻璃桥，起名“映虹桥”，现在成了网红打卡地。玻璃栈桥横跨金川河口，一座圆环伸入江中，游客走在桥上可以看到脚下滔滔江水，走到桥中央，就可以深入到江面之上。站在桥上，极目远眺，左侧是浩渺江水，百舸争流，右侧是长江大桥，巍巍矗立，近在头顶。

从清末到20世纪末的百年间，有太多的故事在下关上演，真可谓“一条江边路，半部民国史”。

二

下关像一位老人，渐渐地远去，消失于历史的烟尘里。望着他的背影，会想起他曾经历的绝代芳华，那也是属于南京这座城市昨日的荣光。

每一个时代都有属于自己的辉煌。每一座城市，也都有属于那个时代的辉煌之地，时过境迁，这些辉煌之地又总是变动着的。此时的热闹之地，到了彼时，或许也就成了寂寞之所。比如南京江边的下关，如果从1899年南京下关开埠算起，到2012年南京西站关闭，“红”了110多年。在这段时间里，南京下关简直就是码头、热闹、洋派、时尚、交通枢纽的代名词。

其实，作为税关、渡口，下关的繁荣历史要追溯到明代。下关得名于明代的龙江关。据记载，元末明初时，龙江关一带就很热闹，明洪武元年（1368），在龙江置征税机构，称“龙江关”。明初，南京大兴土木，建筑需要的木料竹石均来自两湖，靠船运至。为了便于运输，明代从长江至秦淮河新开了三道河，依上下游位置取名曰上新河、中新河、下新河。其时，战争平息，生活复兴，南京人口已有百万，生活、生产资料诸如猪肉、大米及生丝等，也多依赖于江运，由皖、湘、鄂、赣诸省运至南京。为此，政府在上新河设了专收船只税收的上新河关。由于上新河关在上游，故又称之为“上关”，龙江关在下游，故称之为“下关”。龙江关是明代重要关口与渡口，朱元璋多次在这里迎送大臣。

明代顾起元在《客座赘语》中写道：“城外惟上新河、龙江关二处为商帆贾舶所鳞辏，上河尤号繁衍。”上新河两岸是明代长江下游著名的木材集散市场，故有“川广杂货米豆俱在上新河”之称。《上江两县志》记载，上新河镇“市廛辐辏，商贾萃止。竹木油麻，蔽江而下，称沿江重镇”。上新河的木商以徽商的经营量最大。徽商除运销徽州地区的木材之外，还到湖广、四川等地贩运杉木、毛竹至京城销售。明初建城所需的部分木材就是徽商从长江上游运来的。许多徽商就是在这里因经营木材而发财致富，腰缠万贯。每年，上关要举办盛大的灯会，甘熙《白下琐言》中记载：“徽州灯皆上新河木客所为，岁四月初旬，出都天会三日，必出此灯，旗帜、伞盖、人物、花卉、鳞毛之属，剪灯为之，五光十色，备极奇丽。合城士庶往观，车马填闉，灯火达旦，升平景象不数（输）笪桥。”这段话的意思是说，每年的四月初，在上关都要举办徽州灯会，一时间热闹非凡，南京城里的老老少少都会到上新河赏灯。

到了清代初年，上关还很热闹。清末民初，由于津浦铁路、沪宁铁路的开通，轮船航运的兴起，地处南北铁路客流、货运水铁转运枢纽的南京下关迅速繁荣。而地处南京城西南的上关，远离铁路干线，原有的上新河水系也无法适应轮船航运需要，于是逐渐衰落下去，上新河逐渐淤废，如今仅存几段河道。

上关隐退后，下关登上了历史舞台。

下关的发展，与中国近代史的进程有着密切关系。可以说，下关是中国近代史开端之地。

1842年8月29日，鸦片战争打响后英国将舰艇开进长江，逼迫清政府签订赔款条约。软弱无能的清政府与英国在南京的下关江面上签订了中国近代史上第一个不平等条约——《南京条约》，这标志着第一次鸦片战争结束，中国开始沦为半殖民地半封建社会。1858年，清政府被迫签订中法《天津条约》，其中规定“江南之江宁（今南京）……准令通市无异”。

下关被推上近代史的前沿。客观上说，下关是西风渐进江南的首受之区。清光绪二十五年（1899），金陵关宣布对外开放，标志着南京正式对外开埠。清光绪二十六年（1900）后，英、美、日、德等国商人纷纷在下关开设洋行，建造码头。英国人韦斯特兄弟在下关宝塔桥创办的和记洋行是第一家外商企业，也是当时中国最大的现代化食品加工厂。英国人柏耐登在下关地区建造的扬子饭店，是南京作为通商口岸正式对外开放后最早的一家西方人开办的宾馆。

大马路两侧集聚了众多大企业。1913年，交通银行在此设浦口分行，为下关第一家近代银行。1918年，江苏邮务管理局大楼在今大马路62号所在地动工兴建，1922年竣工使用。大马路两边的商贸企业更是鳞次栉比。民国期间出版的《最新首都指南》记载：“首都繁华街市分为城内与下关两部，下关以鲜鱼巷、龙江路、惠民桥、大马路、二马路等处最为热闹。”

下关地区的交通问题，在清末就被一批有识之士提到了议事日程。在张之洞等开明官员的一再主张下，清政府同意建设津浦铁路、沪宁铁路。津浦铁路的终端是下关的对面浦口，1911—1912年通车。沪宁线的起点也是下关，1904年，沪宁铁路动工，1908年通车。尽管有长江之隔，但南京下关成了南来北往的主要交通节点。1933年，下关建起了亚洲第一条火车轮渡，将津浦线和沪宁线连接了起来，下关成了我国南北交通的咽喉。

为了迎接南洋劝业会的举办，两江总督端方又在南京建了城市轨道交通——城际小火车，下关是始发站，1908年建成通车。

可以说，晚清到民国，当时的中国没有哪一座城市的交通有南京下关地区这样发达。下关地区是交通枢纽中的枢纽。

下关的发展，于1937年被日军暴行所打断。

1937年，侵华日军进入南京，下关一带简直成了人间地狱。由于没有足够的渡船，很多人跳入江中淹死。侵华日军在下关江边制造了七八起骇人听闻的集体大屠杀。扬子江蒙受了巨大的耻辱。

1949年，人民解放军从下关江面渡过长江，再从挹江门进入南京城，占领总统府，宣告一个新时代的开启。

1968年，南京长江大桥建成通车，位于玄武湖北岸的南京新火车站也同步建成，从此，下关的南京车站改称“南京西站”。2012年，南京西站正式停止办理客运服务。南京西站将被改建为南京铁路博物馆。

百年老站，正式谢幕。

三

南京西站谢幕后，下关开始变得沉寂了。

在过去很长一段时间内，人们似乎把下关遗忘了。不过在许多老南京人的心目中，下关仍然是南京的一个代表性符号。2013年，下关区、鼓楼区合并，设立新的鼓楼区，下关作为行政区消失了。但是南京人仍旧将城北，尤其是中山码头一带，称为“下关”。“出了挹江门，就是下关人。”南京人舍不得丢了“下关”这个名字。2018年，南京市将阅江楼街道改名为“下关街道”，让“下关”这个地名得以延续。

最近十年来，南京市、鼓楼区再次提出打造下关“外滩”的口号。不过，这一次主打的是长江文化牌。比如，打造了长达3公里的江边路长江文化风貌区，整修大马路、中山码头、民国首都电厂旧址公园、民国海军医院旧址、和记洋行等遗存，打造下关火车主题园，在金川河入江口建造了一座亲水圆环景观桥——映虹桥，总之，彰显下关滨江岸线的民国风貌特色与人文风韵。

当然，打造一个有影响的南京“外滩”，也不是一蹴而就的事，需要岁月的沉淀。

下关一带的风景名胜古迹众多，如中山码头、明城墙、静海寺、天妃宫、江南水师学堂、阅江楼、南京西站、火车轮渡、大马路、象山东晋古墓葬群等，原下关区域内各级文物保护单位就有20多处，这些自然、历史文化遗存共同注释着下关曾经的繁华岁月。

阅江楼上览大江

位于城西狮子山上的阅江楼是南京的一座标志性建筑。600多年前，大江从狮子山脚下流过。今天，大江西移，狮子山距离江边已经有两公里远。不过，登上阅江楼，依然可以阅大江，览风景。

阅江楼是有故事的。

狮子山在汉以前没有什么名气，汉末三国吴时期，因其在石头城之北，便以“北山”名。孙权曾在此山建烽火台，以传递军事消息。西晋末，永嘉元年（307），琅琊王司马睿被封为安东将军，都督扬州江南诸军事，司马睿从长江登上东岸的北山，看到此山岭往南延绵远接石头，感慨“真江上之关塞，以比北地卢龙山”。晋元帝司马睿登基以后，便赐名北山为“卢龙山”。此名叫了1000余年，至今狮子山脚下的一片水面还被称为“卢龙湖”。

到了明初，太祖朱元璋在《阅江楼记》中写道：“然宫城去大城西北将二十里，抵江干曰龙湾。有山蜿蜒如龙，连络如接翅飞鸿，号曰卢龙，趋江而饮水，末伏于平沙。一峰突兀，凌烟霞而侵汉表，远观近视，实体狻猊之状。故赐名曰狮子山。”朱元璋认为，这山势更像狮子，所以赐名“狮子山”。狮子山之名沿用至今。同一座山，竟有两位开国皇帝赐名，实属罕见。

狮子山高78.4米，并不算高。从江上看狮子山，山就会显得高峻，又似一只蠕动的青螺，或者像少女头上的发髻，所以，清代诗人陈维崧有“吴樯晚眺，看隔江螺髻碧离离”之句。山下就是龙湾所在地，明初，朱元璋率精兵3万，在龙湾大败陈友谅，取得龙湾保卫战的胜利。

有一天，朱元璋踌躇满志，与大臣们一起登上狮子山顶，看大江东去，山河静好，回想起几年前在山下龙湾与陈友谅军队激战的情景，不胜感慨。他想到要在狮子山顶建一座阅江楼，目的就是“筹谋以安民，壮京师以镇遐迩”，意思是说建造这座楼是为了壮大气势，安抚百姓。于是，他不仅自己写了《阅江楼记》，同时嘱咐大臣们每人写一篇《阅江楼记》。后来，山顶的地基打好了，大臣们的文章也写好了，他却改变了主意，阅江楼不建了。他在《又阅江楼记》中说明了不建的原因，他担心劳民伤财。这一停就停了600多年，这就是人们通常所说的阅江楼“有记无楼六百年”。明代吏部侍郎吕柟在《游卢龙山记略》中写道：“初，皇祖欲建阅江楼于此，惜其费财而止，乃叹臣下无一人来谏。夫此楼若建，费亦不多，乃皇祖犹有此言。若见后世无益之作，不知当何如也？”意思是说，当初皇帝终止建楼，遗憾的是没有一个人出来表达不同的意见。其实，建了此楼，费用也未必很高，如果皇帝能看见后世那些没有用处的大兴土木，还不知道怎么说呢？

阅江楼虽然没有建起来，但朱元璋做了一件大事，在建京城城墙的时候，特地把狮子山包围在城墙内，这样，狮子山成了南京城的最西北角。巧的是，长江正是在狮子山脚下拐了个弯，向北偏东方向滚滚而去，直奔大海。

根据考古发现，在狮子山东北隅的明代南京城墙内有一段古城墙，全部以六朝砖垒砌而成。在这段六朝古城墙中发现有个别修补过的地方，城砖上印有“池司前军”和“靖安塘湾水军”字样，说明宋代曾经把这里作为沿江重要的军事防御基地，曾派军队在此驻扎，并且对防御工事进行了修补。朱元璋的明城墙是在六朝、宋代防御城墙的基础上修建的。

在明代朱之蕃的绘制的“金陵四十景”中，“狮岭雄观”在列。朱之蕃还对这一景观做了解释：“在府治西二十里。高三十六丈，周回五里，形如狮子，以是得名。晋元帝初渡江，见此山绵亘，以拟北地卢龙，易名卢龙。今建道观，亦袭其名。山多古柏，望若翠毛，岁久尽摧，近植新松，渐以森茂。每登眺，俯临雉堞，心目豁然。”朱之蕃还写了一首诗：“江上诸峰万马腾，忽惊狮蹲势崚嶒。爪牙石角崖尖利，毛毯新松茂草增。俯瞰洪流浑欲漱，昂瞻钟岭恍疑登。卢龙缭绕称仙窟，可叱羊群睡复兴。”意思是说，江边群峰连绵，如万马奔腾，狮子山傲视群雄，耸立江边，俯瞰大江，相望钟山，不愧为雄观之地。

600多年后，阅江楼真的建起来了。1999年开工，2001年竣工，终于结束了有记无楼的历史。现在的阅江楼高52米，整体成“L”型，主翼面北，次翼面西，两翼均可观赏长江风光。主楼在两翼的犄角处，外观4层，里面3层，共7层。总建筑面积约5000平方米。阅江楼虽然是混凝土建筑，但设计大体上体现了朱元璋“碧瓦朱楹，檐牙摩空而入雾，朱帘风飞而霞卷，彤扉开而彩盈……斯楼之高，岂不壮哉”的创意，整座楼看起来翘首飞檐，气势恢宏，层层叠叠，雕梁画栋，古色古香，具有鲜明的明代风格和古典的皇家气派。阅江楼两翼各以歇山顶层次递减，屋顶犬牙交错，高低起伏，跌宕多变。整座楼立于花岗岩须弥平台上，楼的三面有明城墙，下有护城河环绕，形成“水包城，城包山，山拱楼”的气势。阅江楼与湖北武汉黄鹤楼、江西南昌滕王阁、湖南岳阳岳阳楼，并称江南四大名楼，现在为国家4A级景区。

阅江楼景区南门前竖立有一座石牌坊，牌坊上镌刻“阅江揽胜”4个大字，为南京当代书法家李啸题写。楼上有一副对联写道“一江奔海万千里，两记呼楼六百年”，颇有气势。撰联者为俞明先生。俞明早年担任下关区区长，为推动阅江楼建设做出了贡献。漫步阅江楼上回廊，长江浩渺一览无余，江上百舸争流，几座大桥清晰可见。如果是在傍晚，落日熔金，彩霞满天，远山如黛，大江银光闪烁。金陵古城，高楼林立，房屋参差，尽收眼底。

五马渡

位于幕府山北麓江边的五马渡名气很大。

西晋末年，中原经历“八王之乱”、北方游牧民族内迁，大批北方人渡江迁移到江南。307年，琅琊王司马睿、西阳王司马羕、南顿王司马宗、汝南王司马佑、彭城王司马纮5位王室成员听了王导的建议，南渡长江，在今天幕府山旁五马渡的位置上岸，来到建康城，这就是历史上著名的“五马渡江”。

如果没有五马渡江，也就没有东晋，那六朝的历史肯定要被改写。

五马渡江后，317年，琅琊王司马睿在晋朝宗室与南北大族拥戴下，在南京即位，次年称帝，史称晋元帝，东晋的历史正式拉开帷幕。司马睿即位后，当时就有童谣唱道：“五马浮渡江，一马化为龙。”意思是说，五位王同时渡江，其中一位就是真龙天子。童谣当然是为司马睿登基所造的舆论。

其实，“五马”只是大量渡江者的代表，当时，北方士族纷纷南迁南京，有人用“过江之鲫”来形容南渡的人之多。《晋书·王导传》记载：“中州士女避乱江左者十六七。”以王导、王敦为代表的琅琊王氏，以王承为代表的太原王氏，以周顗、周谟为代表的汝南周氏，以钟雅为代表的颍川钟氏，以应詹为代表的汝南应氏，以范坚、范汪为代表的南阳范氏，他们渡江后迁居江南都城建康或浙东等地区，成为侨姓世族。东晋政府在建康地区设立了20多个侨郡、侨县，供这些南渡的世族居住。最早建立的侨县怀德县，专门安置跟着司马睿一起从山东琅琊来的1000多家，大族上百家被安置在宫城附近。位于建康都城东北的江乘县，因为最靠近长江，安置了南东海、南琅琊、南东平、南兰陵4个侨郡，以及临沂、阳都、即丘等侨县，后来在都城内外又增设了魏郡、广川、高阳、堂邑等侨郡。建康城内外挤满了从北方来的士族，他们的数量甚至超过了土著人口。

当时最有影响的就是琅琊王氏和陈郡谢氏，刘禹锡有诗句“旧时王谢堂前燕，飞入寻常百姓家”，说的就是王家与谢家。王氏中的王导可谓是权倾朝野，所以又有“王与马，共天下”的说法。

这些中原士族带来了中原先进的文化、观念，南北文化在江南地区第一次发生大规模的交汇，促进了江南地区的社会、经济发展。中原文明的中心第一次开始转向南方。

中国人安土重迁，离开自己的家乡，到了南方，自然会生发无限的乡愁。《世说新语》中有这样一则故事：

过江诸人，每至美日，辄相邀新亭，藉卉饮宴。周侯中坐而叹曰：“风景不殊，正自有山河之异！”皆相视流泪。唯王丞相愀然变色曰：“当共戮力王室，克复神州，何至作楚囚相对！”

这段话的意思是，从北方渡过长江到建康的一些人，每逢天气晴和的日子常常互相约请到新亭，面对大江，举杯痛饮。武城侯周顗叹息说：“江南风景跟中原没有两样，只是眼前的山河不一样了！”在座的人相视流泪，只有丞相王导神色严肃地说：“大家正应当同心戮力，报效朝廷，收复中原，怎么至于像被俘在晋国的楚囚那样，一味相对悲泣，不图振作呢？”新亭对泣的故事对后世影响很大。每当南北分裂，人们常常借这个故事来表达对国家统一的渴望之情。

“五马渡江”作为历史上的重要事件，受到后代诗人们的关注。诗人常常到幕府山一带来寻幽探胜，咏史怀古。李白、韩愈、王安石等都有相关的诗作。

今天，沿着江边的永济大道往北走，很快就到了五马渡广场，

广场上，矗立着一组雕塑，最前面的是一条高达十几米的巨龙，正腾空而起，四匹骏马似铁蹄飞驰，紧随其后，四蹄翻腾，姿态各异。这里就是古

“金陵四十八景”中的“化龙丽地”。

如今，站在五马渡广场，一边是滚滚东去的长江，一边是逶迤绵亘的幕府山，山下，水光潋滟的江滨湿地，草木葳蕤，鲜花盛开，江风习习，汽笛声声。再向远处眺望，江中漂浮着一座岛屿，就是八卦洲，只见云树缥缈，若隐若现。

2021年，南京开通游江航线，“长江传奇”号游轮从五马渡码头起航，向西一路开至大胜关大桥附近，然后再掉头返回五马渡，全程27公里。游客可以一边吹着江风，一边欣赏两岸江景，自有一番乐水之趣。

幕府新绿

南京什么地方是登高看大江的最佳地？秦始皇登栖霞山望大江，为南京留下了江乘县的建置；高启登雨花台看大江落日，感受“苍茫万古意”；朱元璋登狮子山，看“长江如虹贯”，为江湾大战的胜利而自豪；乾隆皇帝登上燕子矶，感慨“形胜江山如锦绣，光春风物已芳菲”……南京适合登高看大江的地方不在少数。自六朝以来，幕府登高看大江就是文人雅士们的喜好，到了明清，幕府山被列入“金陵四十景”“金陵四十八景”。

其实幕府山并不高，原先最高峰北崮山海拔为204米，只有紫金山一半高，但由于山势连绵，临江矗立，显得特别高峻，尤其是站在幕府山山顶望大江，有极开阔的视野。

秋日晴空，我从幕府山广场出发，循着石台阶，蜿蜒而上，经过白云亭、怀德亭，来到望江台，眼前的视野顿时开阔起来，没有山的阻隔，没有树木的遮挡，浩浩长江，由南及北，宛若一条宽阔的绸带，铺展在眼前。再仔细看看，江上船舶，星星点点，不可胜数。八卦洲树木参差，民居隐隐，仿佛漂浮于大江之上。五马渡、燕子矶清晰可见，犹如在眼前。近处，秋色斑斓，游人如织。昔日的幕府山矿坑砂场，如今变为城北一片“绿肺”。想起明代诗人顾璘的《幕府山望江》：“今登山头望，江色转可怜。青峰几千仞，倒卧中流天。人声落浦溆，树杪浮行船。”此山此江，相隔600多年，月升月落，物是人非，可是大江依旧奔腾不息，流走了多少往事！

幕府山位于城北，是南京城的北方屏障。幕府山横贯于南京市鼓楼区北端和栖霞区西端，是一座位于长江南岸边的丘陵山脉，西起上元门，东至燕子矶，长约5.8公里，宽约800米，以前有5座山峰，主峰北崮山偏向西北，峰下有幽深的石洞。中峰有仙人洞和虎跑泉等名胜。西北二峰合称“夹萝峰”，也称“夹骡峰”或“翠萝峰”。

幕府山的名气很大，名字在东吴时就已经存在了。因山上多石，幕府山古代又称“石灰山”“白石山”“观音山”。20个世纪80年代，考古学者在幕府山附近的东吴墓中发现有“莫府山”的写法，说明在东晋之前就有幕府山的名称了，只是写法不同。后人说，因为东晋丞相王导在此设立幕府，故称“幕府山”，可能由于读音相似，以讹传讹，有了此说。

历史上的幕府山，古木参天植被茂密，寺庙伴奇洞而建，泉水伴美景而生。明代南京籍状元焦竑誉之为“金陵佳丽地，北郊为最”。幕府山是六朝名山。东晋以来，很多历史大事、传说都与这座山有关，早在东晋初年，五马渡江，就是从幕府山脚下的江边渡口登岸的，后人称之为“五马渡”。东晋司马睿在建康称帝后，拜王导为丞相，幕府山一带也被划为王导的领地。南朝时期，幕府山南侧是帝王狩猎、游玩的地方。幕府山南，还是永嘉南渡的侨郡琅琊城所在地。梁朝的徐敬业有《古意酬到长史溉登琅邪城诗》云：“表里穷形胜，襟带尽岩峦”“登陴起遐望，回首见长安”。登高极目，山川形胜，都城在望，眷念之情，溢于言表。

从1950年代开始，考古工作者在幕府山一带陆续发现了多处六朝时期的古墓葬，包括一些重要人物的墓葬地和世家大族墓地，如象山的东晋王彬家族墓葬群、老虎山东晋颜氏墓群、郭家山东晋温氏家族葬地，以及幕府山南中央北路东侧原北崮峰处的大墓，均出土了大量文物。这说明东晋时期的贵族豪门特别钟情于幕府山，才把幕府山一带作为家族的墓葬地。

自古以来，幕府山燕子矶附近不仅是大江南北的交通渡口，也是古金陵防御江北的战略屏障和军事要道。因此，幕府山留下了许多名人足迹、历史景观和民间传说。

传说南朝梁时，达摩大师与梁武帝话不投机，就来到幕府山下，准备渡江，梁武帝感到懊悔，马上派人骑骡追赶。追到幕府山中段时，两边山峰突然闭合，一行人被夹在两峰之间。达摩正走到江边，看见有人赶来，就在江边折了一根芦苇投入江中，化作一叶扁舟，飘然过江。渡江后，到对面的长芦寺暂住，后来又到少林寺创立禅宗。达摩洞现在成了景点。

556年夏，梁与北齐在幕府山发生一场生死决战，结果梁国大将军陈霸先击败北齐南侵大军，保住了梁国，梁国君主将王位让给陈霸先，从此，陈朝登上历史舞台。

宋朝时，爱国将领韩世忠在黄天荡打败金兀术，黄天荡就在幕府山附近的江面。

明朝初期，朱元璋也多次来到幕府山。传说，当时为建城墙，朱元璋征集13省民工在这里烧窑，这里的窑烧的砖质量很好，匠人也卖力，朱元璋视察后很高兴，当即给衙役窑匠赏银、赏酒。趁着皇帝高兴，一个民工代表说，这里无地名，请皇上赐村名。朱元璋说，这里烧的砖属于上等，就叫“窑上村”吧。这个村名一直沿用至今。

朱棣时代，郑和的船队曾在附近的江面上训练。

郑成功高举反清复明的大旗，从福建一路杀到南京，屯兵幕府山。可惜，他没有抓住战机，后来在幕府山旁的观音山大战中战败，被迫撤回江上。

清代，康熙大帝第一次到南京，来到上元门，随后登幕府山朝拜。

1937年，侵华日军在幕府山燕子矶草鞋峡一带对中国军民进行惨无人道的屠杀，如今在燕子矶、上元门都立有遇难同胞纪念碑。

南京城北长江南岸边的幕府山—燕子矶一线山峦延绵起伏，登高远望，景天一色，万里长江奔腾向前。清“金陵四十八景”中，这里独占六席：幕府登高、化龙丽地、达摩古洞、永济江流、嘉善闻经、燕矶夕照。

六景中，有两处对于今天的人们来说比较陌生，永济江流与嘉善闻经。

永济江流。在靠近燕子矶的幕府山南永济寺观音阁上，临崖眺望，江天一色，江流滚滚。观音阁建在幕府山陡峭的山岩上，飞阁临空，势若俯坠。俯瞰远眺，平畴旷野，江面无垠，气势夺人。

据记载，明洪武元年（1368），久远禅师依山建观音阁。正统元年（1436），就阁建寺，明英宗赐名“弘济寺”。清乾隆年间，为避爱新觉罗·弘历之名讳，更名“永济寺”。传说乾隆皇帝曾来此寻生父，留下数处御题石碑，并在依悬崖峭壁而筑的寺庙内俯视壮阔的长江，豪情顿生，遂定名“永济江流”。

嘉善闻经。幕府山东南铁石岗石佛阁上有嘉善寺，由法通和尚建于明正德年间。寺中曲径通幽，殿后巨石壁立，在夹骡峰峡谷的逼仄之处仰视，仅露一线。山上青松茂密，有石佛、观音诸阁，阁前一巨石中立，石上复建一亭。今石尚存，而殿宇则已荒芜。

幕府山从什么时候开始变得沉寂？幕府山上盛产石灰石与白云石，石灰石是烧制石灰的原料，白云石是炼钢等工业生产的原料，从民国时起人们就在山上开采石灰石与白云石了。1951年，白云石矿成立，开采的力度不断加大，这一采就采了50多年，落下许多巨大的矿坑，山体及山上的动植物环境遭到了严重破坏。那几十年间，很少有人来这里登高赏景。

记得1990年代，那时我做记者，到白云石矿采访，只见乱石塞道，烟雾弥漫，眼睛都没有办法睁开，一辆辆拉石头或石灰的卡车呼啸而过，灰尘飞扬，哪里有城市的影子？

还有一次，我乘船从南通回南京，船经过幕府山，一眼望去，山峰已经被削平，露出锯齿般的坑坑洼洼，哪里还能看见绿色？真是惨不忍睹。那时从江北向南去市区，汽车一上南京长江大桥，就能看到幕府山白色裸露山体，媒体称它是“南京的伤疤”。幕府山的最高峰北崮山整整被削去30多米，现在只剩170多米，最高峰现在换成了东部的劳山主峰。

幕府山被滥采的状况，曾受到我国著名园林学家陈从周先生的公开批评。1998年，南京市痛下决心，关闭幕府山所有采石场，启动幕府山植被恢复工程。以前山上光秃秃的一棵树也没有，后来采取填土覆绿法、凿石挖槽法、轮胎织网法等多种方法复绿，对山体生态进行修复。如今，在幕府山下还能看到一块复绿碑，上刻“十年复绿，百代承荫”8个字，这块石碑算是历史的见证，提醒人们要珍爱大自然。

十多年过去了，小树长大了，山体变绿了。如今，幕府山春夏有樱花、紫薇之类以红白为主色的观赏花卉，秋天有火炬树、乌桕等色叶植物，冬天有常绿的雪松和石楠，幕府山成了一座省级森林公园。

宋代诗人杨备写道：“六代繁华一瞬间，平芜远树不胜闲。倚楼天暝云如幕，知是琅琊幕府山。”（《幕府山》）由于幕府山与六朝的关系密切，诗人首先想到的就是六朝往事。明代诗人乔宇写道：“绿江村落带林泉，幕府秋晴爽气高。苍岭烟岚开日驭，紫霄宫阙泻银涛。地达多景诗无暇，客是同心兴亦豪。”（《幕府山》）幕府秋晴，江清气爽，诗人游览一个个胜迹，兴致勃勃，流连忘返。

现在的幕府山景区，又回到了诗人说的多景的时代。

凌空飞燕子

“凌空飞燕子”，是吴敬梓《燕子矶》中的诗句，写出了燕子矶雄伟、灵动的气势。全诗是这样写的：“石戴土山砠，凌空飞燕子。孤根荡地轴，不信深五里。归客一开颜，太息江山美。亭亭阁上松，淼淼岩下水。”吴敬梓在这首诗的序言中说，燕子矶“势欲飞去”，“大江自龙江关西来，直过其下”，“坐石磴，临江已觉苍茫无际”。他对燕子矶观察细致入微，喜爱之情，溢于言表。

燕子矶是幕府山东北处的一个小山峰，海拔只有36米，因石峰突兀江上，三面临空，势如燕子展翅欲飞而得名。燕子矶与安徽采石矶、湖南岳阳城陵矶并称“长江三大矶”。三大矶中，燕子矶的名气最大，被称为“万里长江第一矶”。

在燕子矶顶上有一块砾岩石，这些形状各异的岩石中有一块内凹外圆，酷似古代酒樽，故名“酒樽石”。传说，唐代大诗人李白在一个月白风清的秋夜，泛舟江上，登临燕子矶，独览月夜江天，徘徊于酒樽石旁，对江酹月，把酒问天，在崖壁上挥毫题了“吞江醉石”4个大字，留下千古佳话。

当然，这只是一个浪漫的传说。

明清以来，燕子矶曾是出入南京的重要渡口。往来北方的船只都要经过燕子矶。南下时，从燕子矶下船，再乘坐马车或轿子，进入南京城。因此，燕子矶在诗文中出现的频率非常高。《同治上江两县志》中有一段关于燕子矶的描写，颇具文采：“俯江诸亭，白云扫空，晴波漾碧，西眺荆楚，东望海门，离人孤客，或乃夜登，水月皓白，澄江如练，景物尤胜，故自晋题咏于此独多矣！”

燕子矶与幕府山连成一线，附近有弘济寺、观音阁等建筑。沿江悬崖之下有12个洞，为江水冲击而成，主要有头台洞、观音洞、二台洞和三台洞，其中以三台洞最为曲折深广。

传说朱元璋南下集庆时，曾从这里登陆。观音阁旁悬壁上原有铁索穿石而挂，传为当年朱元璋的军师刘伯温系舟之处。观音阁旁的平台，传为皇后马娘娘的梳妆台遗址。朱元璋还写了一首题为《燕子矶》的诗：“燕子矶兮一秤砣，长虹作杆又如何？天边弯月是钩挂，称我江山有几多。”想象新奇，颇有气势。

明末崇祯十一年（1638），文人张岱曾到燕子矶游玩，写了一篇《燕子矶》，记录了他登临燕子矶的所见所闻所感。他看见，巨石嶙峋，波浪翻滚，只能“钩挽铁缆，蚁附而上”，登上矶头，放眼望去，江水浩渺，舟行如箭，再看周边，峭壁千寻，大树蓊郁，森森冷绿。他还与朋友闵老子、王月生在燕子矶石壁下饮酒。

康熙、乾隆南巡时也都是在这里下船，然后再走陆路到城里。有时候也会在燕子矶住上一晚。康熙就曾写过一首《燕子矶夜泊》：“巍峨一片江头石，千载人传燕子矶。疑有鼋鼍藏窟宅，时闻钟磬出山扉。牙樯缓住寒烟净，羽卫周连夜火围。沙岸声声动行漏，芦花深处雁惊飞。”诗写得不算差，写出了燕子矶之夜的静美。乾隆第一次来燕子矶时，就被这里的壮丽景色吸引，当即赋诗一首：“当年闻说绕江澜，撼地洪涛足下看。却喜涨沙成绿野，烟村耕凿久相安。”“却喜涨沙成绿野”，指的是他所看见的江中八卦洲。乾隆还挥笔书写了“燕子矶”3个大字，如今，这块字碑依然立在燕子矶头。乾隆还有一首《游燕子矶》的诗，其中有4句写得也不错：“一峰飞插长江里，其势翩翩如燕子。我来四度亦四登，翠壁丹崖信如绮”，写出了燕子矶雄伟的气势。

康熙二年（1663），曹雪芹的曾祖父曹玺调任江宁织造，他从燕子矶下了船。他看到燕子矶旁有很多楝树，就在燕子矶边挖了一棵，栽在江宁织造署中的院子里，还在旁边建了一个亭子，取名“楝亭”。纳兰性德在《满江红》的词中写道："饮罢石头城下水，移来燕子矶边树。"后来，曹雪芹的祖父曹寅以"楝亭"作为自己的号，文集也以"楝亭"命名。翻阅《楝亭诗钞》，就有《坐弘济石壁下及暮而去》《过燕子矶》《阻风燕矶》《登燕子矶》《暮游弘济寺石壁回宿观音阁中》《阻风燕矶登岸望洪济寺有作》等写燕子矶的诗。其中《登燕子矶》写道："吴楚设天堑，峭壁为之门。飞烟自上下，怒潮啮其根。艨艟剪江来，风力厚且屯。一入吞吐中，屹然不可扪。"诗意不难理解，燕矶天堑，绝壁凌空，江风呼啸，怒涛汹涌，舟楫如梭，来来往往，此景此情，心神摇荡……

明末抗清名将史可法在燕子矶头即兴写下一首让人读了落泪的诗："来家不面母，咫尺犹千里。矶头洒清泪，滴滴沉江底。"（《燕子矶口占》）

鸦片战争中，英国侵略者沿江一路烧杀，攻南京时首先从燕子矶登陆，入观音门，去迈皋桥，占天堡城。最后迫使清政府签订了丧权辱国的不平等条约《南京条约》。

1937年12月间，侵华日军在燕子矶附近江滩上集体屠杀手无寸铁的我国军民，在今天的燕子矶公园内立有燕子矶江滩遇难同胞纪念碑。

燕子矶山上临崖处立有一块石碑，上面有我国著名教育家陶行知先生手书的"想一想，死不得"6个字。陶行知当年在燕子矶乡晓庄村办学期间，听说经常有失意人来矶头跳崖，十分惋惜，立即到学校找来两块木牌，在上面写了几句话劝喻轻生者。一块牌子上写"想一想"，下边写了几行小字："人生为一大事来，当做一件大事去。你年富力强，有国当救，有民当爱，岂可轻生？"另一牌子上则写"死不得"，下写："死有重于泰山，或有轻于鸿毛，与其投江而死，何如从事乡村教育，为中国三万万四千万同胞努力而死！"陶行知把两块木牌竖立在燕子矶头，又委托一位在附近开茶馆的朋友多留心，看见有人在矶头徘徊要赶快上前劝说。此后，不少来到这儿打算自杀的人，看到木牌上的"想一想，死不得"6个字，停下了投江的脚步。1980年，复旦大学著名教授陈子展先生就曾经这样回忆："我在南京上大学时得了胃溃疡。一次我正在读书，一阵阵剧痛袭来，简直使我要发疯了，便无可奈何地来到燕子矶，想跳江了却一生。我抬头望去，只见木牌上写着

‘想一想，死不得’，我猛醒，打消了轻生的念头。”陶行知的这块劝诫牌，挽救了很多生命。

世事变迁，燕子矶渡口的作用早已失去，曾几何时，燕子矶一带甚至成了“化工城”的代名词。

燕子矶地区方圆近20平方公里，最多时集聚400多家企业，其中不少是化工企业，长江燕子矶段岸边密密麻麻散布110多家码头、砂场。燕子矶地区烟尘弥漫，气味难闻，附近居民怨声载道。最近十几年来，南京市政府投入超百亿，搬走了污染企业，对棚户区进行拆迁改造，并启动长江岸线进行综合治理，将燕子矶下的老码头打造成燕子矶滨江公园，恢复植被，栽种四时花卉，修建亲水栈道，昔日的生产岸线全部转变为生态岸线，成为市民休闲游憩的好去处。

燕子矶地区有北十里长沟西支、中支、东支3条入江河道。南京化工厂就在北十里长沟的西支附近，每天，化工废水排入河中，再随着支流汇入长江，市民戏称为“七彩河”。南京市区政府投入7亿元整治河水，关停排放污水的企业，拆除沿河违法建筑，完成雨污分流，经过几年的整治，3条河道的水变得干净多了。十里长沟两岸垂柳依依、花草摇曳，亭台古色古香，道路两旁整整齐齐，成里附近居民散步休闲的好去处。

如今，幕府山与燕子矶已经连成一片，成为幕燕滨江风光带。从幕府山西麓的上元门，经过五马渡广场，再到燕子矶滨江公园，6公里的江岸线将化龙丽地和幕府登高、达摩古洞、燕矶夕照、永济江流、嘉善闻经等著名景点串联在了一起，俨然一幅天蓝、山绿、水清、花美的生态画卷。

尤其是永济大道与江边步行栈道，是幕燕滨江风光带的亮点。如果开车经过永济大道，一边是幕府苍翠山色，一边是浩渺大江，真是车在画中行。如果是早春时节，樱花盛开，走在江边栈道上，面对灿如云霞的樱花美景，会有如醉如痴的感觉。

寻找黄天荡

黄天荡，历史上很有名。

南宋时期，在南京的江面上，宋军与金军曾发生过一场特别有名的水战——黄天荡之战。韩世忠以少胜多，给金军以沉重的打击。

后来，黄天荡经常出现在诗文中，如明代张岱曾经登栖霞山，他写道："看长江帆影，老鹳河、黄天荡，条条出麓下，悄然有山河辽阔之感。"（《栖霞》）清代黄燮清写道："八千劲旅走熊罴，曾断金人十万师。骢马宣威临阵日，羯胡丧胆渡江时。风鸣环佩军中鼓，谷暗云霞战士旗。从古庸臣好和议，寒潮呜咽使人悲。"（《黄天荡怀古》）

那么，黄天荡究竟在哪里？

先看看黄天荡战役。南宋建炎四年（1130），宋军名将韩世忠乘金军不备，率军8000人、战船百余艘急趋镇江。完颜宗弼（金兀术）恐归路被截，率军自临安沿运河北上，企图由镇江渡江北归。韩世忠军已抢先控制金山、焦山等有利地形，严密封锁沿江渡口，并用破船堵塞运河入江口，切断了金军退路。韩世忠带领宋军迎战金军，妻子梁红玉擂鼓助战。金兀术向韩世忠传信，愿尽还所掠人畜、财物，并献名马，以求借道渡江，被拒绝后率船队沿长江南岸西上，另寻渡江之路。韩世忠则率水师沿北岸堵截，并出30余艘轻舟进逼南岸。金军不谙长江水道，在宋军追击下，仓促驶入建康东北死水港黄天荡。韩世忠命船队封锁荡内唯一入江水道，宗弼再次求韩世忠借道，韩世忠严词拒绝：还我两宫，复我疆土，则可以相全。在围困多日后，金兀术采纳当地乡民的建议，命金军利用老鹳河故道，开渠30余里，连通江口，于次日冲出黄天荡，驶至建康附近江面。韩世忠发觉后率军沿江西上追击堵截，至建康以北江中扼守，继续阻遏金军渡江。由于金军力量强大，并采取火攻，宋军失利。后世的历史学家认为，黄天荡之战宋军虽败犹荣，韩世忠八千兵力将金兀术十万大军困了48天，自此之后，金军不敢轻易渡江，南宋半壁江山暂时得以保全。

就在人们都等待着宋高宗对韩世忠嘉奖时，一道弹劾韩世忠的奏章送到了宋高宗的案前，而这个奏章的作者，竟是韩世忠的夫人梁红玉。梁红玉在奏章上说，韩世忠在黄天荡一战中没有把握住机会，让金兵从宋军的包围圈中成功突围，还折损了不少将士，理应受到严厉的责罚。

梁氏上书弹劾韩世忠失机纵敌，举朝为之震动，大臣们在听说梁红玉的奏章后，纷纷向宋高宗求情，韩世忠不但没有罪过，反而还应该受到奖赏。宋高宗虽然是一个倾向于主和派的君主，但这次金兵已经将他赶到了海上，因此他对于立下战功的韩氏夫妇还是非常满意的。他随后封韩世忠为武城感德军节度使，封梁红玉为杨国夫人，同时可以领取朝廷的俸禄，这在宋代女性中是头一份的。

关于韩世忠妻子梁红玉，生卒年不详，史书中不见其名，只称“梁氏”。“红玉”是其去世后各类野史和话本中所取的名字，首见于明朝张四维所写传奇《双烈记》，“奴家梁氏，小字红玉”。梁氏原为京口妓，后嫁给韩世忠。建炎三年（1129），梁氏在平定苗傅叛乱中立下殊勋，被封为安国夫人和护国夫人。在传奇小说中，梁氏往往被塑造成一名武艺过人的巾帼英雄，事实上史书中对于梁氏的武艺和军事能力都没有记载，但对她在黄天荡之战中的表现确有记载。梁氏在黄天荡之战中亲执桴鼓，和韩世忠共同指挥作战。

由于长江河道改道，黄天荡后来消失了。但遗址在何处，历史学家一直有争论。宋末元初的历史地理学家胡三省在《资治通鉴广注》中提到：“大江过升州界，浸以深广，自老鹳嘴渡白沙，横阔三十余里，俗呼‘黄天荡’。”清初历史地理学家顾祖禹的《读史方舆纪要》记载：“黄天荡一带大江阔四十里，中间有太子洲，其余港汊村落，限隔横错。”一般认为黄天荡位于南京东北约80里江面，当时江面宽阔，港汊很多。后来由于尘沙淤积，当年江上的洲岛变成了陆地，就很难辨认其准确位置了。在清代，栖霞山附近有一个摄山湖，应该是长江故道的遗迹。现在的栖霞山东侧还有一条七乡河注入长江。

后世关于黄天荡的诗歌不在少数。比如清代屈大均的《从京江至石头城作》写道："潮去潮来怒未平，蕲王庙口客心惊。天风不断黄天荡，知是当年战鼓声。"蕲王，指的是韩世忠。诗人从镇江乘船至石头城，在江上想起当年的黄天荡之战，耳边仿佛响起咚咚战鼓声……表达了对韩世忠的崇敬、怀念之情。

其实，黄天荡并没有消失，它依然存在于人们的记忆里。

老浦口

南京下关的对面，有两个带有“浦”的地名，一是浦口，一是江浦。两个地名都很古老。

在2002年之前，浦口与江浦是两个区（县），2002年，南京区划调整，浦口与江浦合并，成为浦口区。至此，使用了600多年的“江浦县”成为历史名词。2015年，江北新区成立，新置浦口区，范围比以前缩小不少。好在“浦口”这个古老的名字还在。

“江浦”作为地名最早见于《陈书·程文季传》：（太建）五年，都督吴明彻北讨秦郡，秦郡前江浦通涂水……文中“秦郡”（六合县地）、“涂水”（滁河），当时已是专用地名，而“江浦”二字，犹如今天所说的“江边”或“入江河口”，为泛称。“浦口”的“浦”即水边，“口”意为渡口，因此仅从字面理解，浦口是水边渡口之意。可见，浦口、江浦都由渡口发展而来。

到了隋唐时代，浦口成了江北军事据点。由清人侯宗海、夏锡宝纂辑，成书于光绪十七年（1891）的《江浦埤乘》，对浦口城有这样的记载：“浦口城，即隋晋王城旧址。明太祖定都金陵，以浦子口扼吭南北，钳制江淮。洪武四年八月，命指挥丁德筑城，设应天卫于其中，后增设龙虎、武德、和阳、横海等卫。”这段话的意思是说，浦口城就是隋朝晋王城的旧址，明初在浦子口筑城，并设应天卫，守卫在这个江北要冲。

2005年出版的《浦口区志》采纳了这一说法：“隋开皇八年（588），隋文帝杨坚为灭陈统一中国，命其子晋王杨广率兵50万伐陈，大军至浦口桃叶山下，因长江阻隔，无法过江，遂命士兵在桃叶山下筑城屯兵，城址在今泰山镇泰山新村和东门镇一带，后人称此城为‘晋王城’。”晋王即杨广，就是后来赫赫有名的隋炀帝。隋唐时代，浦口段的江面大约在5至6公里宽，是现在江面宽度的三到四倍。据史料记载，浦口一带是隋文帝伐陈渡江之处。隋开皇八年（588），杨广奉父王文帝之命，起兵伐陈，以图统一天下。杨广率军从六合到浦口，驻扎在今东门镇一带，屯兵4个多月后，配合从长江上游呼啸而来的隋军，成功渡江，完成灭陈大业，后来人们就以杨广当时的爵名“晋王”来称呼这座军营。当然，驻扎在浦口的只是部分兵力，隋朝的50万大军分散在4000里长江战线上，分兵八路，以碾压之势，扑向南朝。

到了元代，江北的宣化镇改名“浦子市”，亦称“浦子口”。明洪武四年（1371），于此修筑城池——浦子口城，目的在于拱卫长江对岸的明朝都城南京。5年后，明朝又置江浦县，治所就在浦子口。15年后，又将江浦县的治所迁至现在的江浦街道。

对于朱元璋兴建的浦口城，《江浦埤乘》记载：“城周十六里有奇，门凡五，东曰沧波，南曰清江，西曰万峰，北曰旸谷，南有便门曰望京。弘治、正德间，清江、望京全陷入江。”20世纪80年代的东门镇、南门镇也都是由此得名，南门镇目前尚保存几处旧城的断垣。

浦口地区进入最快的发展时期，应该是晚清津浦铁路的开通之际。浦口是津浦铁路的终点站，这里的火车站被命名为“浦口火车站”。1911—1912年，津浦铁路通车。1913年，长江轮渡通航。1933年，火车轮渡通航。这些接连不断的大事，将浦口推到了历史的舞台上。伴随着长江沿岸一带浦口镇的兴起，外地居民大量涌入，他们大多数是从北方而来，从事与火车站、码头相关的行业。由于浦口地处交通要道，人流量猛增，浦口附近的店铺渐渐多了起来，尤其是火车站北侧的大马路，熙熙攘攘，热闹非凡。朱自清的《背影》写的就是发生在浦口火车站的故事。朱自清要在火车站坐火车北上，父亲来送他，父亲翻过铁路，爬上月台，去为他买橘子。父亲的背影深深触动了朱自清的心弦，他凝练出了“背影”这个意象，写出了人间真情。

朱自清所写的浦口火车站，是津浦铁路的最南端。津浦铁路北起天津，南至浦口，是沟通南北的重要交通枢纽。津浦铁路北段由德国设计，南段由英国设计，浦口火车站是南段的终端站，也是津浦铁路沿线唯一完整保存、规模最大的民国特色火车站。1968年，南京长江大桥通车，浦口火车站停办客运。1985年，恢复部分客运，并更名为“南京北站”。2004年，停办客运。2013年“浦口火车站旧址”被确定为全国重点文物保护单位。

浦口火车站还发生过很多故事——

1919年，湖南籍的蔡和森等几个爱国青年要赴法勤工俭学，毛泽东从北京到上海为他们筹款，途经浦口火车站休息时，被小偷偷走了鞋子，后来遇见一位好心人，赠予他一双布鞋。

1923年，中国共产党早期领导人之一、中国工人运动的先驱王荷波在浦口组织“两浦”铁路工人大罢工，与京汉铁路工人“二七”大罢工相呼应。

1929年5月28日，运送孙中山先生灵柩的火车经津浦铁路，从北平运抵浦口火车站，孙中山先生的灵柩曾在这里停灵。

1949年4月22日，第35军曾在浦口火车站开会，研究迅速渡江、抢占南京的作战方案。邓小平、陈毅曾在浦口火车站停留。第二天，解放军即渡过长江，进驻总统府，解放南京。

百年浦口火车站，风云激荡，与中国近现代历史发生了密切的关联。今天，当我们回首百年往事，对这座火车站心存感佩之情。

百年老站，虽然完成了历史使命，但没有退出文化舞台。南京市对浦口火车站历史风貌区进行修缮，修旧如旧，呈现出民国建筑风貌。火车站成为以民国为背景的电影及电视剧的重要外景基地，《情深深雨蒙蒙》《孙中山》《国歌》《金粉世家》《北平小姐》等民国题材影视剧都在这里取景。

浦口境内有老山国家级森林公园、求雨山文化园、惠济寺、狮子岭等自然与人文景观，“老山深林”“狮岭雄姿”等景观入选为古今金陵胜景。浦口、江浦地区出了不少文化名人。比如唐代的诗人张籍是江浦人。南宋的张孝祥是浦口人，他的词写得好，其《六州歌头》读来令人荡气回肠。张孝祥的墓就在老山。当代，江浦出了一位大书法家林散之，他的故居就位于今天的浦口区桥林街道林蒲社区。

春江十里

“长江春水绿堪染，莲叶出水大如钱。”（《春别曲》）

这是晚唐诗人张籍描写江水的诗句。在现在很多人的印象中，长江水多数时候是浑浊的，可是在唐朝诗人的眼中，江水绿如染，令人想起白居易的诗句“春来江水绿如蓝”，那是多么美好的生态环境！

张籍是乌江人。乌江地处安徽和江苏交界。传说中的张籍读书台就在南京浦口区桥林镇江边的东龙山上。张籍根本没有想到他看见的“绿堪染”的江水一千多年后已经变得污浊了。

曾几何时，就在读书台下的江边，桥林街道18.9公里的长江岸线上，最高峰时曾聚集47家大小船厂。一座座船坞星罗棋布，轧钢声不绝于耳，“十里造船带”远近闻名。

地处“黄金水道”长江北岸的桥林街道，于2012年由桥林镇和乌江镇合并而成。造船业最先在乌江镇兴起，由于优越的岸线资源，2000年前后，乌江镇开始发展造船业。时任乌江镇企业管理服务站副站长的林正对当时的情况十分了解，他说，第一家入驻企业是南京永华船业有限公司，2002年初，乌江镇仅有3家造船厂，到2007年，随着正屿造船等大企业的入驻，“十里造船带”已颇具声势，年产值达11.2亿元，生产的驳船、机动船出口新加坡、越南、日本等多个国家，乌江镇也被称为“金陵造船第一镇”。造船业成为乌江镇的支柱产业，鼎盛时期占到财政收入的70%。

造船业的兴盛，一时间的确也带动了周围村民致富。乌江镇周围的农民都到船厂上班，收入不错，很多人都建起了楼房，乌江镇上显得很繁华。

林浦社区的居民林苏华说："仅我们一个社区就有五家船厂，我一家有两个人在船厂做电焊工，一年收入五六万。当时我们一个社区有1000人在船厂做工。最红火时，造船企业用工多达1万多人。很多外地人拖家带口前来打工，一批做船厂生意的'小老板'和'租房户'也应运而生。"

然而，谁也没有想到，危机正在隐隐浮现。2008年上半年，全球金融危机袭来，随之而来的便是订单数量骤减，延期交付和弃单成了"家常便饭"。

桥林街道办事处副主任杨春雨说："那时十里造船带的部分企业存在规模较小、档次低下的问题，企业本身自主研发能力不强，产品销售也过多依赖出口，产业基础薄弱。另一方面，露天喷漆、除锈等作业会对大气、水源造成污染，切割、轧钢等工序也产生了噪声污染。"

随着造船业的低迷，一些船厂开始出租厂房。一批混凝土搅拌站、砂场乘虚而入，长江岸边冒出一个个立罐、一条条砂石输送带直通江面，风一吹，沙尘漫天，对当地生态环境造成恶劣影响。

"我们村的水泥路都被那些货车压得破碎不堪，虽然我们住在江边，但根本看不到江水。大家都不愿意往江边去，乱糟糟的。"家住桥林街道林浦村的卢玉珍说。

"我记得2002年以前常能见到江豚，后来就看不到了。"村民杨国过说。

"十里造船带"所在的江岸有两处江豚自然保护区，是江豚经常出没的位置，江豚喜静不喜动，对水质、噪声非常敏感，其数量和出没情况可以说是长江生态系统的"晴雨表"。

2018年，为贯彻落实国家"共抓大保护，不搞大开发"的重要精神，浦口区痛下决心，启动长江岸线专项整治行动，"十里造船带"退出历史舞台，用"江岸之变"践行绿色发展理念。一场称之为"飓风行动"的江岸保卫战随即打响。在为期36天的整治行动中，浦口七坝港区拆除27家船厂、6家混凝土企业、21个砂场。随后对长江岸线进行复绿，打造"春江十里"乡村旅游线路。沿江大道过去是泥泞的小路，现在都铺上了柏油，建成了彩虹绿道。江岸的杂树被清除，栽植各种花卉。周围的稻田也都整修一新。

如今，“春江十里”岸线很有看头，站在张籍的读书台所在的东龙山上，极目远眺，水天一色，近观草木葱茏，成片的花海点缀其中，奔腾的大江，斑斓的江岸，美不胜收。很多附近农民沿着江边大道观赏大江风光。每当双休日节假日，江南的市民会举家自驾来到“春江十里”一带，观赏大江美景，感受田园风光的魅力。

长芦晚钟

“南朝四百八十寺”，名寺多在江南。但江北有两个六朝古寺，非常有名，其中一个是曾经位于长江边的长芦寺。

“长芦晚钟”是古代“六合八景”之一，令人想起西湖的“南屏晚钟”。可以想见，当年长芦寺耸立江边，夕阳西下，走近古寺，波光粼粼，梵音袅袅，钟声悠远，让人听到后有一种超然物外的感觉。

长芦寺命运多舛，当地人说，九建九毁。

民间传说梁武帝萧衍酷爱佛教，他的女儿永兴公主得了一场大病，梁武帝去寺庙许愿，在女儿大病痊愈之时建造一座规模宏大的寺院。后来永兴公主病好了，梁武帝为了还愿令人在江北修建了长芦寺。

梁武帝普通年间（520—527），印度高僧菩提达摩到广州传播禅法，菩提达摩是南印度国国王的第三子，后出家从般若多罗大师。信佛的梁武帝得知后便邀请其到建康来。普通八年（527），萧衍与菩提达摩在建康相见，交谈时因为“语多不契”，两人不欢而散。菩提达摩便在长江边折了一根芦苇，飘然北去，这就是“一苇渡江”的故事。菩提达摩到江北后，在长芦寺待了一阵子，便去浦口的定山寺修行，然后再前往嵩山少林寺修行了8年，创立了禅宗。

我想，菩提达摩有再大的佛法，也不可能乘一根芦苇渡江，或许这只是一种民间想象。有学者考证“一苇”是指一束芦苇。

长芦寺因为与达摩有了关联，后来名气越来越大。唐代李白《送当涂赵少府赴长芦》写道：“维舟至长芦，日送烟云高。”到了宋代，长芦寺的名气更大了，鼎盛时期，有房屋2000多间，僧众千人。民间有俗语：“前门通到金刚殿，后门通到六合县。”还有“跑马出山门”的说法。

宋代很多文人到过长芦寺，并留下诗文。比如王安石的《舟过长芦寺》写道：“水落草摇洲渚昏，泊船深闭雨中门。回灯只欲寻归梦，儿女纷纷解笑言。”梅尧臣有《自急流口至长芦江入金陵》（一作《金陵》杜牧）写道：“始发碧江口，旷然谐远心。风清舟在鉴，日落水浮金。”

陆游在《入蜀记》中写道：“入夹行数里，沿岸园畴衍沃，庐舍竹树极盛，大抵多长芦寺庄。出夹望长芦，楼塔重复。自江淮兵火，官寺民庐，莫不残坏，独此寺之盛，不减承平，至今日常数百众。江面渺弥无际，殊可畏。”这段话的意思是说，从江上看长芦寺，楼塔耸立，虽历经战乱，但依然香火旺盛。

范成大的《吴船录》对长芦寺也有记载：“丁巳，泊长芦。幞被宿寺中。此为菩提达摩一苇浮渡处。寺在沙洲之上，甚雄杰。江波淙啮，行且及门。”范成大看到的长芦寺，楼宇雄伟，开门即可见到大江，十分壮观。

南宋时，金兵侵犯到长江北岸，建康府通判刘汉之害怕金人拆毁长芦寺房屋用来造船，便一把大火烧了长芦寺，寺内僧众千余人皆号啕大哭。

不久，长芦寺又得到重建。后来，又遭堤岸坍塌，几乎被江水淹没，于是将长芦寺“徙至滁口山之东”的河曲沙岗上，也就是今天南京化工技师学院内。

长芦寺是北上扬州等地的必经之路，因此吸引了很多文人墨客驻足流连。唐朝的骆宾王、李白、韦应物、刘长卿、孟郊、温庭筠，宋代的王安石、苏东坡、黄庭坚、陆游、秦观、梅尧臣、范成大，元代的萨都剌、张以宁，明代的李东阳、王守仁、王世贞、庄昶，清代的朱彝尊、厉鹗，等等，都曾在这里留下足迹。

到了当代，长芦寺已经不存，原址上只剩下两株千年的古银杏树和三口宋代的梅花井。

近年，六合区决定重建长芦寺，但考虑到长芦寺遗址在学校内，空间有限，便决定在十里之外的太子山公园内重建，这已经是长芦寺历史上第十次重建了。

现在的长芦寺离长江很远，但长芦钟声依然回荡在诗文里……

潮打三更瓜步月

“潮打三更瓜步月，雨荒十里红桥火。”这是清代诗人、画家郑板桥的词《满江红·思家》中的名句，写出了瓜步夜月的寂静之美。

瓜步，就是现在的瓜埠，古代时通用。瓜埠现在是六合区雄州街道的一个社区。瓜步古渡与镇江西津古渡、扬州瓜洲古渡被称为长江下游的“三大古渡”。

“瓜步”之名，最早见诸《晋书·陈敏传》：“飞桥越横江之津，泛舟渡瓜步之渚。”南朝任昉《述异记》云：“瓜步在吴中，吴人卖瓜于江畔，因以名焉。”晋永嘉年间，铸鼎肖龟形，沉瓜步江中，故又称瓜步山为“龟山”。

瓜步渡口，迄今已有两千多年的历史。宋朝设立了瓜步镇。明朝时把“步”变成了“埠”，设置瓜埠巡检司，历时600余年。不过，“瓜埠”“瓜步”有时候混用。相传秦始皇东巡，就是从栖霞古渡横越长江，驶入瓜埠渡口登陆的。

由于瓜埠地处南北要冲，自古以来一直是军事重镇。南北战争一旦打起来，瓜埠是必经之地。

最著名的要数南朝时期的“瓜步之战”了。

南朝宋文帝刘义隆“自践位以来，有恢复河南之志”。他曾三次北伐，都没有成功，特别是元嘉二十七年（450）的最后一次，失败得更惨。用兵之前，他听取彭城太守王玄谟北伐之策，非常激动，结果不仅没有得到预期的胜利，反而招致北魏拓跋焘大举南侵，饮马长江，弄得国势一蹶而不振。

到了南宋，辛弃疾在《永遇乐·京口北固亭怀古》词中写道："元嘉草草，封狼居胥，赢得仓皇北顾。四十三年，望中犹记，烽火扬州路。可堪回首，佛狸祠下，一片神鸦社鼓。"南宋距离北魏已有七八百年之久，北方的百姓仍然把拓跋焘当作神来供奉，辛弃疾看到这个情景，不忍回首当年的"烽火扬州路"。完颜亮发兵南侵，曾以扬州作为渡江基地，而且也曾驻扎在佛狸祠所在的瓜步山上，指挥金兵抢渡长江，遭到痛击。与那时相比，现在人民已忘却国耻，是多么痛心的事！

明代，在瓜步古渡附近的江面上发生了一件大事。

朱元璋渡江以后，以集庆为根据地，与陈友谅、张士诚形成三足鼎立的格局。

长江是朱元璋施展战争才能的舞台。他先是取得龙湾大战的胜利，后又取得鄱阳湖大战的胜利，灭掉了陈友谅。

元至正二十四年（1364）正月，朱元璋在应天府自称吴王。为什么称吴王？原来，朱元璋当年贫困潦倒之时就是投奔了红巾军将领郭子兴，当时的红巾军领袖是韩山童，韩山童死后，刘福通成了红巾军的实际首领，拥立韩山童的儿子韩林儿为帝，打着"复兴宋朝"的旗号继续反元，此时的韩林儿还不到20岁，韩林儿以小明王自称，但实际上只是刘福通扶持的傀儡。上一年，也就是1363年，张士诚派部将吕珍围攻安丰，刘福通战死，韩林儿被朱元璋救出。此后，韩林儿被朱元璋安置在滁州，但朱元璋仍然奉他为皇帝。所有公文命令均以"皇帝圣旨，吴王令旨"的名义发布。朱元璋在羽翼尚未丰满之前，只好借用一下红巾军的名头，一旦翅膀硬了，他还把小明王放在眼里？

朱元璋取得节节胜利，眼看就要打败张士诚，他岂能让自己的胜利成果被所谓的皇帝韩林儿分享？对于此时的朱元璋而言，小明王的存在已经没有意义了。

1366年，朱元璋派廖永忠迎接韩林儿至应天府，到达瓜步附近的江面时，船沉了，韩林儿溺水而死。

他是死于意外，还是被朱元璋谋杀，历史上有不同看法。我认为，小明王的死一点也不意外，肯定是被廖永忠故意害死的。

明代以后，江水南移，使得瓜埠逐渐远离长江。现在，瓜埠古渡口已经无迹可寻。在古镇尽头的滁河岸边立着一块巨石，上书“瓜埠渡口”，算是对渡口往日岁月的纪念。

六朝以来，写瓜步的诗词很多。庾信的《将命使北始渡瓜步江》：“校尉始辞国，楼船欲渡河。辅轩临碛岸，旌节映江沱。观涛想帷盖，争长忆干戈。虽同燕市泣，犹听赵津歌。”庾信原是梁朝的官员，要离开京城，出使西魏，他们所乘的楼船正停在瓜步渡口准备渡河。他们乘车来到满是砂石的长江岸边，道旁旌旗林立，倒映江中，气势非常壮阔。登上山顶，看着汹涌江涛，心中装着君主的信赖，自己明白这次出使，是带着特殊的使命的。虽是与魏国一较高低，其实还是潜伏着战争的危机。他和他的家国洒泪而别，就像当年荆轲别易水一般悲壮。庾信的担心真的变成了现实，梁朝政权因侯景之乱濒于破碎。庾信的这一次告别真的成了“壮士一去不复回”的去国之行。

宋代很多诗人路过瓜步，留下诗文。比如苏轼的《往年宿瓜步梦中得小诗录示民师》、王安石的《入瓜步望扬州》、梅尧臣的《登瓜步山》、沈与求的《瓜步》等。

王安石55岁那年，途径瓜步去扬州，写道：“落日平林一水边，芜城掩映只苍然。白头追想当时事，幕府青衫最少年。”（《入瓜步望扬州》）王安石庆历二年（1042）及第，授签淮南节度，后入韩忠献公幕，时驻扬州，年方二十五岁，所以诗中有对青衫岁月的怀想，同时也表达出变法受阻、抱负难酬的郁闷。

陆游在《登赏心亭》中也写到瓜步的意象：“黯黯江云瓜步雨，萧萧木叶石城秋。”表达自己壮志难酬的苦闷心情。

明代史鉴的《泊瓜步口号》写道“昨夜宿江南，今朝过江北。愁听子规声，欲归归未得”，写出了羁旅之愁。

瓜埠老街是依靠古老渡口而兴盛起来的，渡口没有了，老街就渐渐失去过去的繁华，成为记忆中的意象。

改革开放以来，老街日益受到重视，被列为南京市历史风貌保护区。2010年，南京市评选千年古镇，瓜埠镇入选。最近十几年，瓜埠老街得到了整修。旁边的瓜埠山现在是国家地质公园。

瓜埠镇有两个特产，一是赖月月饼，一是瓜埠老街猪头肉。说起赖月月饼，还有一段传说。乾隆下江南，到瓜埠的一个庙里歇息，中秋节快到了，老和尚赖月端来自己做的月饼，请皇帝尝尝，乾隆吃了之后，赞不绝口，就以老和尚的“赖月”名字赐名，这种月饼也被作为贡品年年进贡。赖月月饼由此出名。直到今天，赖月月饼这个品牌还在。

瓜埠老街猪头肉，始创于20世纪三四十年代，三代传承经营至今。陆家采用传统制作手法，柴火煮制，猪头肉色泽红润，香糯浓醇，咸甜适度，肥而不腻。2020年，六合猪头肉被评为“江苏省百道乡土地标菜”。

飘来的龙袍

长江到了南京六合，有16.1公里江岸线，全部在龙袍街道境内。

龙袍街道位于六合区东南部城南20公里，与栖霞山隔江相望，北倚宁扬、宁连高速公路，东连仪征化纤，西邻长芦街道，东接仪征市，北毗横梁街道，栖霞山大桥穿境而过。

龙袍这个名字很有意思，关于它的来历有好几种说法。

一种说法，清朝乾隆皇帝乘舟下江南，尝长江美味，品蟹黄汤包，饮酒赋诗，忽然一阵旋风将龙袍卷入江中，龙袍飘落的地方后被称为“龙袍洲”，龙袍的地名沿袭至今。

另一种说法，项羽兵败，沿长江北岸西奔，仓皇间将龙袍弃于今龙袍境内，玉带弃于今玉带镇境内，至卸甲甸时已丢盔卸甲，溃不成军，后世即以“龙袍”“玉带”“卸甲甸”名之。

还有一种说法，1366年，朱元璋派大将廖永忠驾船去滁州接小明王韩林儿来应天府，当廖永忠的船行驶至瓜埠时，船翻沉入江中，韩林儿落水溺亡。这就是六合民间传说的“瓜步沉龙”的故事由来。后来六合瓜部南部“长”出三个洲，一个洲上发现了龙袍，一个洲上发现了玉带，还有一个洲上发现了帽子，所以，人们分别称它们为“龙袍洲”“玉带洲”和“帽子洲”。

龙袍江岸，一度被侵占的现象很严重，江岸被船厂、沙场占据，住在江边的村民以打鱼为业，长江大整治以后，六合区拆除了船厂，搬走了污染企业，并启动长江岸线造林绿化工程，如今的龙袍江边岸线已经大变样了。

龙袍街道由于濒临大江，江边有136户渔民，世世代代以打鱼为生。50多岁的谢长江，是龙袍街道大河口村渔业组的渔民，他家三代以上都在江边打鱼，他回忆说，20世纪70年代前后，一网撒下去，能捞2000多斤鱼，刀鱼、鲥鱼等并不是稀奇物，捕到50多斤的鲢鱼也不是什么新鲜事儿。渔民靠着勤劳的双手过上了好日子，他们生活的村子，是十里八乡有名的富裕村。然后，这几年江中的鱼越来越少，50多斤的鲢鱼一条也捕不到，一天下来能捕二三十斤鱼就不错了。他说："国家禁渔，让长江休息一下，是大好事，我们坚决赞成。"谢长江带头销毁了渔具，到2020年底，龙袍镇的136户渔民全部上岸，约400只渔船全部被拆解销毁。

龙袍的蟹黄汤包远近闻名。传说，乾隆六下江南时途径龙袍，品尝了乡民们特地为他制作的以蟹黄蟹肉等为馅的包子后，连声夸赞说好吃，乡民们便称其为"乾隆汤包"。龙袍的蟹黄汤包就此闻名。现在每年国庆、中秋前后，龙袍街道都要举办龙袍蟹黄汤包美食文化旅游节，游客络绎不绝。

古渡夕阳红

我总以为，在古老的大江渡口看落日，是很有意境的。为此，我曾多次专门去寻找昔日的长江渡口。比如，我曾经到瓜洲古渡、燕子矶古渡、大胜关古渡、三山矶古渡看过落日，常有古人先得吾心之叹。

我的这个审美意识，也许不自觉来源于古人。关于夕阳古渡，古人写过很多诗词，这里略举几例：

渔村疏竹外，古渡夕阳间。（屈大均《江皋》）
斜阳诸岭暮，古渡一僧归。（姚鹄《嘉川驿楼晚望》）
荒城临古渡，落日满秋山。（王维《归嵩山作》）
近郭乱山横古渡，野庄乔木带新烟。（张继《冯翊西楼》）
落日停桡古渡边，古今踪迹一苍然。（吴融《晚泊松江》）
行人陌上思悠悠，十里斜阳古渡头。（陆游《春日杂兴》）

“是以舟浮楫举，可济千里之川。”（《旧唐书》）大江相隔，烟波浩渺。古人渡江，船是唯一的交通工具。有船，就要有渡口。渡口也不是随便设置的，要具备停船便利、避开风浪、与陆路相通等条件。从古至今，金陵大江上有很多重要的渡口。有的由于长江河道变迁，早已消失在历史的烟尘里了，只存于历史的诗文中，比如桃叶渡、江乘渡等。有的名称仍在，只是早已失去了渡口的功能，比如瓜步古渡、燕子矶渡口、板桥浦等。

据《史记》记载，秦始皇统一中国后，于公元前210年，从咸阳到湖北云梦泽，遥祭上古虞舜，然后顺江之下，第一次巡游长江，在采石矶登岸，经丹阳至钱塘，上会稽山祭拜大禹。返回时“从江乘渡”。江乘渡口就在今天的栖霞山附近，秦时在这里设江乘县。宋时在龙潭设巡检司，南宋淳熙十二年（1185）设龙潭水马驿站。这个渡口存在了很长时间。

东吴时，在石头城下有一个重要的港口——石头津。石头津临江靠淮，是集漕运、军运、商运码头和水军基地于一体的综合性港湾。石头津所利用的江面正是孙权定都南京时所看重的可安大船的“小江”，即陆地与江心洲之间的夹江地带。这里曾经停靠各种船只，有人用帆樯林立来形容港口的船只之多。在整个六朝时期，石头津都是重要的港口。梁朝诗人何逊的《登石头城》中有“连樯入回浦”的诗句，是对石头津舟船首尾相接入港景象的描绘。

六朝时，进出建康城主要靠水路，长江上出现了很多重要的渡口。据《读史方舆纪要》载：“自吴以来，石头南上至查浦，查浦南上至新亭，新亭南上至新林，新林南上至板桥，板桥南上至冽洲，陆有城埠，水有舟楫，建康西南面之险也。”根据这段文字所列，就有查浦、新亭、新林、板桥、冽洲等港口。比如，新亭是六朝时期重要的官船码头和军事要塞，位置在今安德门以西一带，当时，王侯将相和显贵官员由长江进出京师，朝廷命官乘官船执行公务等，多在新亭登船，朋友同僚即在此饯别。六朝诗人留下了很多关于新亭的诗歌。

新林，位于建康都城西南十八里处，即今天大胜关附近。谢朓有诗《之宣城郡出新林浦向板桥》云：“江路西南永，归流东北骛。”李白有诗《新林浦阻风寄友人》云：“明发新林浦，空吟谢朓诗。”可见，从六朝到唐代，在江上行驶的船只，经常要到这个渡口停歇。

板桥在新林南十里。板桥附近有劳劳山，劳劳山上有劳劳亭，是孙吴驰道上的送别之所，唐宋时仍为滨江水陆交通要道。李白曾作诗《劳劳亭》：“天下伤心处，劳劳送客亭。春风知别苦，不遣柳条青。”

从板桥溯流而上，有三山矶、仙人矶。这两个矶都有渡口。三山矶名气很大，东吴时代，在三山矶设置军事据点，派重兵把守。

冽洲又名“烈山港”，位于今慈湖口下游，冽洲是长江上游来的船舶进入都城建康境内的第一个港湾，也是过往船舶的重要避风港。

再往上游，在安徽境内有两个重要的港口——采石矶、横江浦，这两个渡口都与南京有着十分密切的关系，因为古代北方政权想要进攻南京，往往从采石矶、横江浦渡江。在采石矶发生的较大战争就有五十多次。晋武帝司马炎发动的灭吴之战、隋朝灭陈朝之战，主要的兵力都是从采石矶进入金陵的。

南京城的西边，古代有白鹭洲渡口。李白说“二水中分白鹭洲”，在唐代，白鹭洲是江中小岛，上面有渡口。李白经常到白鹭洲头送别友人，他在诗中写道：“朝别朱雀门，暮栖白鹭洲”（《宿白鹭洲寄杨江宁》）、“西望白鹭洲，芦花似朝霜”（《洗脚亭》）、“白鹭洲前月，天明送客回”（《送殷淑三首》）。

幕府山的江边，有一个重要的渡口——五马渡。西晋经历“八王之乱”，先后有七位封王惨死在皇权的争夺中。中原士族纷纷南渡逃亡，史称“衣冠南渡”，这是中原汉人第一次大规模南迁。在西晋皇族五位王中，琅琊王司马睿在晋朝宗室与南北大族拥戴下，在南京即位为晋王，东晋的历史正式拉开帷幕。所以，当时就有童谣唱道：“五马游渡江，一马化为龙。”

根据宋代的《景定建康志》记载，当时南京长江边还有竹格渡、马家渡、张公凸渡等渡口。竹格渡，“在今县城西南二里”。马家渡，离采石矶六十里，与和州对岸。张公凸渡，“位于上元县金陵乡长庆村之西，正临大江，与真州六合县梅家步相对”。

到了南宋时期，南京长江沿岸有烈山渡、大城渡（今大胜关）、龙湾渡（今下关）等码头。南宋时，今下关一带的龙湾地区有靖安镇，南宋乾道元年（1165）至三年（1167），在龙湾分别设立了官办酿酒作坊龙湾酒库、明代龙江船厂的前身都船场、王沙税务等政府机构，为明代下关滨江区域开发打下了基础。

明清时期，上新河因地处江心洲的夹江东边，适合大批水运木排、竹筏的停靠和分散，可随时转运进城。因此，明初便在这一带开凿了一条河道，叫“上新河”。新河开辟仍不能满足运输需要，因此又接连开了中新河和下新河。中新河与上新河相通，是停泊官船的地方。上新河镇曾经繁盛一时。

明代还在龙江建有水关，朝廷文武大臣多由此上下官船，朱元璋也多次到龙江码头迎送大臣。

明代，朱元璋在江北建立浦子口城，是南北交通的重要渡口。

明清时代，南京的东北江边还有一个重要的渡口，就是燕子矶渡口。明代朱元璋曾在此登陆。清朝乾隆皇帝六下江南，五登燕子矶。明末清初的文人张岱，也写过《燕子矶》，记录他在这里与送他的友人喝酒的情景。“燕矶夕照”为古“金陵四十八景”之一。

在长江北岸，瓜步（又称“瓜埠”）古渡很有名，与镇江西津古渡、扬州瓜洲古渡并称“三大古渡”。瓜步古渡建于东汉，是我国古代南北驿道必经之地。宋朝设立瓜步镇，明朝改“瓜步”为“瓜埠”，置瓜埠巡检司，历时600余年。

由于瓜步地处南北要冲，自古以来一直是军事重镇。南北战争一旦打起来，瓜步就成了惨烈的战场。最著名的要数南朝时的“瓜步之战”了。刘宋本想北伐，结果北魏太武帝拓跋焘一直打到瓜步，实现了饮马长江的梦想。

明清以来，下关一带是重要的长江渡口。明代设龙江关，已经相当繁华。到了清代，达到鼎盛。从清末到1949年，下关地区出现了几十座码头，包括招商局码头、接官厅码头、太古洋行码头、日清码头、美最时码头、飞鸿码头、煤炭港码头、宝塔桥码头、有恒码头、三汊河码头等。其中大部分是运送人们来往于长江两岸的轮渡码头。

下关和浦口轮渡码头的兴衰，与津浦铁路有着密切关系。1911—1912年，沟通南北的交通大动脉——津浦铁路建成通车，其北端是天津，南端是浦口火车站。浦口火车站与下关车站隔长江相望，而后者又是另一条重要的交通干线——沪宁铁路的西端，其东端是上海。沪宁铁路和津浦铁路被长江天堑隔开，人们只能乘坐轮渡，才能继续北上或南下。因此，下关和浦口之间的客运轮渡，成了连接沪宁铁路和津浦铁路的桥梁。

早在1910年左右，清政府就在下关江边兴建下关客运轮渡码头——大生码头，位于金陵关附近。“浦北号”渡轮往返两岸运送乘客。1914年10月，津浦铁路局港务处向下关商埠局租用西炮台（后来的南京港七号码头），将轮渡码头迁移至此，并以渡轮“飞鸿号”命名，称为“飞鸿码头”。1929年，为迎接孙中山灵柩沿津浦线运抵南京，对这个码头进行了重新整修，并命名“中山码头”，以纪念孙中山先生，这个名称一直沿用至今。

而在对岸的浦口，也有浦口码头。民国时期，乘坐津浦线北上的人们，一般都会从中山码头乘船过江，在浦口码头上岸，然后进入与码头相连的浦口火车站乘车。浦口码头位于浦口区临江街5号，原来是1914年津浦铁路局在浦口所建的10座码头之一，即津浦一号码头。

南京长江之中有沙洲六七个，目前洲上有人居住的只有八卦洲、江心洲。过去，两个洲上的居民都依靠船渡进出。八卦洲上码头最多时有七八处，现在只有燕八线客渡还在运行。江心洲的码头，以旗杆渡码头最有名。

长江古渡渐渐成为历史名词，过去，它们不仅给南京人带来舟楫之利，也沉淀了优美的意象，存在于我们集体的记忆里了。

江南江北

早在明代初年，诗人高启登上雨花台，有感于国家一统，大江没有阻隔之险，写道：“从今四海永为家，不用长江限南北。”

而历史上，关于“长江限南北”的说法很多。如宋代诗人李纲写道：“长江千里。限南北、雪浪云涛无际。”（《喜迁莺·晋师胜淝上》）明代诗人郑潜写道：“长江茫茫限南北，宛若淮东看山色。”（《题蔡仲简七世祖画卷》）

“不用长江限南北”，不仅仅是诗人的渴望，也是受南北阻隔之苦的人民的渴望。其实，长江阻隔，对江南江北的发展影响是很大的。

我的作家朋友李敬宇在他的散文集《老浦口》中说了一件事。早年前，在浦口依靠轮渡过江到对面的下关，人们常常挂在口头上的一句话是：“你今天到南京城里去了？”他很奇怪，在很多浦口人的心目中，对面才是南京，浦口不是。

我印象中，跨江发展的口号，南京喊了很多年，可一直没有大的起色。曾经有一阵，南京大学部分校区都搬到了江北高新区，几年下来，交通实在不方便，长江大桥不堪重负，每天堵车，教师们受不了，意见很大，后来学校决定在江南的仙林大学城重新建立新校区。

从历史上看，江北不是不受重视。早在春秋战国时期，楚国就在江北建立城池——棠邑城。这是南京辖区内最早的行政建置，旧志记载其位于今长江北岸六合区雄州镇之北。从地理位置上看，此处是吴国西伐楚国、北进中原的军事要地。

明洪武四年（1371），朱元璋在浦子山依山筑城，称为“浦子口城”，位于今浦口东门镇和南门镇一带，当年长江流经城下，初为江浦县治，屯有重兵以保卫京师，同时设有东仓和西仓等大型粮仓。后来，县治所搬到现在的浦口镇。浦子口城的修建、江浦县的设置，为南京江北城市发展奠定了基础。可以说，江北迎来了第一次发展机遇。

江北地区迎来的第二次发展机遇是在晚清到民国时期。清政府接受开明人士建议，1908年开建津浦铁路，1911—1912年建成通车。浦口是津浦铁路的南端终点。津浦铁路通车以后，浦口进入了一个繁荣时期。1927年，国民政府定都南京，浦口火车站成为连接南北的交通枢纽，周边轮渡、邮局、医院、学校、饭店等，一应俱全。

人们都知道下关有一条热闹的大马路，其实浦口也有一条大马路，东起临江路，西至阳沟街，就在浦口火车站附近旧址。由于南来北往的旅客众多，浦口大马路涌现了大量的旅馆、餐饮、食品百货及浴室等，如“老字号”海春园饭店、庆河园菜馆、庆和园旅社等。

由于地处交通要道，南北的干果、鲜货、瓷器、玉器、药材、茶叶等货物，都向浦口火车站聚拢，围绕浦口车站形成了南京江北地区的新兴商业区。

根据民国时期的城市规划，长江两岸为工业区，还计划将一些重工业企业放在浦口地区。而从当时的实际情况看，浦口的两大企业也是可圈可点。为火车配套的南京浦镇机厂于1908年在浦口建成。我国第一座化工厂永利铔厂于1936年在浦口附近的卸甲甸建成投产，这是当时亚洲最大的化工厂，打破了英、德两国垄断中国化肥市场的局面，拉开了南京地区近代化学工业的序幕。

1968年大桥通车之后，浦口交通枢纽作用弱化了很多。家住浦口的作家李敬宇说：“南京长江大桥的建成，使得津浦铁路和沪宁铁路连成一线，列车直过长江大桥，把浦口撇在一边，浦口火车站的客运价值就此失去，货运价值也减去了大半。”（《老浦口》）

新中国成立后，南京市有意将化工、钢铁企业放在江北。1958年，建了南京钢铁厂。20世纪80年代，又陆续建立了扬子石化、南京化工等大型企业。大厂曾经一度成为南京一个很红火的工业区。

尽管如此，江北的发展还是不够快。

改革开放以后，历届政府都提出南京的发展定位，有时说跨江发展，有时提滨江城市，有时提国际化滨江都市，有时提“以江为轴，跨江发展，呼应上海，辐射周边”。江北地区虽然有发展，但一直没有大变化。

时间进入了21世纪。南京市做出了一个大动作，进行江北区划调整。

2002年4月29日，一家南京媒体发布了题为《南京调整江北地区行政区划撤县设新浦口区和六合区》的新闻：

南京市今天召开两新区筹备工作动员大会，对该市长江以北地区的行政区划调整工作进行部署。

根据国务院的批复，南京市江北地区的调整方案是：一、撤销南京市浦口区和江浦县，设立新的南京市浦口区，以原浦口区和原江浦县的行政区域为浦口区的行政区域。区人民政府驻珠江镇。二、撤销南京市大厂区和六合县，设立南京市六合区，以原大厂区和原六合县的行政区域为六合区的行政区域。区人民政府驻雄州镇。

南京长江北岸地区土地面积占全市的三分之一，人口占全市的四分之一。此次行政区划调整后，南京市区面积将由目前的2598平方公里扩大到4737平方公里。

建成融古都风貌与现代文明于一体的现代化江滨城市是南京市的发展目标之一，但由于长江北岸地区资源分布不均，经济和社会发展相对滞后，影响了南京“富民强市”进程的整体推进，也使南京的江滨城市特色难以尽快形成。这次调整南京市市区行政区划进一步凸显南京的江滨城市特色，长江北岸地区全部划为南京市区。将促进这一地区与主城更好地融合，从而加快这一地区的城市化进程，逐步把江北建成与南京江南交相辉映的新市区。

撤县建区的目的说得很明确，就是要凸显南京的江滨城市特色，江南江北融合发展，但是令人遗憾的是并未见到多少效果，江北地区还是没有什么大发展。当时在流传着这样说法："宁要江南一张床，不要江北一间房。"

直到2015年情况才真正发生了变化。

国家级江北新区成立，南京江北迎来了第三次发展机遇。

2015年，国务院批复设立南京江北新区，成为全国第13个、江苏省唯一的国家级新区。江北新区并不是原先江北的区县相加，而是从之前的浦口区、六合区各拿出几个街道来，成立的一个新区。这样形成了直管区、共建区和协调区三种形态。直管区为原浦口区的沿江、泰山、盘城、顶山4个街道，六合区的大厂、长芦、葛塘3个街道，再加上化工园区。共建区为浦口、六合区，对重大事项进行统筹。协调区包括浦口区、六合区和栖霞区八卦洲范围。整个江北新区区域规划面积为788平方公里。

进入21世纪，过江难问题受到前所未有的重视。南京过江通道建设加快，平均速度由原来30年建成1处，提速为5年建成1处。目前全市过江通道已从1座增加至11处13条过江通道，包括8条道路过江通道（5桥3隧）、2条铁路过江通道和3条城市轨道过江通道，同时，全市在建共计4处（4条）过江通道，包括3条道路过江通道、1条城市轨道过江通道，初步实现"十三桥隧通南北，长江天堑变通途"。根据规划，南京市全域范围内还将建25处28条过江通道。相信到那时候，南京过江难已经不成为问题。

成立新区后，江北新区的环境得到很大改善。江北滨江岸线自长江三桥起，至浦仪公路新化枢纽止，全长26.6公里，过去，沿江岸线开设了很多码头、厂区，破坏了滨江生态环境。这几年，江北新区拆除了26个工业码头，沿江保留了两处工业码头遗址，打造观江平台与水幕灯光景观，同时建成扬子江生态公园。公园从定山大街至朱家山河，岸线长度约5.6公里，沿江分布八大网红"打卡点"，是滨江岸线上一道美丽的风景线。

江北新区还建成了南京第一个国家级城市湿地公园——绿水湾湿地公园，公园位于城南河的入江口，被长江大堤一分为二：堤内花园、果园整齐美观；堤外原生态的湿地上，大片的水生树林、芦苇吸引了众多鸟类栖息。如今，这里是观赏日出、月升的好地方。

南京跨江发展，提出过很多口号，比如"跨江发展""拥江发展""一江两中心”等等，不论提什么口号，关键是能否把规划落到实处，首先要补齐江北发展的交通短板，其次要有经济发展的硬核。要形成一个政治、经济中心，也不是一朝一夕的事情。有人拿南京与武汉比，其实武汉江北江南的发展，也不是一蹴而就的事情，是经过了上百年的沉淀，才有了今天。

相信江北新区迈上发展的快车道之后，南京的江北会真正成为江边一颗耀眼的明珠！

长江三洲

长江在漫长的岁月里，汇纳百川，裹挟泥沙，奔流不息……日积月累，江中渐渐形成了一座座小岛，犹如一颗颗珍珠。就长江南京段来说，经过专家勘察，江面上有7个大小不一的岛，其中最大的当属八卦洲，其次是江心洲，最小的是新济洲。

八卦洲

八卦洲位于南京市区北郊、长江大桥下游4公里外的江中，南与燕子矶、北与六合区隔江相望。八卦洲是长江中仅次于上海崇明岛和镇江扬中岛的第三大岛。现有面积55.6平方公里，岛上人口3.3万人，属于南京市栖霞区管辖。

八卦洲的形成历史，最早可追溯到南宋时期。据考证，南宋著名的抗金战役——黄天荡大战之古战场就在青州（八卦洲的雏形）下游，如今的八卦洲是由南宋时期的青州演变而来的。明朝时期，由于八卦洲的外形酷似一只草鞋，故名“草鞋洲”。之后，江河将草鞋洲南岸冲垮，长江河道向南流去，河底淤塞，七里洲和附近的沙洲汇合在一起，八卦洲越来越大，越来越圆润，形成一个类似于八卦的形状，故取名“八卦洲”。

关于八卦洲来历，还有一个传说，太子朱标经常生病，马皇后梦见神仙对她说，要到燕子矶对面的太子庙烧香，方能救他一命。于是，马皇后便从燕子矶乘船渡江，此时风高浪急，令人望江生畏，有高人指点，只要皇后施舍一个八卦玉佩，丢入江中，就会长出一个洲来，马皇后为了人们能平安渡江，就在燕子矶边头台洞前的梳妆台上卸下玉佩，丢入江中，于是一夜之间便长成八卦洲。至今，燕子矶头台洞还有传说中的马娘娘梳妆台遗址。

清康熙二十三年（1684），八卦洲（时称“七里洲”）西南角始有零星移民居住，1712年，洲上开始有先民开荒耕作。据八卦洲《乡民反霸碑》记载，康熙五十七年（1718），八卦洲属上元县管辖，说明当时八卦洲及其居民已被纳入官府的户籍管理。乾隆十六年（1751），乾隆帝登燕子矶，诗中写道“却喜涨沙成绿野，烟村耕凿久相安”，“绿野”指的是八卦洲。

1927年，国民政府成立后，八卦洲划入南京市区范围，当时南京有旗民3000多人。最早大规模开发八卦洲，是在1931年以后。当时的南京市政府在八卦洲放垦，大批原籍安徽无为的贫民迁居岛上。当时民间有句俗话说“无为不成洲”，意思是无为人沿江而下，居洲而生，显示出旺盛的生命力。他们是洲上最早的拓荒者，开垦耕作，筚路蓝缕，寻得一处安身立命的场所。直到今天，八卦洲上的居民多说无为方言，生活上也保留无为习俗。

八卦洲环洲江岸线长达30多公里，过去，长江岸线布满砂厂、造船企业和码头，乱占、乱建、乱排问题严重。最近十几年，南京实施长江大保护战略，政府加大力度整治长江岸线，恢复长江生态岸线7.12公里，并对岛上的湿地进行修复，在江滩及低洼处栽植落羽杉、中山杉、柳树等耐水湿苗木，栽植芦苇、菖蒲、鸢尾、蒲草、荷花等水生植物。如今，岛上的生态环境有了很大改变，良田沃野，阡陌交错，充满田园气息。

最近几年，八卦洲打造了几处旅游观光的景点，每逢双休日，很多南京人都会来八卦州游玩。比如八卦洲头，是观览大江风光的理想地，站在洲头放眼望去，大江浩浩荡荡，扑面而来，江上船来船往，长江大桥如长虹卧波，远眺对岸，幕府山、燕子矶矗立江边，繁华都市，如海市蜃楼般在眼前浮现。沙漠风情园利用江沙做文章，有沙雕、沙滩排球、沙滩车等游玩项目。小江河、柳林则是一派地道的田园风光。

八卦洲地处江中，水资源丰富，盛产蔬菜，以芦蒿最出名，是南京最大的芦蒿种植基地。

八卦洲以前出行依靠渡船，随着八卦洲大桥的通车，八卦洲居民告别了摆渡渡江的日子。如今岛上开通了连接城里的公交车，出行很方便。

八卦洲上三块石碑值得说一说。两块是清代石碑，一块是民国石碑。

示禁碑是由江宁府派驻八卦洲的八旗兵于乾隆三十六年（1771）所立。碑的正面刻双龙抢珠花纹及云纹，正文为阴刻正楷，有1500余字，详细记载了洲地租息、田产、田地面积及示禁内容。由于江宁城里“柴价昂贵”，南京八旗将领就派出一支部队登陆八卦洲，驻扎屯垦，以弥补后勤的匮乏。在清代，八卦洲分为大、小两段，八旗军登陆时，洲上已经有洲民居住。为了和居民互不侵犯，驻防八卦洲的八旗兵将洲上尚不属于洲民的地段充公，作屯垦之用，并立示禁碑。

另一块禁牧碑上刻有2176字，详细记录了一段在康熙年间发生在八卦洲上的诉讼案：康熙五十七年（1718），七里洲佃农徐荣嵩等16人联名向上元县和江宁府控告旗兵离职武官朱汉和其奴仆吴二仗势欺压乡民、敲诈勒索银两的罪行，并禁止其再来此地牧马。

从康熙五十一年（1712）开始，家住紫金山下的八旗兵离职武官朱汉每年春天都要到洲上来放马。他的马群不但在洲上吃草，更是“马仗人势”，经常践踏、啃吃洲民所种植的农作物。于是，当地百姓就把朱汉告到了主管将军处，本来一个很简单的案子却因为将军偏袒朱汉而以洲民败诉告终。朱汉不但得到了牧马权，而且可以一直放下去。这以后朱汉更加肆无忌惮地欺压洲民了，他约上了八旗兵将军鄂大老爷共同放牧，还向洲上居民敲诈勒索，规定每年每亩农田要缴纳一两白银，如果有人敢反抗就捆绑吊打。佃农徐荣嵩等人联合七里洲农民将一纸诉状递到了江宁府和上元县。经过数年的斗争，洲民们获胜。朱汉和他的奴仆被各打四十大板，勒索的银两全数退还，并且不准再在洲上牧马。为了告诫后人，官府和当地洲民就在此处修建了禁牧碑，不但明确了洲上不准放牧的规定，还将案子的整个过程记录下来。这些碑文为我们今天研究八卦洲的历史、地理、民俗提供了参考资料。

八卦洲上还保存了一块民国时期的祝寿碑，内容为在1936年八卦洲农会上，为时任军事委员会委员长的蒋介石五十寿辰撰写的祝词，不过石碑落成时蒋介石并没有到现场参加庆典仪式。在第三次全国文物普查中，这块石碑被定为文物，保存在八卦洲上坝村王家院内。

江心洲

江心洲位于南京市西部，东隔夹江为奥体中心，西隔大江是江浦，南临大胜关长江三桥，总面积约15平方公里，属于建邺区管辖，人口约1.2万。

江心洲岛为南北走向，地形狭长，犹如镶嵌在玉带上一颗熠熠生辉的明珠。明代正德年间陈沂撰《金陵古今图考》记载，江心洲形成于北宋，由泥沙淤积而成。到明清时，面积达到3万亩。民间有龙降恩的传说，所以称为“龙恩洲”。整个地形状如青梅，也称“梅子洲”，又因方言，还叫“米子洲”。在叫“梅子洲”之前，还称为“太子洲”。明人茅元仪《武备志》所载《郑和航海图》上标注“太子洲”。因为小岛处于长江主航道与夹江之间，四面环水，干脆就称“江心洲”。其实，长江上叫“江心洲”的不在少数。

1863年，湘军攻陷浦口等地，天京失守，一位苏姓妇女将10余名太平军将士遗孤带上江心洲抚养，为洲上最早移民。1890年前后，江苏泗洪县朱湖镇许姓、青阳镇韩姓两户10多人逃荒到江心洲定居。1900年左右，安徽无为县石涧镇、严桥镇有人沿江而下逃荒到江心洲，在洲上定居，垦荒谋生。直到现在，岛上一些居民还保留着安徽无为人的民风民俗。

早期难民初到洲上，生活多以砍柴、割草、捕鱼、挖野菜为主，后来逐渐种蔬菜、玉米、小麦，养鸡鸭。那时房屋非常简陋，被称作“芦柴壁子芦柴墙，芦柴把子当中梁”。由于没有防洪江堤，遇到暴雨洪水，岛上常常水涝成灾，发生塌陷。当时有民谣：“江心洲、江心洲，十年九不收，男人常年打短工，女人逃荒在外头。”1931年，特大洪涝灾害发生，江心洲一片汪洋，岛上居民划船过夹江到城里乞讨。

南京解放后，江心洲上建起了环洲大堤，防洪能力得到了加强。岛上的穿洲大道和环洲大堤，可算是两道独特的风景线。尤其是南北走向的穿洲大道，全长近15公里，两旁高大挺拔的水杉，夏日枝繁叶茂，煞是好看，被网友誉为“最美水杉大道”。说起水杉，还有一段故事——

20世纪70年代的江心洲，到处都是烂泥路。当时岛上流传一串顺口溜：“下雨滑如油，天晴像骨头，小孩像老头，病人骑老牛。”意思是说，一到下雨天，路面像抹了油一样滑；天晴后，太阳晒过的泥巴路上全是脚印，踩上去比骨头还硬；小孩子走泥路容易摔倒，也像老头人一样拄起拐棍；只有老黄牛能在泥巴路中平稳前行走，农家常常用牛来运送病人去医院。1975年夏天，一场暴雨过后，岛内积水严重，家家户户只能靠盆出行。汛期过后，村里开会决定，倾其所有，修一条贯穿洲头洲尾的公路，改变江心洲行路难的状况。当年9月开建，全岛男女老少齐上阵，岛上唯一一辆拖拉机几乎24小时作业，运送石头。到了次年夏天，十几公里长的穿洲公路初具雏形。村里从苏北苗圃买来上万棵拇指粗的水杉苗，按照一米范围内2到3棵的密度栽种于穿洲公路两侧。当年拇指粗的水杉小苗如今都已长成参天大树。每年夏季，郁郁葱葱的水杉形成遮天蔽日的“一线天”景观，已成江心洲最鲜明的标志之一。

2010年夹江大桥通车前，江心洲上居民的出岛方式只有通过轮渡。当年江心洲上有三大渡口，最繁忙的是旗杆渡口。早年前，城里有西郊7路公交车，通达江边棉花堤渡口，从渡口上轮渡，对面就是旗杆渡口。如今，江心洲大桥通车，地铁10号线建成，来往岛上十分便利。过去，岛上七成的居民是安徽无为人，如今，随着一幢幢高层商品房的建成，很多南京城里人到江心洲上买房。

20世纪90年代，江心洲上家家户户种植葡萄，每逢节假日，很多南京城里人登上江心洲，采摘葡萄，品尝农家菜，观赏田园风光，沐浴湿润江风，十分惬意。

由于生态环境好了，“水中大熊猫”长江江豚也在江心洲附近江面频繁现身。

新济州

新济洲位于长江南京段，是长江进入南京境内的第一个江中小岛。新济洲属于江宁区管辖。面积约为9平方公里，距南京长江三桥上游16公里，是仅次于八卦洲、江心洲的江中小岛。

新济洲形成于南宋。清朝末年，江西、湖北、安徽等地的难民顺流而下，来到这里垦荒。新中国成立前，这个小岛属于救生局管辖范围，用于救济难民，故名“救济洲”。新中国成立后，划归江宁铜井镇管理，成为下面的行政村，更名为“新济洲”。

20世纪90年代，新济洲上有居民1123户3600多人。岛上的居民靠江吃江，都以打鱼为生。由于面积较小，抵御洪水的能力较弱，岛上的居民生活不便，每年到了汛期，都是胆战心惊。如果长江水位较高，岛上就要被淹，居民都要搬到江堤上生活。

政府对新济洲居住环境进行论证后认为，岛上已经不适宜人居住，2000年，江宁区政府决定将岛上居民全部迁移到长江东岸居住。就这样，怀着对故土依依不舍的心情，岛上居民离开了新济洲，在江宁区各个街道安顿了下来。

原住民全部搬迁后，政府开始对新济洲生态环境进行修复，利用江滩湿地，进行绿化造林，打造湿地公园。同时，在岛上建立了生态科教馆，并建立生物监测点。经过20多年的休养生息，岛上的生态环境得到很大改善。人退鱼鸟归，如今新济洲成了鸟的天堂。目前岛上的国家重点野生保护动植物就有37种。2011年，新济洲由于生态环境优良，被国家林业局批准为南京长江新济洲国家湿地公园，这也是南京市第一个国家级湿地公园。

秦淮金川汇大江

长江汇聚万川，向着大海奔腾而去。

在南京的境内，就有28条河流流入长江。就江南区域来说，有两条主要河流，秦淮河与金川河，位于南京城区一南一北，是长江主要的支流，所以，南京人有“南有秦淮河、北有金川河”之说。论知名度，秦淮河要大得多。在某种程度上说，秦淮河是南京的代称，是南京一张代表性的文化名片。在南京江北，长江还有一条重要的支流——滁河。

人类文明与河流密切相关，彼此交融，绵延不绝。城市出现在大河流域，这是一个世界性的规律。在秦淮河、金川河、滁河流域，都发现了新石器时期甚至更早时期人类居住、活动的踪迹。北阴阳营人，就居住在金川河流域的高地上。周朝的棠邑，就建在江北的滁河流域。后来的越城建于秦淮河畔。长江上的这些支流如同血管，源源不断地向长江输入新鲜的血液，成就了长江的壮阔、伟岸与活力。因此，完全可以说，这些支流都是长江的延续与组成部分。

秦淮河

在长江众多支流中，恐怕很难有一条支流像秦淮河拥有如此高的知名度。南京人把秦淮河称为母亲河，是因为秦淮河滋养着南京，孕育了这座城市的文明，形成了独有的秦淮河文化。写秦淮河的文献多如牛毛。赞美秦淮河的诗歌，也是举不胜举。古往今来，秦淮河的故事也是不可胜数。外地人来南京，总要到秦淮河、夫子庙看看。

秦淮河，古称“龙藏浦”，汉代起称“淮水”，唐以后改称“秦淮”。秦淮河是一条发源于宁镇山脉的自然河流，有南北两个源头，北源在句容市宝华山南麓，为句容河；南源在溧水区东庐山，为溧水河。南北二源合流于江宁区方山，沿途再收纳吉山、牛首山诸水，进入南京市区，全长110公里。进入南京城区后，秦淮河在明城墙东南隅的通济门处分为外秦淮和内秦淮两支。其中，外秦淮就是明城墙外侧的护城河，途经雨花桥、1865晨光创意产业园、大报恩寺遗址公园等，最后从三汊河附近注入长江；内秦淮也就是古今闻名的“十里秦淮”，河道流经夫子庙，全长5公里。

根据早期典籍记载，传说秦淮河为秦始皇所开。宋代周应合的《景定建康志》载：“秦淮，旧传秦始皇时，望气者言：‘五百年后金陵有天子气。’于是，东游以厌当之。乃凿方山，断长垄为渎，入于江，故曰‘秦淮’。”传说，秦始皇统一中国后，于秦始皇三十七年（公元前210年）东巡会稽（今绍兴），路过金陵，有方士告诉他，五百年后金陵有天子气，这引起了秦始皇的紧张，他开始贬抑金陵，听从方士的建议，凿方山，开长沟，泄掉这个地方的王气。另外，秦始皇还觉得“金陵”这个名字太张扬，将“金陵”改成了“秣陵”。秣，是草料的意思，秣陵，也就是草料场。不过，《景定建康志》又载：“自方山埭西注大江，分派屈曲，不类人功，疑非秦皇所开。”该书的作者周应合认为，秦淮河非人工所为。这个判断应该说是科学的。也许在秦始皇时代，疏浚了部分河段。

1983年，通过地质钻探，人们发现了埋藏在地表之下的秦淮河古河道。距今两三万年前，长江东岸大致在今城西的外秦淮河一线。当时的秦淮河有数百米宽，一直西行，从今天的清凉山一带汇入长江；另一支北行，从鸡笼山和覆舟山之间的垭口穿出，再折向西北，于狮子山东侧进入长江。也就是说，今天的玄武湖与金川河都曾是秦淮河入江水道的一部分。其间的山丘岗地，犹如水中的小岛，只是在后来才被人命名为“五台山”“北极阁”“鸡笼山”等。

考古发现，早在3000多年前，分布于秦淮河两岸的南京先民们就已经掌握了铁和青铜的冶炼技术，并制作弓、箭、矛、钩、刀、斧等器具，用作打仗、渔猎、生活的工具。他们还饲养马、牛、羊、猪、狗、鸡、鸭、鹅等家畜家禽，长干里、横塘、秣陵等地形成了一个个早期先民的居住聚集中心。

春秋战国时期，周元王四年（公元前472年），越国在秦淮河南岸长干古城的基础上建造越城。一百年后，楚威王又在江边的石头山上设置金陵邑，作为楚国的前沿军事据点。由于楚军是沿江而来，自然选择了秦淮河北岸的高处作为制高点，达到“扼江控淮”的目的。

六朝时，秦淮河畔已经相当繁荣，诗人说“乌衣巷口夕阳斜”。王谢大族就居住在秦淮河南岸的乌衣巷一带。六朝时，秦淮河有多宽？据当时秦淮河上建有二十四航推测，河面是很宽的。浮航其实就是一种浮桥，是用一只只船连接起来搭成的桥，上面铺上木板、稻草等，供人和车辆在上面通行。桃叶渡，就是二十四航之一。当年，王献之经常在桃叶渡口迎接他的爱妾桃叶。明清时期，“秦淮渔唱”是“金陵四十景”“金陵四十八景”之一。

孙吴时期石头津，就位于秦淮河入江口，当时，“万船停泊，舳舻蔽江，帆樯如林”。南朝诗人何逊用“晖晖视落日”“连樯入回浦”描绘傍晚船舶接连归港的繁忙景象。

六朝时，秦淮河是进出南京城的一个重要水道。谢灵运有一首《邻里相送至方山》的诗，写他往东南方向去，邻里一直把他送至方山的情形：“祗役出皇邑，相期憩瓯越。解缆及流潮，怀旧不能发。析析就衰林，皎皎明秋月。”作者离开都城，船行秦淮河中，只见空中明月皎皎，两岸树林萧瑟，与邻里朋友惜别，心中依依不舍。

明代，朱元璋建都南京，秦淮河畔空前繁荣。作为乡试场所的江南贡院，就在秦淮河北岸的夫子庙。三年一次的秋闱，江南各地的考生云集秦淮河畔，追逐自己升官发财的梦想。而在秦淮河畔兴起了另一种文化——青楼文化，这里成了那些失意文人的心灵避难所。孔尚任的《桃花扇》中有诗：“梨花似雪柳如烟，春在秦淮两岸边。一带妆楼临水盖，家家分影照婵娟。”那时的秦淮河是怎样的繁华！《儒林外史》第二十四回有一段描写，可以对着看：

> 这南京乃是太祖皇帝建都的所在，里城门十三，外城门十八，穿城四十里，沿城一转足有一百二十多里。城里几十条大街，几百条小巷，都是人烟凑集，金粉楼台。城里一道河，东水关到西水关，足有十里，便是秦淮河。水满的时候，画船箫鼓，昼夜不绝。城里城外，琳宫梵宇，碧瓦朱甍，在六朝时，是四百八十寺；到如今，何止四千八百寺！大街小巷，合共起来，大小酒楼有六七百座，茶社有一千余处。不论你走到一个僻巷里面，总有一个地方悬着灯笼卖茶，插着时鲜花朵，烹着上好的雨水。茶社里坐满了吃茶的人。到晚来，两边酒楼上明角灯，每条街上足有数千盏，照耀如同白日，走路人并不带灯笼。那秦淮到了有月色的时候，越是夜色已深，更有那细吹细唱的船来，凄清委婉，动人心魄。两边河房里住家的女郎，穿了轻纱衣服，头上簪了茉莉花，一齐卷起湘帘，凭栏静听。

吴敬梓生活在康熙、乾隆年间，此时的秦淮河尚处于鼎盛时期，这些描写绝非凭空杜撰，应该是作者亲眼所见。

清末，秦淮河走向衰落。随着城市人口日益增加，河床淤塞，圩堤坍塌，秦淮河变得越来越狭窄。到了冬季水枯，秦淮河不能通航。但由于秦淮河沉淀了太多的历史，清末民国时期，仍然是南京的一个重要景点。朱自清、俞平伯所作《桨声灯影里的秦淮河》，虽然有不少美化的成分，但写出了秦淮河厚重的历史感。

历史上，秦淮河畔发生的故事太多了，六朝时的王谢家族，唐宋时期的金陵怀古，明清时期“秦淮八艳”，等等，都可以写出很多文章来。有太多的文学家走近秦淮河，讴歌秦淮河。如李白、杜甫、刘禹锡、杜牧、苏轼、王安石、高启、吴敬梓、袁枚、吴伟业、王士祯……举不胜举。就诗歌来说，杜牧的那首《泊秦淮》可谓是家喻户晓。明清时期的著名诗人都喜欢到秦淮河畔走一走，留下几首写秦淮河的诗词。今人编辑《秦淮文学志》，收录诗歌就有好几万首。就散文来说，余怀的《板桥杂记》可谓是一部奇文。当代朱自清、俞平伯的《桨声灯影里的秦淮河》都是写秦淮河的名篇。就戏曲来说，孔尚任的《桃花扇》，写的是明代末年发生在秦淮河畔的故事，以秦淮名妓李香君与侯方域的爱情故事，写国家兴亡，在中国戏曲史上占有重要地位。梁启超称赞《桃花扇》“冠绝千古”。

秦淮河一度污染严重，尤其是城内的十里秦淮，水流不畅。为了分流秦淮河河水，1980年，政府开通了秦淮新河，从江宁东山镇的河定桥向西经铁心桥、西善桥，至双闸金胜村入江。

2022年5月，南京市博物馆举办了“从秦淮河到扬子江——古代南京段长江文物特展”，展出了300件（套）文物，市民、游客纷纷去看展览，了解南京从秦淮河时代走向扬子江时代的发展历程。

千年秦淮河，是南京城市的血脉，为城市注入了活力与生机。

不息秦淮河，是金陵大地的源泉，为大江增添了文化的厚度与风采。

秦淮河是诗，一首流淌着江南古韵的诗。

秦淮河是画，一幅浮翠流丹的风俗画。

金川河

相比秦淮河，金川河的知名度要小得多。如果从文化的角度考察，金川河也不具有秦淮河那样的历史厚度，甚至写金川河的文学作品也是寥寥无几。

据南京文化学者薛冰先生考证，金川河最初叫“靖安河”或“古漕河”，直到1963年才出现“金川河”的名字。金川河因门而得名。金川门名气曾经很大，明代燕王朱棣就是从金川门进入应天府夺取政权的。金川城门今天已经不在，但金川河依旧在流淌。

其实，金川河早在在五六千年的新石器时期就已经存在了，北阴阳营人选择在金川河畔的高地居住。金川河发源于南京市的鼓楼岗和清凉山北麓，并与玄武湖相通，下游流经宝塔桥入长江。这条贯穿南京主城区的第二大水系，从玄武湖流出，淌过城墙根，由南向北穿越大街小巷，水系叶脉弥漫城北，流域面积近60平方公里。金川河分内金川河和外金川河。外金川河汇水面积为5.27平方公里。内金川河有主流与若干支流，水系十分复杂。由于环绕在居民区，又没有明显的标识，连老南京都很难认出金川河。但到了宝塔桥，金川河入江口就很容易辨认了。

关于金川河的形成，据考证，随着长江入海口东移，南京地区水位降低，水面逐渐收窄，河水冲积形成的陆地渐渐扩大。距今3000多年前，秦淮河主流在鸡笼山、覆舟山一线被阻断，山南河道消失，山北形成玄武湖和金川河流域。凤台山与石头山之间的莫愁湖一带，遂成为秦淮河的入江口，而当时莫愁湖也还是长江的一部分。以清凉山、五台山、鼓楼一线为分水岭，南京城形成南部的秦淮河水系和北部的金川河水系。

明初，金川河作为京城南京的运输航道，有小型运粮船只进城，河道东达狮子桥，南至阴阳营，西抵古平岗。明代修都城始分金川河于内外，水面逐步缩小，但其位置与现今河道没有大的出入，其中玄武湖水系包括太平门以东紫金山沟、唐家山沟、新庄沟等。

早年前，河道弯曲段较多，淤塞严重，泄洪能力不足，汛期淹水成片，特别下关区四所村、五所村及鼓楼区三牌楼、萨家湾一带水涝灾害严重。南京解放后，政府多次分段疏浚，开挖新河段，使部分主流河段改道。

但由于流域主要覆盖老城区，周边居民小区多，北十里长沟西支和东支附近居民生活污水排进河里，周边不少企业的工业废水也直接下河，导致了水质恶化。

2000年以来，政府对金川河进行整治，先是建了城北污水处理厂，收集处理金川河流域污水。2018年，建成铁北—城北污水系统连通工程，对流域内1000多个排水口实施“一口一策”分类整治，将区域内分成700多个雨污分流片区进行集中整治。这几年，金川河宝塔桥地段的水明显变清了。

昔日，金川河入江口“泾渭分明”，一条乌黑的河水潜入江水。如今，金川河和长江“掉了个儿”——入江口的河水比江水还清。

金川河中种植了大面积的水中植物，形成一片片水中绿岛。两岸修了滨水步道，道旁杨柳依依，花繁叶茂，假山凉亭错落有致，石凳石椅随处可见，靠近小区的河边都设置了健身器材，市民一边健身，一边欣赏美景。

特别值得一提的是，2022年，在金川河的入江口，建了一座很有特色的映虹桥，桥面设计成环形玻璃栈道，市民站在栈道上，可以亲近大江，也可以近距离欣赏长江大桥。现在，这座桥成了南京的网红打卡地。

滁河

滁河位于江淮之间，是长江下游左岸一级支流，古称“涂水”，唐代改名“滁河”。滁河发源于安徽省合肥市肥东县梁园镇，跨安徽、江苏两省，流经安徽省合肥市肥东县，滁州市全椒县，马鞍山市含山县、和县等，进入南京区域，于六合区与仪征市边界附近的大河口入长江，干流全长约269公里。

在南京境内，经浦口、过江北新区、越六合，全长116公里。滁河滋润了两岸土地，哺育了一方百姓。

滁河流域地形狭长，洪水汇集快、水位涨势急，自1949年至2012年，发生过15次较大的洪水灾害，几乎每三四年就发一次洪水。2012年以来，南京市对境内的滁河段进行了大力度整治，加固了大堤，建设了两岸的景观。如今，滁河两岸环境美多了，成了附近居民娱乐休闲的百里风光带。

六合的瓜埠古渡，曾经是滁河最古老的入江口，也是大江的渡口。过去，渡口十分繁华。后因滁河改道，江水东移，老街渐渐衰败。2018年，当地政府对老街进行修缮，如今老街已经整修一新，走在老街的青石板路上，仿佛能听到渡口的潮声……

水八鲜与盐水鸭

古人云，靠山吃山，靠水吃水。南京濒临长江，南京人的衣食住行都会打上“江”的烙印。

单就吃喝来说，南京人要感谢长江。古人早就说过“共饮一江水”，现在南京的自来水绝大部分来自长江。长江南京段，沿江共有取水口40多个，其中饮用水取水口近20个，每天从长江取水数百万吨。

南京人的饮食习惯，表现出浓厚的江南特色。南京区域内有28条河流入江，水网密布，池塘河溪众多，是水生动植物生长的良好场所。南京人有俗语：“三天不吃青，两眼冒火星”“南京一大怪，不爱荤菜爱野菜”。所以，早春时节，南京人常吃的有“水八鲜”与“旱八鲜”。“水八鲜”又称“水八仙”，包括茭白、莲藕、水芹、慈姑、荸荠、芡实、莼菜和红菱。“旱八鲜”指春暖花开时节生长在田野间的野菜，包括芦蒿、香椿头、马兰头、豌豆叶、荠菜、枸杞头、苜蓿头和菊花脑。过去，玄武湖、莫愁湖、沙洲圩、八卦洲、江心洲等地出产丰富，蜂拥上市时，有“担子压断街”之说。

特别是位于河西地区的沙洲圩一带，由于紧临长江，水源丰富，地为沙土，特别适合野菜生长。这里出产的“水八鲜”较其他地方更为鲜嫩可口。在20世纪三四十年代，从水西门外至中华门外，曾出现过十几家经营“水八鲜”的店，其中马记八鲜行最有名气。

南京水西门外的地名“茶亭”，也与“水八鲜”有关。

从前，南京水西门外多为农田和水塘，这里农民种植的“水八鲜”很有名气。每年夏秋之季，农民们都要挑担徒步将“水八鲜”送往城里去卖，途中总喜欢在一块有树荫的地方换肩歇脚。后来，一位名叫大士的和尚云游至此，见到挑担歇肩的农民们汗流浃背，休息时无处可坐，便想到建一个亭子供菜农休息，不久这位和尚出资建了一座四方亭子，为四柱顶立的无墙草棚，棚下设有石桌石凳，还备下瓦钵凉茶供菜农们免费饮用。菜农们感激这位和尚的大慈善心，便将这座茶亭以和尚的号名“大士”命名。直到今天，大士茶亭衍生出好几处相关的地名，如“茶亭东街”“茶亭西街”“茶亭村”“茶南”等。

进入20世纪90年代，河西大开发，沙洲圩消失了，“水八鲜”“旱八鲜”自然也就没有了。但现在南京的八卦洲，水资源丰富，土壤适合种植蔬菜，仍然是“水八鲜”“旱八鲜”的生产基地，尤其是八卦洲保留很多水面、农田，适合种植水生蔬菜。现在，八卦洲上芦蒿种植面积超过2万亩，年产量超过4万吨，有“中国芦蒿第一乡”之称。南京人特别爱吃芦蒿，其中大部分芦蒿都产自八卦洲。作家汪曾祺曾有过说过：“吃芦蒿，犹如闻到春天的气息。”此言不虚。芦蒿散发出一股特有的清香味，让人闻之就十分喜欢。在南京，流传着这样一句俗话：“正月茵陈二月蒿，三月四月当柴烧。”茵陈也是一种白蒿，意思是说吃茵陈蒿、芦蒿一定要在早春时节，到了三月立刻变得苦涩，根茎粗糙，入口如同嚼草。不过现在有了大棚种植，一年四季都有芦蒿上市。南京人吃芦蒿很在行。炒芦蒿，几乎是南京人家家都会有的一道菜，喜欢吃素一点的，干脆清炒，或者芦蒿配香干；喜欢偏荤一点的就用肉丝或咸肉配炒。

除了芦蒿，南京人还爱吃花香藕。花香藕，鲜嫩、甜、香、脆，在明朝时候被作为贡品进奉。由于南京濒临大江，城里有玄武湖、莫愁湖，水面有数千亩，适合种藕，郊区如江东、沙洲水塘多，广种莲藕。明代《江宁县志》载：“（荷）花有红白二种，白花者佳。花开时藕极嫩，谓之花下藕。”此藕种本身带有清香，吃在嘴里唇齿间留香，于是有了“花香藕”的称呼。

南京吃鸭子非常出名。据说，南京人一年要吃掉一亿只以上的鸭子，光是盐水鸭就有4000万只。所以，南京又有了“鸭都”之称。

南京人吃鸭子，除了不能吃的鸭毛，几乎鸭子的任何部位都被当成做菜的原材料。南京涉及鸭子的名小吃，也是种类繁多。最有名的有鸭血粉丝汤、桂花鸭腿、南京盐水鸭、南京烤鸭、南京酱鸭、南京板鸭、南京卤鸭、鸭油烧饼……南京人还有句口头禅——“斩只鸭子”。斩只鸭子，并不一定是去买一整只鸭子，去买半只、四分之一只鸭子，都可以说是“斩只鸭子”。除了吃鸭子，南京人也爱吃鸭蛋，端午节时人们要吃“五黄”，其中就有鸭蛋黄。小孩还要挂鸭蛋，“鸭”与“压”谐音，以此帮助孩子驱瘟辟邪，祈愿孩子健康成长。

南京人对吃鸭很讲究，春天吃板鸭，夏天吃水晶鸭，秋天吃盐水鸭，冬天吃烤鸭，时令不同，鸭的制法也不同。从大雪到立春腌制的是腊板鸭，从立春到清明腌制的是春板鸭，板鸭的工序多达十几道，腌制成的板鸭必须“香酥板嫩”。盐水鸭要做到“皮白、肉红、骨头绿”。

南京人为何如此爱吃鸭？这与长江有关。

东南大学艺术学院陶思炎教授是我国著名的民俗学家，对南京鸭文化有过研究，他认为南京鸭文化形成的原因可从地理与历史两方面探讨。南京人吃鸭也养鸭，唐代《吴地记》中就有金陵人筑地近水养鸭的记载。鸭子是非常典型的水生禽类，爱吃水中的小鱼、螺蛳。南京自古水系发达，长江、秦淮河穿城而过，又有玄武湖、莫愁湖等分布城中，郊区河塘多，稻田多，是鸭子生活的理想环境。

南京吃鸭的传统形成于六朝时期，当时的南梁用大米和鸭子犒劳士兵，鲜鸭不易保存，人们便把鸭子用盐腌制成板鸭。

明代南京流传着这样一句俗语，概括了南京的四大特色：“古书院，琉璃塔，玄色缎子，咸板鸭。”“古书院”指的是国子监，“琉璃塔”指的是大报恩寺塔，“玄色缎子”指的是云锦。明朝初年南京大街小巷就有摊贩制作板鸭出售了。

到了清代，南京的鸭子开始作为贡品进奉朝廷。据《白下琐言》记载：“金陵所产鸭甲于海内，如烧鸭、酱鸭、白拌鸭、盐水鸭、咸板鸭、水浸鸭之类，正四时各擅其胜，美不胜收。”明清时代，每年板鸭上市之前，总要送一批最好的进贡皇帝，故南京板鸭当时又叫“贡鸭”。明清两代的朝廷官吏，在节日或互访时，总喜欢用板鸭作为礼品互赠。1910年，南京举办南洋劝业会，南京板鸭夺得一等奖。据说当年北京全聚德烤鸭店的某些制作技术，最早还是从南京王府膳房传去的。

由于吃鸭子的人多，南京周边养的鸭子自然供不应求，所以，周边的芜湖、马鞍山、和县、含山等地便成了鸭子的重要来源地。

怎么运输鸭子？“勤劳的中国人民，很久前就想出了一个聪明的办法，那就是集千百只鸭子为一群，赶着它们沿河沿江顺江而下。只需三个船工，各驾小船‘江溜子’，执长竿分前中后指挥鸭群前进。……秋天经过南京附近江面的游客，常可碰到这么一个镜头，于烟波浩渺中，一大群数也数不清的鸭兄鸭弟，整队划游于滚滚浊浪之间，那情景是颇堪入画的。”（石三友《金陵野史》）

最早，这些鸭子都到了南京的水西门外，“到了南京，就由三汊河秦淮河直到水西门外，当年水西门外，鸭行林立，鸭子一到，马上成交，而城里的大小鸭子店也早有专人等着收购，也是马上成交”（石三友《金陵野史》）。

吃鸭子人多，有名的鸭子店铺也不少，比较有名的如韩复兴、马长兴、濮恒兴、魏洪兴、老宝兴、刘天兴、七家湾王厨子、宴乐春等，有的老店今天依然在卖鸭子。

坐看江豚蹴浪花

看题目，江豚是我所要写的主题，但我想从两位南京人说起，一位是浦口的杨金龙，一位江宁的王德宝，他们都曾是长江边的渔民，这几年，长江实施大保护，十年禁渔，他们上岸了，做起了江豚保护者。角色的反转，使他们都成了新闻人物。

杨金龙是浦口区桥林街道渔民新村的渔民，渔民新村离江边只有一公里。杨金龙一家八口人，过去都在船上打鱼。

杨金龙说："早年前，每年3月到7月是刀鱼捕捞季，渔民新村所有职工每天5点出发，上至板桥汽渡，下至新河口，都是我们打鱼的活动点，每天两网，一网刀鱼就有一两千斤。现在能捕获到的刀鱼越来越少，有时一网就一二十斤。尤其是江猪子，我小时候经常看见，有时一天看见十几头，后来，越来越少，有时候一天也看不见一头。"

杨金龙说的说"江猪子"其实是江豚，是一种生活在长江里的水生动物，貌似海豚，体长一般在1.2米左右，最长的可达1.9米，体型较小，头部钝圆，额部隆起稍向前凸起，吻部短而阔，上下颌几乎一样长，全身铅灰色或灰白色，往往三五成群一起活动。它们性情活泼，常在水中上游下窜，身体不停地翻滚、跳跃、点头、喷水、转向。侧游时尾鳍的一叶露出水面，左右摇摆，从空中划过。杨金龙的意思是说，随着长江的滥捕，江里的江豚也越来越少了。

杨金龙所说，是他的直接感受。事实上，他的感受与科学监测得出的结论是一致的。所以，最近几年，人们对长江生态环境开始重视起来。2016年起，南京开始长江大整治，响应国家长江禁渔十年的号召。渔民新村的渔民正式告别“靠江吃江”的日子，杨金龙与100多位村民全部弃渔上岸。

上岸后做什么？有人出去打工谋生。

就在这一年，为了给江豚提供一个舒适的生存环境，杨金龙家附近的七坝港江豚保护区成立，南京长江江豚保护队也应运而生，开始招募观察员，实际上是看护江豚。杨金龙心里放不下这湾江水，他没有出去打工，而是与哥哥杨金明一起报名参加了江豚保护队。杨金龙所在的村子里有11位渔民报名参加江豚保护队。他们又回到了浦口这片水域。从一名“捕鱼人”转身成为“护豚员”。

保护队队员们每天排好班，早上6点出发，沿着江岸观察江豚，一旦发现江豚，就立即记录下来，并拍照存档。他们每天要观测到晚上6点。

杨金龙说：“我们要从‘靠江吃江’变成‘靠江护江’。江水也是一年比一年清。江豚也渐渐多了起来。过去一两头，从2019年开始，我最多的一天发现有十五六头江豚，这说明长江的水质好了，江豚也多了。”

杨金龙还注册了一个抖音号，记录江豚的点点滴滴。

昔日的渔民，今日成了江豚的“保镖”。

在浦口江对岸也有一个江豚守护者，叫王德宝，他是江宁街道星辉社区兴圩村渔民。江宁街道拥有19.08公里滨江岸线，江岸过去有51户渔民，2019年全部上岸了。

这些昔日的渔民对长江有着特殊的感情，王德宝与渔民一起参加了长江守望者联盟，组建“守望江情”巡江支队。没事的时候，王德宝都要沿着长江岸线江宁段的铜井河口一路走到上游与马鞍山搭界的慈湖河口，总共七八公里的岸线。一方面要观察江豚，记录江豚数量，还要随时捡拾垃圾，发现非法捕鱼，立即制止并报警。目前，守望者联盟拥有400多名志愿者。

王德宝说：“我们是生在长江边，长在长江边，对长江太有感情了，长江的水变得清一些，干净一些，就是我们最大的心愿。”

长江是我们大家的长江，是母亲河，保护长江，不仅仅是杨金龙、王德宝的事情，而是人人有责。过去，由于过度开发，长江的生态环境持续恶化。长江里生活的物种数量大为减少，有的已经灭绝。

比如白鲟，是长江特有物种，被誉为“中国淡水鱼之王”，是距今1.5亿年前的白垩纪残存下来的极少数远古鱼类之一，属国家一级保护野生动物。2002年12月，在南京长江下关段，一只3米长白鲟误闯入渔网，多次挣扎后被渔网死死缠住，不得脱身。后来医生给白鲟的伤口进行了紧急缝合，将受伤的白鲟转运至昆山中华鲟东方养殖研究基地。遗憾的是白鲟还是死了。2003年至今，长江里再也没有发现白鲟的身影，世界自然保护联盟已经宣布，长江白鲟灭绝。长江白鲟从未被养殖成功。今天，只有一张纪念邮票证明它曾经来过我们的地球。

世界自然保护联盟还宣布，长江白鳖豚已经功能性灭绝，中华鲟、江豚等极度濒危。

长江江豚，在地球上已经生存2500万年，是世界自然基金会确定的13个全球旗舰物种之一。随着环境质量持续下降，食物减少，人类生产生活的高强度、高频率干扰，长江江豚濒临危机。20世纪80年代以来，长江江豚种群量快速衰减。1991年，长江江豚数量是2700多头。2006年，已不足1800头。2012年，为1045头。2017年，只有1012头……科学家们认为，江豚是“水中大熊猫”，是长江生态的“晴雨表”，它们的数量直观反映着长江生态系统的健康程度。

江豚，作为人类的朋友，早就出现在诗人们的笔下。北宋时期，诗人孔武仲就在三山矶畔看见过江豚：“矶下长川欲倒流，江豚出没水禽浮”（《三山矶》）。清初，诗人钱谦益坐在金陵大江边，看江豚飞舞，诗兴大发。他写道：“十年老眼重磨洗，坐看江豚蹴浪花”（《金陵秋兴八首次草堂韵 已亥七月初一作（其一）》）、“惟有江豚吹白浪，夜来还抱石头城”（《棹歌十首为豫章刘远公题扁舟江上图（其一）》）。在诗人眼里，江豚吹浪，是金陵一个美好的意象。

最近十年来，南京加大对江豚保护力度，2014年9月，江苏省人民政府批准设立南京长江江豚省级自然保护区，2021年，南京开始长江大整治，南京渔民已经全部上岸。经过这几年的休养生息，南京长江段的江豚渐渐多了起来，据专业组织观察，现在金陵大江段有江豚60只左右。

“江豚逐浪成为靓丽风景”，这句话被写进2024年南京市政府工作报告，这既是对南京长江生态环境建设取得成绩的肯定，更是对未来的美好期盼。

随着长江岸线整治工程实施，沿江各区都建立了江豚观察点。目前，南京江豚观察网红打卡地有：南京长江大桥、浦口码头、四号码头、中山码头、潜洲岛、南京五桥、江心洲、河西滨江、绿水湾、新济洲等。

江豚的脸，恰似一个人类的笑脸，它是长江的精灵，人类的朋友，我们应该好好呵护它。

愿江水变得越来干净！

愿江豚在大江中欢笑！

天堑变通途

2018年12月29日，历经27个月封闭维修的南京长江大桥公路桥恢复通车。大桥向公众开放3天。南京市民潮水般地涌上大桥，一睹大桥维修后的“芳容”。对于很多南京人来说，长江大桥是他们的集体记忆。

这一天，也是南京长江大桥50周年通车纪念日。那是1968年的12月29日，长江大桥上载歌载舞，锣鼓喧天，成千上万的南京市民涌上大桥，庆祝我国自行设计的长江大桥通车。

南京长江大桥是长江的第二座大桥。第一座大桥是武汉长江大桥，1957年通车。

在过去漫长的时间里，长江一直是一道阻隔南北的鸿沟。古人称之为“天堑”。凭借舟楫，当然也能渡江，只是颇费力气。自古以来，在长江上发生过无数次渡江战役，都是凭借战船、浮桥到达彼岸的。但在更多的时候，大江之隔，两岸交流很不方便。孙中山先生曾构想在长江建立隧道，以沟通两岸。民国的《首都计划》也有建立隧道的提法。

随着世界工业革命的广泛影响以及科学技术的发展，在宽阔的江面上建设桥梁，渐渐变成了可能。1918年，中华民国北洋政府请法国桥梁专家在南京进行建桥的勘测，但没有结果。津浦铁路修到了浦口，只能望江兴叹。沪宁铁路通车后，也只能止步下关江边。如何沟通南北，成了一个大难题。1925年，国民政府派员赴欧美考察轮渡建设情况。1930年，国民政府铁道部重金聘请外国桥梁专家约翰·华特尔，对下关、浦口之间建桥做了考察，但却得出了“水深流急，不宜建桥”的结论。同年，铁道部始成立专门委员会，从事设计活动式栈桥轮渡方案。1933年10月22日，下关煤炭港至浦口开通了中国首个火车轮渡。1936年和1946年，国民政府又先后两次考虑建桥，但因抗日战争和第二次国共内战爆发而作罢。日本战败后，曾经交给中国政府一份方案图，图纸显示日军曾动议开凿自尧化门至浦镇间的江底隧道，实施如此浩大的工程，自然暴露出他们打算永久占领中国的野心。

为了沟通京沪，下关和浦口只好修建了栈桥，用轮渡运送火车过江。上海到北京的时间缩减到了27个小时。虽说快了不少，但轮渡是“夜间不渡、大雾不渡、涨潮不渡、台风不渡”，铁路客货运仍受很大限制。

新中国成立后，轮渡的班次从最初的每天20班提高到1958年的每天100班，但仍无法满足运输量大增的需求，连上海的煤炭供应都难以保证。

长江上建桥，是大势所趋。

长江上第一个建桥的是武汉。关于武汉建长江大桥，也是颇费一番周折。

早在清光绪三十二年（1906），时任鄂督的张之洞对巡抚专设的机构司道上书提议，希望能在长江中建一铁桥，由武汉接汉口，由于费用极高，只好搁置。光绪三十三年（1907），建桥一事再被张之洞提出，后因张之洞被调离武汉，再次被搁置。宣统三年（1911），时任清廷邮传部大臣的盛宣怀曾与德国银行签订协议，贷款100万美元，用于武汉建设跨江大铁桥，这是清末关于修建武汉长江大桥动议的最后一次记载，其后因辛亥革命爆发，清朝成为历史，建桥的梦想没有实现。民国期间，由于受到技术及时局动荡的影响，也没有财力建设大桥。

新中国成立之际，桥梁专家李文骥、茅以升等向中央人民政府递交了《筹建武汉纪念桥建议书》，毛泽东在北平主持召开第一届政治协商会议，会议通过了建造武汉长江大桥的议案。在苏联专家的帮助下，武汉长江大桥于1955年9月1日动工兴建，1957年10月15日通车。毛泽东词中写的“一桥飞架南北，天堑变通途”，说的就是武汉长江大桥。“天堑变通途”，在当时来说是美好的畅想，但这个畅想在今天变成了现实。

就在建设武汉长江大桥之际，国家计划在南京再建设一座长江大桥。

1960年，南京长江大桥开始建设，由于与苏联的关系进入紧张期，苏联撤走了造桥专家，我国造桥专家只好自力更生，自行设计，不断攻关，经过8年的建设，1968年12月29日，南京长江大桥终于建成通车。因此，南京长江大桥成了新中国标志性建筑和文化符号，凝聚了那个时代的集体记忆，甚至成为一个时代的象征。在20世纪七八十年代，人们到南京旅游，长江大桥是必去的景点。甚至在长江大桥上照一张相，里面有桥头堡，成了很多游客的留影“标配”。

随着时代的发展，长江上两座大桥远远满足不了需求。就拿南京来说，一座长江大桥，越来越拥堵，严重制约了江北地区的发展。曾经一度流传着“宁要江南一张床，不要江北一套房”的说法。南京大学曾经计划将新校区建在江北的高新区，但后来由于交通实在不便，只好改弦易辙，搬到了江南仙林地区。

自2000年前后，长江上造桥速度明显加快。基本上五年一座桥。2001年，八卦洲大桥（原简称“长江二桥”）通车。2005年，大胜关大桥（原简称“长江三桥”）通车。2010年，南京长江隧道通车。2012年，栖霞山大桥（原简称“长江四桥”）通车。2016年，扬子江隧道通车。2020年，江心洲大桥（原简称“长江五桥”）通车。截至2023年，南京长江上建成的过江通道已有13条。

武汉目前跨江大桥也有11座。我国长江流域的大桥已经有百余座，真正实现了毛泽东所说的“天堑变通途”。

南京：以江为名

长江古称“江”。在我国上古时代，“江”是个专用名词，特指长江。有时也称“大江”。“长江”之称始于东汉末年。晋朝以后，称“长江”者逐渐多了起来。由于古代科学不发达，交通也不方便，古人很难认识长江的全貌，于是有了很多分段别称。长江正源叫“沱沱河”。从沱沱河到青海玉树段叫“通天河”，通天河的河床海拔高达三四千米，和长江中下游相比较，真可谓是通天的河流。通天河流到川藏交界处，便有了“金沙江”之名（因江中出产沙金）。金沙江在川滇边界拐了7个大湾，在宜宾附近接纳了岷江，开始称“长江”。从四川宜宾到湖北宜昌长1020公里，因流程大部分在川境，故称“川江”。川江纳众支流入三峡，水量骤增一倍以上。由于三峡多悬崖峭壁，故称“峡江”。长江过宜昌后，江面骤然开阔，进入“极目楚天舒”的两湖平原。此乃古荆州之地，故称“荆江”。“长江万里长，险段在荆江”，指的就是这一段。

长江湖北宜昌以上为上游，江西的湖口以上为中游，湖口以下为下游。从南京以下，称“扬子江”。扬子江因古有扬子津渡口而得名。来华的西方传教士最先接触的是扬子江这段长江，听到的是“扬子江”这个名称，于是把中国长江通称为“扬子江”，“Yangtze River”成为长江在英语中的称呼。

长江进入江苏大地，绵延433公里，流经南京、镇江、扬州、泰州、常州、无锡、苏州、南通8市，岸线总长约1169公里，是全国拥有长江岸线最长的沿线省份。“江苏”之名就来源于长江。清朝初年，江苏刚建省，称“江南右布政使司”。但“江南右”毕竟不适合作为正式称呼，于是创造性地用这个地区内两个最重要的地名首字组成省名，即江宁府（南京）首字“江”和苏州府首字“苏”，组成“江苏”。

长江流经南京段97公里，在古代，“江左”“江东”“江南”这3个名称都与南京密切关联。

先说“江左”与“江东”。长江是一条自西向东流的河流。可当长江流到安徽芜湖至江苏南京段时，流向发生了变化，变成自西南向东北流去。古人要由北方渡江去南方，就觉得是由西边到了东边，所以就将江对岸的江南地区，凭方向感称为“江东”。古时在地理上以东为左，所以也就有了“江左”之称。五代丘光庭《兼明书·杂说·江左》载：“晋、宋、齐、梁之书，皆谓江东为江左。”清魏禧《日录·杂说》载：“江东称江左，江西称江右，何也？曰：自江北视之，江东在左，江西在右耳。”由于建康是东晋的都城，所以，当时的人们习惯称东晋为“江左”。如《南史·谢灵运传》载：“灵运少好学，博览群书，文章之美，与颜延之为江左第一。”从地理概念上说，江左有时候是指东晋政权管理的长江下游南岸地区，有时候也指东晋、宋、齐、梁、陈各朝统治的全部地区，甚至有时特指都城建康。《史记·项羽本纪》载：“且籍与江东子弟八千人渡江而西，今无一人还，纵江东父兄怜而王我，我何面目见之？”李清照诗云：“至今思项羽，不肯过江东。”这两处的“江东”指的是长江以南大片地区。

再说“江南”。“江南”是一个变动不定的历史概念，依据不同的划分标准，“江南”的地理范围各不相同。因此，“江南”的概念有自然的、行政的、经济的、文化的内涵区别。但无论怎么变化，“江南”的概念，都包含有南京元素。或者说，提到“江南”，南京无疑是其中的一分子。谢朓说：“江南佳丽地，金陵帝王州。”在诗人看来，金陵是江南的代表性地区。

南京因江而生，因江而荣，是长江滋养了南京的发展，南京与长江已经融为一体，南京城市的血脉融入了长江的基因，南京城市的发展、南京人的衣食住行都深深打上了长江的烙印。单就名称来说，自古以来，南京的长江的底色十分显著。

秦始皇三十七年（公元前210年）东巡，在金陵停留期间，废弃前朝楚国金陵邑，设立秣陵、江乘县，隶属会稽郡。江乘县的名称就来源于长江。到了三国孙权时代，江乘县被撤，后来东晋又恢复了，最终在隋朝被废。江乘县位于今天的南京市栖霞区摄山镇一带。

南京有很多别称，据著名文化学者卢海鸣先生统计有50多个，但“江宁”这个名称不仅是最古老的名称之一，而且使用时间也最长。“江宁”作为县名出现，始于西晋。太康元年（280），晋灭吴，废吴都“建业”之名，恢复秦汉时的旧称“秣陵”，分秣陵县西南置临江县，次年，又改临江县为江宁县，以“江外无事，宁静于此”而命名。这是历史上第一次出现“江宁”县名。不久江宁县废除，永嘉元年（307）复置，县治在今江宁街道。这之后，江宁县屡废屡立，前后使用了1400多年，并最终沿用下来，演变成了今天的江宁区。

不过，历史上的江宁县与现在人们认知中的江宁区有很大差别。明代以南京为都城，称为应天府，下辖今天的南京市区、江宁、浦口、六合、句容、溧水、高淳、溧阳等地。其中，今天南京的玄武区、秦淮区、鼓楼区、雨花台区、栖霞区、建邺区、江宁区，在当时被划分为上元、江宁两县。两县的县治都在南京城内，两县在明城墙外大致以秦淮河为界，秦淮河以东、以北属上元县，秦淮河以南、以西属江宁县，城墙内以三山街（今建康路—升州路一线）为界，路以南属江宁县，路以北属上元县。此外，江宁县还有少量位于分界线以东、以北的飞地，如城墙内今天朝天宫西街西南至仓巷一带，城墙外的卢龙山（今狮子山）、四望山（今八字山）西麓的地方也属于江宁县。1912年，废江宁、上元二县设南京府。1913年，又废南京府设江宁县。1927年，设南京市，江宁县所辖地域退出南京主城区，与南京市大致以明城墙为界，城墙内和下关迈皋桥属南京，城墙外属江宁。1934年，江宁县政府迁至东山镇（今江宁区政府所在地），与南京市分开，属江苏省管辖，结束了府县（市县）同城的历史。今天南京简称为“宁”，即来自“江宁”之“宁”。

南京江北有一个古老的名字——江浦。“江浦”最早见于《陈书·程文季传》："（太建）五年，都督吴明彻北讨秦郡，秦郡前江浦通涂水……"文中"秦郡"（六合县地）、"涂水"（滁河），当时已是专用地名，而"江浦"二字，犹如今语"江边"或"入江河口"的泛称。南朝陈宣帝太建五年（573），陈伐北齐，在这里渡江成功，因而载入史册，从此有了"江浦"地名。

而浦口的来历自然也与长江有关。"浦"即水边，"口"为渡口，"浦口"乃水边的渡口。明洪武四年（1371），在江边宣化镇建立浦子口城，江浦县治所最初设在浦子口城，后来迁至现在的浦口街道中心区范围。

清代设了两江总督，治所设在南京。由于清初江苏省和安徽省属于江南省，总督管辖的是江南省和江西省的政务，所以称为"两江总督"。

江宁织造是明清两朝在南京设立的管理、经营宫廷所需丝织品的皇商。到了清代，江宁织造还成了为皇帝收集情报的机构，权力很大，仅次于两江总督。曹雪芹曾祖父、祖父、父辈三代人担任江宁织造官达58年之久。

清代设立三江师范学堂，这是中国近代最早设立的师范学校之一，校址设在南京北极阁前。清末两江总督张之洞创建，于1902年开始筹建，1904年10月开学。南京当时为两江总督驻节之地，两江总督所辖江苏、安徽、江西三省均处长江中下游，安徽在历史上曾属江南省，"三江"即指"江苏""江南""江西"三省之简称。《三江师范学堂章程》第一章第一节就"正名"说："本学堂名三江师范学堂，为江苏、安徽、江西三省之公学。"1906年，在张謇等人的提议下，三江师范学堂更名为"两江师范学堂"。两江师范学堂前后开办8年，共有毕业生919名，其中三江师范学堂时期毕业生为117名。

阅江楼，地处狮子山巅，古时候就在长江边。朱元璋曾在狮子山脚下的龙湾打败陈友谅。洪武七年（1374），朱元璋想在山顶建立阅江楼，当然不无炫耀之意，但地基打好之后，又改变主意，停止建设。明初文学家宋濂所撰《阅江楼记》史上闻名。到了当代，1999年，南京市开始建楼，2001年竣工。虽然是仿古建筑，但颇有气势。

南京明城墙建于明代，位于城西的三山门俗称"水西门"，可见当年是面对大江的。江东门，是南京明城墙中外郭城的十八座城门之一，位于南京城西，与东边的水西门相接，西通上新河。自明代以来，江东门一直是南京城外西南部商业和交通中心，粮食、木材的主要集散地。“江东门”这个名称一直到今天还在使用。

挹江门是民国在明城墙开辟的城门，人们经中山大道（中山北路）进入南京城，这是旧时连通南京城内与中山码头的重要通道。挹江门，含有“抑江护城”之意。1929年，为迎接孙中山先生灵榇奉安钟山，将挹江门原有单孔拱门改建为三孔拱门。1930年至1931年，国民政府又在挹江门上建造了城楼。1937年，挹江门上的城楼被侵华日军焚毁。1946年前后，为纪念抗战胜利及国民政府还都南京，挹江门一度更名为“凯旋门”，后又恢复“挹江门”之名，并对焚毁的城楼予以重建。1949年4月23日解放南京时，中国人民解放军先头部队渡长江经挹江门进入南京，占领总统府。

在鼓楼下关，还有一座以扬子江命名的百年老饭店——扬子饭店。这座饭店始建于1912年，由英国人柏耐登设计建造，具有法式古堡风格，外墙呈青灰色，用红色铁皮铺就屋顶，整幢建筑的建造大约使用了10万块明代古城墙砖，据说取自浦口的朱元璋点将台。古城砖与洋建筑的结合，散发着中西合璧的别样风情。这是南京最早一家由西方人开办的高级宾馆。20世纪二三十年代，南京作为国民政府的首都，指定扬子饭店作为接待各国专使的饭店，自然也成了达官贵人聚会场所。由于扬子饭店又靠近繁忙的下关码头，因而生意兴隆，闻名遐迩。

1929年6月1日，在南京举行孙中山先生奉安大典，扬子饭店承担了接待外宾的重任。当时，扬子饭店的房费是普通旅馆的100倍。20世纪初曾流传“沪上有和平，金陵有扬子”的说法。1933年4月初，宋庆龄率“中国民权保障同盟”代表团，为营救陈赓等革命者，探视狱中的国际友人牛兰夫妇，专赴南京，就住在扬子饭店。宋庆龄“舌战汪精卫”“怒斥蒋公”等著名事件，都发生于此。在宋庆龄的斡旋下，蒋介石最后释放了陈赓。

有人说，“一座洋饭店，半部民国史”。现在，扬子饭店被列为江苏省文物保护单位。

南京的地名，以江命名的很多。老地名“江宁”“江浦”今天仍在使用。江心洲，直截了当点出了洲的位置。2015年成立的江北新区直接使用了长江之北的概念。

从长江方位看，南京属于江南、江东，因此，南京城内以“江南”“江东”命名的地方也很多。就拿江东来说，南京河西夹江东岸，处在鼓楼区西南部与建邺区西北部的一块地方叫“江东”。以“江东”命名的单位、地名、路名和建筑比比皆是，比如江东街道、江东村、江东派出所、江东软件城、江东北路、江东大厦等，在行政上归属鼓楼区。而江东商贸区、江东产业园、江东新村、江东二队、江东南路等归属建邺区。南北走向的江东中路纵贯鼓楼、建邺两区，是河西的主干道。

南京道路千万条，以长江为底色的不在少数。有人统计，有65条道路涉及“江”。单就过江的大桥来说，南京长江大桥、八卦洲大桥、大胜关大桥、栖霞山大桥、江心洲大桥，以位置定桥名，较过去使用“一、二、三”来命名，更有空间感。3条过江隧道，应天大街长江隧道、定淮门长江隧道（扬子江隧道）、燕子矶长江隧道（和燕路过江通道），一目了然。

以江来命名的道路很多，比如江边路、长江路、扬子江大道、江宁路等，扬子江大道是与大江基本平行的一条主干道，纵跨建邺区、鼓楼区，总长近15公里，西侧是滨江风光带。

值得一说的是江边路与长江路。

江边路南起中山码头，北至长江大桥，全长3.5公里，沿线有很多民国建筑，如民国首都电厂旧址公园、大马路民国风情街、南京西站、揽江台、海军医院旧址、铁路轮渡栈桥旧址、下关火车主题公园等，江边路附近还有静海寺、狮子山、阅江楼、宝船厂遗址公园等。民国时期，江边路、大马路附近十分热闹，是南京最早的开放地区。有人说，“一条江边路，半部民国史”。

有趣的是，也有人用“一条长江路，半部南京史”来概括长江路的特点。长江路是城市中心地带横贯东西的一条要主干道，全长1800米，西起中山路，东至汉府街。长江路在明清时被称为“大仓园”。1927年，国民政府定都南京后就设在原来的两江总督署。1930年，将路面拓宽到28米，取名“国府路”，并种植了从上海购买的悬铃木。汪伪时改名为“维新路”。1945年以后改名为“林森路”。1949年以后改名为“长江路”。

长江路上分布着众多文化景点与民国建筑，包括六朝博物馆、江宁织造博物馆、江苏省美术馆、南京图书馆、南京人民大会堂、总统府、汉府饭店、1912历史街区、梅园新村纪念馆、钟岚里民国建筑群、毗卢寺等，还新建了500米长的文化艺术长廊，如果是外地人，建议到千米长江路上走一走，探寻金陵千年文脉，领略一下民国风情。

鉴于长江与南京的深厚关系，著名学者、南京大学教授程章灿先生提出，近现代以来，活跃于上海的文人或艺术家往往用“海上”一词来称呼上海，活跃于杭州的文人或艺术家，往往以“湖上”一词作为杭州的雅称。“南京的文人学者、艺术家，应该用‘江上’一词来作为南京的雅称，以标榜南京与长江的密切联系。”这个想法很好，但我想，长江流经的武汉、荆州、宜昌、安庆、芜湖等历史底蕴深厚的滨江城市会不会有意见。

时间篇

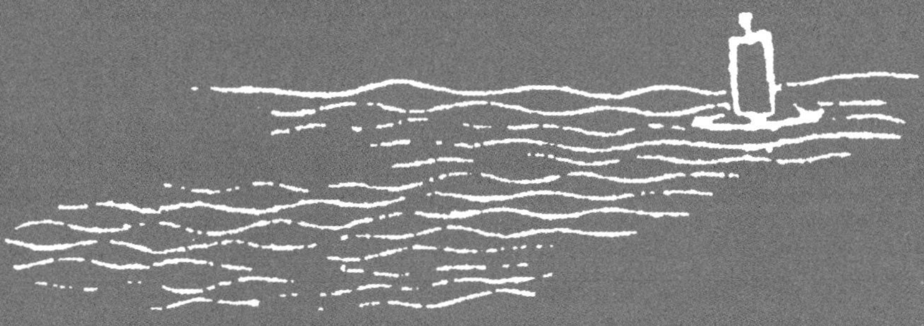

时光里的金陵大江

大江流日夜。大江迄今已经流淌了300多万年。

南京汤山葫芦洞生活的直立人，迄今约有50万年。

南京溧水神仙洞生活的古人类，迄今约有1.1万年。

南京城内生活着的北阴阳营人，迄今有6000多年。

长干古城建于公元前1000年，迄今已有3000多年。

越城建于公元前472年，迄今有近2500年。

孙权221年在南京建都，迄今有1800多年。

在大江面前，人类很年轻，南京城也很年轻。

大江犹如一位老者，目睹过南京先民们的篝火，见证了南京城的成长，感受着时代的风云变幻。

感恩大江，南京因江而生，因江而兴，因江而荣。

一

距今五六千年前的新石器时期，有一群先人选择在离长江不远处的金川河畔高台上栖息，那时的南京还是一片原始之地，森林覆盖，山峦起伏，河流自然流淌。站在高地放眼望去，大江宽阔无比，烟波浩渺，秦淮河、金川河与大江相连，金川河谷，草木茂盛，食物丰富。这里既方便捕鱼，也方便上山围猎。这是南京地区发现的最早的南京人原始部落。这群先民考古学家称之为“北阴阳营人”。

之后，在南京地区长江南岸北岸的居民渐渐多了起来。高淳薛城、江宁陶吴镇、雨花西善桥太岗寺、雨花板桥罗村、栖霞龙潭丁沙地、六合羊角山、浦口营盘山都发现新石器时代的先人遗址。

公元前495年，吴王夫差在秦淮河入江口以北的冶山一带设置青铜冶炼场，是为冶城。

公元前1000年，大约商代晚期，吴国的先民已经在秦淮河畔的长干台地建立军事城堡。又过了600年，公元前472年，越国重臣范蠡来到这里，在前人建立的城堡基础之上，修建了一座城池，史称“越城”。

公元前333年，楚威王灭越，在今天的清凉山一带建金陵邑。当时长江正从清凉山西侧流过，楚威王熊商欲借长江天堑为屏障以图谋天下。从这时起，南京有了“金陵”之名。

时间又过去了100多年，秦始皇第五次巡游时，从瓜步下江，溯流而上，在采石矶上岸，返回时“从江乘渡”。传说，秦始皇听了方士之言，金陵有王气，他埋金镇压，开河泄王气，还将“金陵”改为“秣陵”，秣陵是草料场之意，大有贬抑金陵之意。

二

孙权是属于长江的。他是大江之子，也是建业之子。

南京作为古都，应该感谢孙权，是他最早选定了在南京建都城。汉建安十六年（211），孙权接受了大臣张纮的建议，将治所由京口（今镇江）移至秣陵（今南京），并决定在金陵邑的旧址上建造临江的军事堡垒石头城。离石头城不远，石头津一带舟楫鳞次栉比。

230年，孙权曾派将军卫温、诸葛直带领船队万人，从建业出发，出江入海，到达今天的台湾岛、海南岛。

一代枭雄孙权不在人世之后，东吴的情况发生了很大变化。西晋政权在长江上游开始造船，训练水军，孙权孙子、东吴后主孙皓在江中置铁锁、铁锥，企图阻挡西晋军队的前进，但大势已去，岂能阻挡得了？王濬所率领的舟师到达石头城下，孙皓让人反绑了自己的双手，抬着棺材到西晋军门前投降。所以诗人刘禹锡说："千寻铁锁沉江底，一片降幡出石头。"

这是中国战争史上第一次大规模突破长江天堑的江河进攻战，三国归晋。

三

六朝依江而起，因江而兴。长江护佑了它367年。

永嘉之乱，衣冠南渡。这是中原第一次大规模南迁，也是中国文化中心由北方向江南转移的开始，对江南的繁荣产生重大影响。

六朝是一个文化自觉的时代，是一个民族大融合的时代，也是南方经济、文化空前发展的时代。究其原因，长江功不可没。

南北朝对峙期间，金陵大江之上也起过风浪。六朝多次渡江北伐，但都没有成功。而在江北的将领渡江叛乱，如苏峻之乱、侯景之乱，使金陵城遭受严重破坏。

南北对峙的局面，到了588年被打破。这一年，隋文帝杨坚命令晋王杨广统率水陆大军50余万，渡江攻打江南陈朝，而此时的陈后主沉湎于酒色，疏于江上戒备，以为凭借长江天险就能阻遏隋军进攻。更可笑的是，手下大臣孔范竟然说："长江天堑，古来限隔，虏军岂能飞度？"

四

隋灭陈后，南京城遭受到毁灭性的打击。宫殿被毁，城市简直成了一片废墟。

唐代的大江，是属于诗人的。

尽管很破旧，但唐代的诗人们都想到南京来看一看。李白、杜甫、刘禹锡、刘长卿、王昌龄、常建、杜牧、李商隐、陆龟蒙、许浑、罗隐、崔颢、李群玉、高蟾、刘沧、韦庄……他们一踏上金陵这块土地，面对大江，发出兴亡之叹，于是产生了一种文学现象——金陵怀古。

关于大江的怀古经典之作，比比皆是。

五

唐朝末年，进入五代十国时期，中原军阀纷争，政权更迭频繁，割据江南的杨吴、南唐政权相对稳定，经济发达，南京再次迎来发展机遇。杨吴、南唐立国虽然只有70多年，但大规模的修筑城墙，首次将秦淮河下游两岸的商业区和居民区纳入都城之内，为明代的都城奠定了基础。

从杨吴到南唐政权的更替，长江无战事。

南唐后主李煜是一位出色的词人，但不是一位好皇帝。当宋朝的政权强大以后，便从长江上游东进，结果可想而知。江宁城破，李煜被带到了洛阳。在洛阳的日子，他回想起在江南君主岁月，自然是有无限感慨。他写道："问君能有几多愁，恰似一江春水向东流。"

大江东去，将李煜的政权与诗情统统都带走了。

六

北宋160多年间，江南江北再次统一。江南得到了休养生息，金陵大江安稳了100多年。

王安石三次任江宁知府，两度罢相后，定居在江宁。他在江宁生活了约20个年头，是这座城市的见证人。他喜欢金陵，也喜欢金陵的大江。他写道："京口瓜洲一水间，钟山只隔数重山。春风又绿江南岸，明月何时照我还？"（《泊船瓜洲》）

南宋152年间，宋室南迁，作为陪都的建康府处于抗金的第一线，建康长江的军事意义再次凸显。

有传说，当年康王赵构就是从南京附近的夹江渡江到南岸的。在南京城里还有"泥马巷"的地名故事。

宋建炎四年（1130），韩世忠率兵八千，在金陵的江面黄天荡大败金兀术的10万大军。

又过了20年，金主完颜亮不甘心，再一次南侵。完颜亮亲率39万金兵占领和州，欲攻克采石后南下。危急之际，前来犒军的中书舍人虞允文挺身而出，指挥1万多宋军于采石大败完颜亮。

面对国土分离，江山破碎，诗人们愁苦不已。他们常常站在南京的大江边，遥望北方，表达失望、悲愤之情——“金陵城上西楼，倚清秋。万里夕阳垂地大江流。　　中原乱，簪缨散，几时收？试倩悲风吹泪过扬州”（朱敦儒《相见欢》）、“楚天千里清秋，水随天去秋无际。遥岑远目，献愁供恨，玉簪螺髻。落日楼头，断鸿声里，江南游子。把吴钩看了，栏杆拍遍，无人会，登临意”（辛弃疾《水龙吟·登建康赏心亭》）。

大江无言，诗人悲愤。

七

南宋偏安一隅，终被忽必烈所灭，历史进入元朝。

蒙古是一个马背上的民族，擅长骑马射箭。可是，蒙古在与南宋的战斗中，逐渐悟到了水军的重要性，所以建立了一支强大的水军。蒙古后来采取沿江而下的战术，从攻克襄阳开始，水陆军配合，在芜湖击败南宋水军的主力，使得南宋长江下游防线失去了作用，最终占领江南地区。

元朝统一后，看到南方粮食运到大都特别艰难，便开辟海上航行线路。在集庆龙湾（今南京下关）构筑粮仓，收受江西、湖广二省以及本路州县官民赋粮，然后由海道运抵大都（今北京）。元代在龙湾屯兵2000余人。此外，元代还在江边设立大城港（即明代的大胜关）水站，负责接送执行公务的官员和运输朝廷物资。元代还以大城港为起点凿阴山运粮河联通秦淮河与大江。

八

对朱元璋来说，长江是幸运之江。

对于大明来说，长江是走向海洋的开放之江。

明代存在276年，金陵大江继六朝之后，再次迎来新辉煌。

正因为朱元璋最初有渡江的决策，才有了后来的南京据点，队伍不断发展壮大。朱元璋与陈友谅在长江上展开了龙湾大战、江州大战、鄱阳湖大战，三战皆胜，朱元璋步步走向人生的巅峰。

朱元璋对长江充满感激之情，取得大明政权后，他还将当年渡江船的桅杆立在龙江的江边，经常去拜祭。他自己还得意扬扬写了《江流赋》，赞美长江。

朱元璋定都南京后，对南京城市进行了重新规划与建设，所建的京城城墙、外郭城墙向江边大大拓展，江边的外郭城门包括外金川门、上元门、佛宁门、观音门，将幕府山、象山、老虎山等沿江山脉作为天然屏障，神策门、金川门、钟阜门、仪凤门等则将狮子山等险要之地都括进了城内。朱元璋的城市规划，奠定了南京城市大格局。

明代对长江沿岸进行了开发，比如，建立了大胜港、江东门、上新河、中新河、龙江等港镇。特别是上新河港口，在当时特别繁荣。明代还在秦淮河、金川河汇集入江的下关江边设立龙江关，建立官方码头。“龙江夜雨”是明代兴起的新景观，被列入“金陵四十景”“金陵四十八景”。

明代还在江北的浦子山建浦子口城，置江浦县，屯有重兵以保卫京师，同时设有东仓和西仓等大型粮仓。这是南京历史上第一次为跨江发展而建立的行政机构。

永乐至宣德年间开启了航海时代。郑和率领船队从南京出发，七下西洋，远航西太平洋和印度洋，走访了30多个国家或地区。当时郑和船队所用的大船就是在南京江边宝船厂制造的。

九

清朝存世296年，金陵大江地位显赫，曾经几度波澜起。

清初，郑成功高举反清复明的旗帜，从海上挺进长江，只是力量薄弱，未能成气候，最后败走江上。

江宁不宁。

1842年，长江上波浪翻滚，极不平静。这一年的8月，英国军舰驶抵南京下关江面，迫使清政府签订了中英《南京条约》。这是一个极其不平等的条约，给南京城乃至中华民族带来了深重灾难。

长江遭受了外来势力的欺负，蒙受了巨大的耻辱。

1853年，洪秀全率领天平军从武汉顺江东下，攻占南京后，杀了两江总督陆建瀛，以南京为都，开启了太平天国政权。十年后，天京被湘军从水上攻入，太平军偃旗息鼓。十年间，江宁城惨遭战争的蹂躏，死伤很多无辜的百姓。

1899年，金陵关在下关设立，标志着南京正式对外开放。下关地区的城市建设也拉开了帷幕。

在晚清开明人士的主张下，南北大动脉——津浦铁路于1908年开工建设，1911—1912年全线筑成通车。沪宁铁路于1904年开工建设，1908年建成。两条铁路的建设，对于南京下关、浦口的发展起到了极为重要的推动作用。

十

历史潮流，浩浩荡荡，不可阻挡。

清朝灭亡时，长江就是埋葬它的第一战场。

辛亥革命的第一枪首先在长江边的武汉打响。接着，长江上的三大舰同时起义。清朝海军全部倒戈。

长江，顺着历史的潮流，滚滚东去。

革命党人选择在南京建都。

长江再一次见证了历史的大变革。

十一

民国期间，金陵大江迎来了难得的发展机遇。

承继清末的开埠、开放风气，南京下关进入到一个快速发展时期，日渐成为南京的中心。当时有“南有夫子庙，北有大马路”之说。晚清到民国期间，南京下关新城区的市政建设水平已经超过老城区。

作为津浦铁路的终点，浦口也迎来了最好的发展机遇。为迎接孙中山奉安大典，南京市开辟中山大道，建设中山码头，对当代南京城市发展格局产生重大影响。当时在中山大道两旁栽种的法国梧桐树，如今成了南京城市的代表性符号。

1929年12月，由墨菲主持的南京第一部规划建设文件——《首都计划》，将长江两岸及下关港口规划为工业区，并计划将来开辟过江隧道。虽然这只是一个纸上的规划，但对南京城市发展也产生了重要影响。

十二

1949年，大江翻新篇。历史再次以渡江战役的形式改朝换代。

中国人民解放军突破国民党军队近千里的江防阵地，4月23日，顺利渡过金陵大江，从挹江门进入南京，标志着国民党完全崩溃。

大江顺应历史潮流，滚滚向前。

十三

君住长江头，我住长江尾。共赏一江景，共饮一江水。

大江滋养了长江流域的人们，给人们带来舟楫之利、灌溉之便、鱼虾之饶、饮水之源。

人们感恩长江，歌颂长江。

但是，由于长江流域人口激增，工业化进程加快，环境污染日趋严重。就拿南京来说，沿江两岸建起了化工城、钢铁厂，江边小码头到处皆是，污染企业直接将污水排进长江，对大江造成严重的污染。党的十八大以来，习近平总书记十分重视长江的保护工作，先后在重庆、武汉、南京主持召开推动长江经济带发展座谈会并发表重要讲话，对长江保护修复作出系统部署。他指出："长江病了，而且病得不轻。"2018年4月，习近平总书记在深入推动长江经济带发展座谈会上强调，推动长江经济带发展必须从中华民族长远利益考虑，把修复长江生态环境摆在压倒性位置，共抓大保护、不搞大开发。

2021年3月1日，《中华人民共和国长江保护法》正式实施，这是中国第一部流域保护法律，对保护长江具有重要的意义。

2022年1月，长江国家文化公园建设正式启动。涉及上海、江苏、浙江、安徽、江西、湖北、湖南、重庆、四川、贵州、云南、西藏、青海13个省区市。2022年4月，江苏出台《长江国家文化公园（江苏段）建设推进方案》。目前，正在编制《长江国家文化公园（江苏段）建设保护规划》。为了响应长江国家文化公园的建设，南京市拟打造南京（中国）长江文化博物馆，向世人展示金陵大江的历史渊源与文化魅力。

今天的扬子江，变得越来越美！

大江的黎明

——金川河畔的北阴阳营人

这是五千年前一道文明的曙光，它照耀着紫金山下的这边大地，辉映着金陵大江。

而在这之前，大江已经这里静静地等候了数百万年。

距今6000—5000年前，一个由几十人组成的部落在首领的带领下，来到了紫金山附近寻找栖息地。过往的生活经验告诉他们，栖息地必须要有充足的水源，所以离大江不能太远，最好是在平静的湖泊或支流旁。离大江也不能太近，太近了，洪水会袭击。那时候的紫金山下，大地上覆盖着茂密的原始森林，玄武湖的面积比现在要大很多倍，几乎与长江相连。江南岸有很多沼泽、湖荡。这个部落披荆斩棘，不辞劳苦，终于在玄武湖边找到了一块高地，这里有通向大江的支流金川河，岸边树木蓊郁，水草丰美，野猪与梅花鹿不时出现，部落里权威的首领经过一番占卜后，觉得这里就是他们所要找的地方。于是，他们就在这里住下了。

这里就是今天的南京市北阴阳营8号。南京大学教师宿舍楼下，埋藏着几千年的文明秘密。

先民们住的房子大的几十平方米，小的十几平方米，屋内的地面都是用掺沙拌草的泥土填平，再用烈火烧烤，使之坚硬，墙壁是先用竹子或树杆编成篱笆，然后涂上草拌泥，房顶用树皮茅草覆盖。灶炕不在屋内，而在房子附近，房子的周围还掘有一些口大底小的窖穴，用来储藏食物。他们的主要工具是石头。他们能用石头做成穿孔石斧、穿孔石锄、穿孔石刀、石锛和凿。石料多从附近的山上取得。他们会烧制陶器，以夹砂红陶和泥质红陶为主，灰陶次之。他们给陶器加了脚，成了三足器、圈足器。有时候，还给陶器抹上色彩，再以红彩或黑彩绘成宽带、网状、十字、圆圈等简单纹样，也有少数在内壁画彩。他们学会了用石头或骨角制作箭头，做成弓箭，射杀野兽，用筐篮和粗网来捕鱼。他们已经会种稻子。他们靠捕鱼打猎来猎取食物。他们养猪、牛、狗，水牛已经用于运输，狗已经驯化成狩猎的伙伴。他们特别看重玉石和玛瑙装饰品，已经掌握了制玉的工艺。他们服饰装饰品中有蛇纹石、透闪石、阳起石、石英和玛瑙等。他们喜欢彩色的石子，这些石子是在雨花台或者江边捡拾的，这种彩色石子，我们今天称之为“雨花石”。

由于抵御疾病的能力有限，他们活得的年岁并不长。死了，就葬在居住区的西边。绝大多数头向东北，以仰身直肢葬为主，个别为屈肢葬。大部分墓中有数量不等的随葬品，多数在10件以内，有一座墓内陶器和玉管等多至40件，还有几座墓用一两件猪下颌骨随葬。人死了，装饰品一般放在耳边，璜置于颈下，管、坠等置于胸间。他们把彩色的石子放在死者口中或放在陶罐里。30多座墓葬里发现随葬品中有彩色石子。

由于居住地附近湖荡很多，他们会造独木舟横渡金川河，在河里捕鱼，也会从金川河到达长江。

他们在这里生活了数百年之久。有一年，长江暴发洪水，冲毁了家园。他们伤心地离开了。

又过了1000多年，一个新的氏族来到了这里，他们发现这里曾有人居住的痕迹，就选择在这里住下。他们是商周时期的先民。制造陶器的技术已经大为提高。

又过了1000多年，有一支使用青铜器的部落从秦淮河迁到这里，他们在新石器村落的废墟上建立家园。他们制造的陶器上印着各式各样的几何形花纹。他们已经掌握冶炼青铜的合金技术。

时间又过去3000多年，来到1954年。

此时的北阴阳营是个大土墩，周围是一片荒地。附近就是宁海中学，学生下课没事，就会跑到土墩上玩耍。一天，有学生在刨开的土里捡到石斧、陶片，觉得好奇，便送给历史老师。巧的是这位历史老师和南京博物院考古专家罗宗真是大学同学，历史老师立即打电话让老同学过来看看。考古学家看了之后惊呆了，自言自语道："这不是新石器时代的东西嘛！"不久，考古学家在这里开始了考古发掘工作。从1955年到1958年，南京博物院一共进行了4次发掘。在这片1万多平方米土地之下，发现先民们的住宅、灶穴、灰坑、墓葬等诸多遗址，出土石、玉、陶、骨、铜诸文物3000多件，其中玉器近300件。

考古学家按照土质土色，划分为4层。第一层，包含新石器时代和商周时期的陶片、石器，六朝、唐、宋、明各时期的陶瓷片和近现代遗物。第二层，从出土的陶片等遗物观察，属西周早期的文化堆积。第三层，包含商代早期的陶片、石器及小件青铜器等。第四层，皆为新石器时代的遗存。

根据考古分析，北阴阳营遗址可以划分为新石器时代、商代、西周3个文化层，各层的遗迹、遗物相当丰富，其文化内涵在苏南特别是宁镇地区具有一定的代表性。因此，北阴阳营遗址的发掘，在江苏新石器时代和商周时期的考古学研究上具有重要意义。

明代鹰扬营卫队曾驻于此，故名"鹰扬营"，后讹传为"阴阳营"。由于考古发现，南京的北阴阳营人从此进入历史研究的版图。

北阴阳营的考古发现惊动了全世界。我国人类学家吴定良对北阴阳营原始居民的骨骼进行了鉴定，认为他们表现出蒙古族的特征很明显，与南京现代人的骨骼相比差别很小，同时又与北方人的体型不同，这说明五千年前南京地区的人类不仅具有我国固有的民族体型，而且由于生息繁殖了相当长时间，已经具有本土生长的江南人的体质特点。今天，北阴阳营已经被视为南京城市文化的起点。考古界把北阴阳营文化作为长江中下游新石器文化的代表。

考古学家罗宗真认为，"这里，可以称得上是'南京历史的黎明'"。

黎明时分，日出而作的南京先民们迎来了满天朝霞。

文明的太阳即将升起！

吴头楚尾

——春秋战国时期的金陵大江

大约4000年前，秦淮河流域出现了密集的原始聚落，被称为“湖熟文化”，在这些聚落的基础上形成了南京地区最早的城邑。由于没有文字记载，它们都湮没在历史尘埃里了。

根据最新考古发现，距今3200年至3000年，大概是商代晚期，南京的先民们在中华门外的长干里建造了一座城池，就在长江边、秦淮河畔。后来，南京是西周的封地。到了春秋战国时期，周王室衰微，诸侯国势力日益强大。在南方，吴、楚、越政权相继崛起，三个政权之间，为了抢占资源，相互征伐。作为“吴头楚尾”之地的南京，时而属于吴国，时而属于楚国，时而属于越国，在争霸战中，大江的重要性日益凸显。

西周时期，在今天的湖北江汉地区崛起了楚国，春秋时期，在长江下游的太湖流域崛起了吴国，楚国与吴国多次发生战争，两国的水军都比较强大，所以，多依靠水上路线争霸，沿江作战便成为常态。在拉锯战中，他们都要选择理想的地点，建立军事据点与行政中心，这时，带有军事性质的城池出现了。据著名学者贺云翱的观点，公元前570年以后，吴、楚两国交兵的前沿到达了今南京沿江一带，推动了南京城池的文明化进程。

这一时期，在金陵大江两岸出现了三座城池：一座是位于城北的棠邑，另外两座分别为长江南岸的濑渚邑和冶城。

棠邑为楚国建立，是南京最早见于历史记载的城池，坐落在今天的六合境内滁河下游。据《左传》记载，襄公十四年（公元前559年）秋天，楚军进驻棠邑，讨伐吴国，因吴国按兵不动而退兵。楚平王在位时，伍子胥兄长伍尚被任命为“棠君”，成为南京历史上最早见于历史记载的地方行政长官。

吴国建立的濑渚邑，坐落在今天高淳区域东面约10公里处的固城街道固城村，南临胥河，始建于周景王四年（公元前541年），是南京历史上在长江以南建立最早的一座政治军事中心。为了攻打楚、越，吴国开挖了胥溪和胥浦。胥溪以今江苏宜兴为起点，经溧阳、高淳，沟通水阳江，从芜湖入长江，把太湖水系与长江连接起来。

吴王夫差继承王位以后，为抗衡楚国，进而为逐鹿中原提供军事上的保障，非常重视金属冶炼和兵器铸造。而当时南京西南铜井一带有丰富的铜矿、锡矿、铝矿，正是铸造青铜兵器不可缺少的好原料，南京由此得以初露头角。为了充分利用南京丰富的矿产资源，春秋末年，吴王夫差在今南京主城区内朝天宫的一个小土山上筑起一座土城——冶城，在这里建起了较大规模的冶铸作坊，冶炼铜铁，铸造兵器。明朝陈沂《金陵古今图考》云：“金陵在春秋是本吴地，未有城邑。惟石头东有冶城。”冶城所处的朝天宫一带今天是南京城的中心。古时候，这里离长江已经很近，而且就在秦淮河畔，运输便利。

到了战国时期，吴越两国争霸。最初越国战败，但是越王勾践卧薪尝胆，最终灭吴。越国占领吴国后，在南京城南中华门外修筑越城，冶城也随之换了主人。

公元前472年，越王勾践令范蠡在今南京中华门外、古代长干里一带筑城，因筑城工程由范蠡主持，又称“范蠡城”。勾践为什么要在长干里一带筑城？因为这里四五百年前，就是一座城池，当时城池可能已经颓败，但范蠡看中了这里的地势。这里地势较高，北临秦淮河，南倚雨花台，西控长江。越城其实不大，城周只有“二里八十步”，相当于942米，占地面积只有6万多平方米。越城究竟发挥了多大的作用，由于没有文字记载，我们只能凭借想象。这里曾经是越国军队的指挥所，有很多作战的指令就是从这里发出的。

公元前306年，楚怀王趁越国内乱之际令昭滑率军伐越，越国自此分崩离析，残余力量逃往长江南部沿海的越国故地，各自为政。公元前333年，楚威王在今天的清凉山一带建金陵邑。当时长江正从清凉山西侧流过，楚威王熊商欲借长江天堑为屏障以图谋天下。从这时起，南京有了“金陵”之名。

回顾那一段并不十分清晰的历史，我们发现，吴、楚、越争霸，都把焦点放在水边，棠邑在滁河南岸，濑渚在固城湖畔，长干古城、冶城、越城在秦淮河畔，金陵邑在大江边。无论是滁河，还是固城湖，都与大江相通。世界文明，首先发脉于江河流域，是为普遍的规律。长江的重要性逐渐被重视。越国的越城建于秦淮河畔，而楚威王又向大江边推进了很多，在当时的大江边建立军事据点金陵邑，显然，楚威王认识到了“临江控淮”的重要性，而这一点被后世的军事家普遍看重。可以说，金陵邑的建立，对南京城市后来的发展起到重要的奠基性作用。孙权来到江边，看到金陵邑后，觉得这里非常适合作为军事据点，于是，在这里建立了石头城。南京由此步入政治家、军事家的视野，也开始了它作为都城的历史。

几百年的争霸战，让南京有了第一个名字——金陵。这个名字一直用到今天，依然闪闪发光。

南京是幸运的。

幸运的南京，感谢大江！

从金陵到秣陵
——秦汉时期的金陵大江

春秋战国之后的秦汉五百年，金陵是平静的。平静有时候是为了更好地蓄势待发。

大江静静地流淌，大江边的那些军事城堡随着秦朝统一六国，变得阒寂无声。

公元前210年，金陵大江迎来了一位重要的人物——秦始皇。

秦始皇完成统一大业后，第二年就开始出巡，一共出巡5次，公元前210年这一次是他最后一次巡游。他先是到了云梦泽（在今湖北省境内），遥望九嶷山（在今湖南省永州境内）祭祀舜（传说舜葬于九嶷山），然后顺江而下，经过丹阳县，到钱塘县（今杭州），渡过钱塘江，去会稽山祭祀了大禹（传说禹葬于会稽山，在今绍兴南），又遥望东海祭祀海神，刻石纪念。回程经过吴县（今苏州），再从江乘渡过长江，从海路北上到琅琊县（在今山东）。

根据字面意思，江乘也许当时就是一个长江渡口，秦始皇经过之后，在渡口附近设立了江乘县。江乘县的范围大概位于栖霞山附近的长江边，包括今天的仙林部分地区、句容北。三国时期，“江乘”地名被孙吴政权废除，至晋朝恢复。到隋朝时，江乘县被废。据考古学家考察，当时的江乘县有一条横穿栖霞的秦代驰道，宽10余米，是根据秦始皇“车同轨”的要求开辟的。

传说，秦始皇此次经过江乘，还登上了栖霞山，纵目大江，并埋双璧以祭告天地，命令李斯刻石告示天下。石碑早已消失在历史的烟尘里了。可以想象一下，当年秦始皇登上栖霞山顶，俯瞰江南大地，目送大江东去，想到吴楚大地，曾经硝烟四起，如今都归于大秦统治，统一大业终于变成了现实，自豪感油然而生。

2006年，栖霞山顶上修建了一组仿古建筑——始皇临江处，包括亭台、廊、轩、观景平台等。游人来到这里，可凭栏眺望，远处大江如线，舟楫点点。两千多年前的往事，不知不觉涌上心头。

由于历史久远，秦始皇在金陵驻足的细节已经无从明晰，只有一些传说，显示秦始皇与金陵城还颇有密切的关系。

传说中，秦始皇到了金陵，要看看金陵的山水，随行的方士察看一番后，对秦始皇说，金陵这个地方有王气。秦始皇忙问方士该怎么办，方士说，金陵城东南有一座方山，方山顶部平坦如官印，人称“天印山”。天印，自然是上天赏赐的官印，决定了金陵之地的王气兴衰和吉祥命运。如果断了方山龙脉，就会阻隔了金陵的王气。再引淮水贯穿金陵，通达长江，让这条秦淮河泄掉金陵城的王气，陛下就可以高枕无忧。于是，秦始皇采纳了方士的建议，开凿秦淮河，并改“金陵”为“秣陵”，意思为饲马的草料场。

据今人考察，秦淮河古称“龙藏浦”，汉代起称“淮水”，唐以后改称“秦淮”。秦淮河是天然形成的，绝非人工开凿的运河，也许秦朝时进行了疏浚，或者挖了部分河段。但整条秦淮河不会是秦始皇时代人工开凿的。

秦始皇这一次来江南，废除了金陵邑，在江北设置棠邑县，在江南设置秣陵县、江乘县、丹阳县、溧阳县，南京从此进入县制时代。秣陵、江乘、丹阳三县县治都在今南京地区，其管辖范围为宁镇山脉以南、横山以北、茅山以西的广大区域。起初均隶属鄣郡，后又一度改属会稽郡。

西汉元朔元年（公元前128年），秣陵县改为秣陵侯国，江都易王的儿子刘缠被封为秣陵侯。西汉元鼎四年（公元前113年），刘缠死后，因其无子，秣陵侯国被除。秣陵侯国存在15年后即告终，又恢复为秣陵县。后来，秣陵县改为宣亭县。西汉更始元年（23），恢复为秣陵县，属丹阳郡。

两汉400多年，江边的小县城没有什么大的波澜，平平静静，默默无闻。

直到东汉建安十七年（212），在长江大舞台上大显身手的孙权看中了大江边这块地形的优势，便决定在楚人金陵邑的旧址上建石头城，改秣陵县为建业县，县治由秣陵关迁往石头城，从此开辟了一个波澜壮阔的新时代。老南京有俗语，“先有秣陵，后又建业”，说的便是这段历史。

到了东汉末年，秣陵再也不能沉寂下去了，真正属于金陵的大江时代就要来临。

秣陵，这个名字今天依然保留。今天秣陵街道所在地，古代叫“秣陵关”，是秦汉时代南京地区的政治中心——秣陵县城所在地。后世人对“秣陵”这个古称，念念不忘。吴敬梓有诗云：“一带江城新雨后，杏花深处秣陵关。”（《秣陵关》）李清照有词云：“春归秣陵树，人老建康城。”（《临江仙》）

今天我们口念秣陵，不仅没有感觉到贬抑之意，反而感受到了苍老的底色与飘逸的古意。

浮江万艘
——东吴的江面

裴松之注释的《三国志・吴书・吴主传》引用了一段吴国都尉赵咨评价孙权的话："吴王浮江万艘，带甲百万，任贤使能，志存经略，虽有余闲，博览书传历史，借采奇异，不效诸生寻章摘句而已。"这段话对孙权评价极高，说东吴"浮江万艘，带甲百万"，极言东吴水军的强大，是符合事实的。东吴起于吴地，兴于大江，霸踞江东，与魏、蜀形成三国鼎立的局面，依靠的是强大的水军。到了孙权的孙子孙皓时代，治理无术，内外交困，江防被西晋政权突破，最后败于大江之上。

生子当如孙仲谋

建安十六年（211），孙权听从张纮建议，将治所从镇江迁到秣陵。建安十七年（212），筑石头城，并将秣陵改名为"建业"。

曹魏黄初二年（221），孙权名义上依附曹魏，被册封为吴王。次年（222）十月，孙权宣布独立，改年号为"黄武"，临江据守。黄武八年（229）四月，孙权在武昌（今湖北鄂州）称帝，改年号为"黄龙"，孙吴正式建国。九月，孙权迁都秣陵。

东吴时的长江入海口在镇江、扬州一带，南京段长江水面宽达20公里，水位比现在高出七八米。站在石头城上，可见江水浩渺、万船停泊的壮观景象。建业是吴国造战船的中心，朝廷设"典船都尉"监督造船。史书上有很多关于东吴水军强大的记载："水浮陆行，方舟结驷""戎车盈于石城，戈船掩乎江湖”“弘舸连舳，巨槛接舻。飞云盖海，制非常模”……孙吴造的大船上下5层，可乘3000人，主帆高近30米，用100匹布制成，“望之如山”，当时已经使用了升降舵技术。

孙权在楚人石头邑的旧址上建造的石头城，周长“环七里一百步，缘大江，南抵秦淮口，去台城九里”。城内设有石头仓、石头库，用于储存军粮和兵械。在城头、山顶、沿江筑有烽火台。石头城的城基，部分利用了原有石头山峭壁。今天，在鬼脸城依然能看到当年石头城的一角。石头城的军事作用十分突出，历来为兵家必争之地。

当时，石头城下有一个很大的港口——石头津。有专家认为，石头津就在现在的乌龙潭、龙蟠里、老四中校园一带。六朝石头津北边紧临石头城波罗山，东南有蛇山、龟山屏障，东北是小仓山南岭、北岭之间峡谷中隆起的高地。这里曾经是“万船停泊，舳舻蔽江，帆樯如林”繁华景象。后来，石头津一直是六朝的重要渡口。停靠这里的不但有大量吴国战舰，也有长江上下游的商船，还有阿拉伯船、波斯船、日本船、高丽船以及东南亚的昆仑舶……当时，很多国家的商贾、僧人、使臣乘船从长江进入建康，文献描述称“贡使商旅，方舟万计”。到了南宋时，诗人陆游到建康，看见石头城，还发出感慨：“凡舟皆由此下至建康，故江左有变，必先固守石头，真控扼要地也。”（《入蜀记》）

孙权少年英武，18岁就继承兄长孙策之位成为吴主。他凭什么能与刘备、曹操对抗？凭的就是强大的水军。江南湖荡纵横，四通八达，舟船是那个时期最重要的交通工具。东吴开国之初，就拥有3万多精锐水军、5000多条舟船战舰。曹操率舰队与孙权会猎长江时，见东吴战舰排列如星，中间大船端坐着英姿勃发的孙权，众将披坚执锐拱卫两旁，发出由衷赞叹：“生子当如孙仲谋！”曹操感叹之际，收到孙权写来的一封信，信上写着：“春水方生，公宜速去。”意思是说，春水正在涨的时候，也正是我孙家军优势之所在，曹公如果一战，必定败退，所以还不如退去。曹操真的不敢再渡江了。

到了魏文帝曹丕时，他曾三次想打过长江去，但都没有成功。第一次是黄初三年（222），张辽从广陵（今扬州）至丹徒（今镇江）一线进攻，但没有攻下，此时张辽重病在身，病逝于江北的江都。第二次兵发广陵，是黄初五年（224）七月，曹丕看到江对面楼船在望，布置森严，胆战心惊，无奈地说，东吴早就在江边做好了准备，不可冒进啊。我们魏国虽有武骑千群，也发挥不了作用。第三次兵发广陵，是黄初六年（225）八月，曹丕率魏军十余万，在江北举行了阅兵仪式，当时由于天气寒冷，江边甚至有结冰，战船无法进入长江，曹丕看见长江波涛汹涌，再次发出叹息："嗟乎，固天所以限南北也！"意思是说，唉，大江限南北，这真是天意啊！随即退兵。

东吴船队纵横长江之上，《太平御览》称赞东吴"舟楫为舆马，巨海为夷庚"。意思是乘船好像坐车骑马，汪洋大海如同平坦的道路。孙权先是在京口（今镇江）建铁瓮城，后又在武昌建吴王城，最后在建业定都，这三座城都是在江边。可见，孙权以长江为大本营，表现出高度的自信。孙权执政江东伊始，即定下其发展战略：占荆州，取益州，竟长江之所极，然后建号帝王以召令天下。"限江自保"是孙吴的基本国策，即以建业为中心，以扬州（治建业）为根本，凭借地理上的江山之险，层层防御，以与北方曹魏以及后来的西晋相抗衡。

东吴时的建业城，水路四通八达。"西接江宁界，东接句容界，北接真州六合县界，沿流一百二十里。"（《六朝事迹编类》）南京港口，已有多条航路，向西有长江线，向南有往钱塘江、太湖水系的航路，向东有海外线，向北方也有邗沟等航路通往中原。当时，南京的长江码头大多集中在石头城上下、秦淮河沿岸，以及江南的沿江一带。从石头城往南，十里（5公里）至查浦，再往南，有新亭、新林、板桥、烈洲，绵延百里之远。500多年后，杜甫在《绝句》中还惦记着"东吴万里船"。

230年，孙权遣将军卫温、诸葛直率甲士万人，"浮海求夷洲（台湾岛）、亶洲（可能在今吕宋岛一带）"。此后，东吴船队3万余人在聂友统率下，渡琼州海峡南下海南岛，用舰船300余艘，并遣朱应、康泰远航东南亚。船队曾驻泊过南海诸岛，至今南沙群岛西南部海域中仍有"康泰滩"之名。

一片降幡出石头

王濬楼船下益州，金陵王气黯然收。
千寻铁锁沉江底，一片降幡出石头。
人世几回伤往事，山形依旧枕寒流。
今逢四海为家日，故垒萧萧芦荻秋。

——《西塞山怀古》

用一首诗来写一场战争、一个朝代的灭亡，是很不容易的，刘禹锡做到了，他的《西塞山怀古》短短8句，写出了西晋灭吴的历史。“一片降幡出石头”，极富画面感。如果拿它与孙权时代的“浮江万艘”相比，简直就是天壤之别。

晋灭吴之战是发生在279年至280年的事。当时的司马氏建立西晋王朝后，据原魏、蜀之地，控制着全国大部分州郡府县。从269年起，晋武帝司马炎就着手筹划讨伐东吴。而此时的东吴国主孙皓是一个昏庸之君，不仅为人残暴，而且听不见大臣的意见。司马炎为了灭吴，开发农业，积存粮食，为战争做准备。西晋拥有50万陆军，但缺少水军，面对波涛汹涌的长江，虽“武骑千群，无所用之”。司马炎接受羊祜的建议，任命王濬为益州刺史，加封龙骧将军，都督益、梁二州诸军事，指令他在巴蜀建造战船，训练水军。根据文献记载，晋军所建造的大型战船，长120步，可装载2000余人，船上可以骑马。经过一年的备战，王濬水军“舟楫之盛，自古未有”，为实现“水陆并进”灭吴，提供了重要的军事保证。

面对晋军的磨刀霍霍，东吴一些大臣深感忧虑。他们认为东吴虽有长江天险，但“长江之限，不可久恃”，因此向孙皓建议，在军事上，为防晋军从上游顺流而下，加强建平（今湖北秭归）、西陵（今湖北宜昌东南）的防务。东吴名将陆抗指出：“西陵、建平，国之蕃表（屏障）”，“如其有虞，当倾国争之”。因此，他请求在西陵屯精兵3万。孙皓依仗东吴地跨大江南北，尤以水军为强，不予采纳。

晋军在上游造船的废料木屑顺着长江都漂到了吴国，吴国上上下下都知道西晋在造船练兵，准备入侵。当时有童瑶唱道："阿童复阿童，衔刀浮渡江。不畏岸上虎，但畏水中龙。"

阿童，是王濬的小名，这首吴国童谣意思是说，王濬的部队不怕陆上作战，就怕水上作战。我们吴国一定要小心谨防啊！有大臣把王濬在巴蜀造战船、大量碎木顺流而下的情况报告给孙皓，孙皓自恃水军强大，长江天险，不以为然。这样的君主，岂有不败之理？

279年十一月，司马炎采用羊祜生前拟制的计划，发兵20万，根据"因顺流之势，水陆并进"的战略方针，分六路进攻东吴。吴国建平太守在王濬造船的时候就开始提防晋军顺长江而下，所以在江中放置了铁锥，在江面横下了铁索，试图阻挡晋国水军。王濬领导的水军从巴蜀启航，沿江东下，用早已准备好的10个大木筏在前开路，木筏一过便将水下铁锥拖走，同时，用油脂焚毁吴军的横江铁索，只用了40多天就驶抵建业。

吴主孙皓得知西晋王浑率大军南下，即命丞相张悌统率丹阳太守沈莹、护军孙震、副军师诸葛靓，领兵3万，渡江迎战，以阻止晋军渡江。张悌毫无自信，甚至都做好了战死的准备。张悌说："吴之将亡，贤愚皆知。"意思是说，东吴的即将灭亡，人人早已看清，并非今天才知晓啊！最后，他真的战死了。

王濬率水陆8万之众，进入建业时，吴主孙皓反绑着手，抬着棺材，前往王濬军门投降。至此，东吴政权宣告灭亡，三国长期分裂的局面也随之结束。

西晋30年屯田，7年造船，20万大军六路出击，3个月就打完了灭吴之战，可以说是自秦代以来一场最迅疾的南北统一战争了。

当胜利的消息传到西晋，司马炎执杯流涕曰："此羊太傅之功也，惜其不亲见之耳！"将屯田的战略落到实处的，是太傅羊祜。此次灭吴的主要将领中，杜预、王濬都是羊祜所举荐的。所以，晋武帝司马炎才流着眼泪感慨：这都是太傅羊祜的功劳啊！

太康元年（280），群臣听到孙皓投降的消息，都去庆贺，为武帝祝寿。

晋国的骠骑将军孙秀称病不去，退朝时，向南而哭道：“昔讨逆壮年，以一校尉创立基业；今孙皓举江南而弃之！悠悠苍天，此何人哉！”意思是说，当初孙坚壮年的时候，以一个校尉的身份好不容易创立基业。现在孙皓却把整个江南都断送掉了！苍天啊，这是什么不肖子孙啊！

孙秀是孙皓的从弟。早期任孙吴前将军、夏口督，孙皓对他猜忌，很不尊重，他毅然带着妻子儿女及亲兵几百人投奔了西晋。可见，失去人和的东吴，灭亡就不是偶然的了。

具有讽刺意味的是，孙权时代的东吴水军天下无敌，而到了孙子手里，竟然如此不堪一击，真是此一时彼一时。

孙皓在亡国之时，写信给他的舅舅说：“得陶濬表云武昌以西，并复不守。不守者，非粮不足，非城不固，兵将背战耳。兵之背战，岂怨兵邪？孤之罪也。”

后悔已经来不及了。

东吴兴于大江，亦败于大江。

霸业大江流
——六朝的金陵大江

“天文列宿在，霸业大江流。”

这是诗人李白在金陵月夜，怀想六朝往事而写的一首怀古诗。这两句诗的意思是，星星还是那几颗星星，而金陵的王气却像东流水一样，一去不复返了。

长江古名“江”，又称“大江”，六朝以后，通称“长江”。

六朝依江而起，因江而兴。

从自然的角度看，六朝时的大江与明清时代的大江有很大区别。六朝时期的大江，比后来的大江要宽得多。就拿石头城一带来说，那时候的长江直抵现在的清凉山脚下，而石头津就是一处港湾，这里停泊了成千上万船只。那时的入海口在广陵（今扬州）、京口（今镇江）一带，据史料记载，江面有40余里阔。后来，江面在逐渐收窄，到了明代嘉靖年间，江面仅阔七八里，入海口逐渐东移。

孙权选择了大江边的秣陵，作为自己的大本营，并在此建都，从而开启了南京作为都城的历史。东吴之后，东晋、宋、齐、梁、陈继续把建业作为都城。六朝时期，北方政权一直处于分裂、动荡的状态，没有力量统一中国，使得南方政权有机会存世300多年。在此期间，北方动乱，士人南渡，把北方的中原文化传播到了南方，第一次实现了南北文化的碰撞、交汇，使得南方的社会、经济、文化得到空前的发展。从这个角度看，渡江，是一种文化大融合的标志。

从军事的角度看，六朝时期，长江始终是军事力量争夺的焦点。三国时，孙权、刘备联军破曹操于赤壁，孙、刘双方继续争夺荆州，利用水军在长江上激战多年。孙权依仗强大的水军，守住了江东。孙权采取的基本国策是“限江自保”。东吴之后，东晋、宋、齐、梁、陈也基本上继承了这个国策。到了孙皓时代，东吴的水军变得不堪一击。六朝最后一个朝代陈朝，也被隋军从长江上游顺江而下给灭了。可以说，六朝成于大江，败于大江。

东晋以来，长江上下的军事力量多利用长江水道，扩大势力与影响。《通典》卷一百八十三《州郡十三》载：“晋王敦、陶侃、桓温、桓玄，宋谢晦、南郡王义宣、袁顗、沈攸之、桂阳王休范，齐陈显达，梁武帝，陈王琳、华皎，皆自上流拥兵东下。”这里列举的人物中有的是叛将，比如王敦，有的是平定叛乱的大将，如陶侃，他们都认识到从长江上游顺江而下的重要性。所以，对于南方政权来说，守江必须守住长江中上游。

六朝时期，由于北方边界多数时候是以淮河为界线，大江作为南方政权的内河，总体上是平静的，此时的北方政权尚没有力量实现统一，南北对峙的局面一时难以改变。南方政权一直想北伐，而北方政权也想饮马长江。300多年间发生过多次拉锯战。北魏时，拓跋焘率兵达到了瓜步江边，实现了饮马长江的梦想。淮河流域是守住南方政权的缓冲地带，一旦失去缓冲地带，南方政权就危险了，所以，守江必须守淮。

六朝的金陵大江总体是平静的，但是也发生过多次内乱。驻扎在长江以北的将领，拥兵叛乱，渡过长江，威胁都城。如东晋的苏峻之乱、梁朝的侯景之乱，虽然最后也都被平定，但给建康城和江南社会造成了极大的破坏。江北军队的渡江往往不是从建康的正面渡江，而是从上游的采石矶，或者下游的京口、瓜步附近渡江。南宋陆游曾说：“古来江南有事，从采石渡者十之九，从京口渡者十之一，盖以江面狭于瓜洲也。”所以，守江必须要守住建康的锁钥之地。

从经济的角度看，六朝时，长江上已经相当忙碌。东吴时，从官方到平民百姓，利用长江交通做生意的人很多。《三国志·吴书》记载：“自顷年以来，州郡吏民及诸营兵，多违此业，皆浮船长江，贾作上下。”从这段文字看出，东吴时，在长江上做生意的不在少数，连官员也在冒险做生意。司马睿刚到江南时，手下的大臣贺循说：“江道万里，通涉五州，朝贡商旅之所来往也。”（《晋书·贺循传》）《宋书·吴喜传》载：“从西还，大艑小艒，爰及草舫，钱米布绢，无船不满。”六朝时，长江上的航运业已经相当繁荣。

孙吴时代，三吴地区所需的大量物资粮食都取道京口溯江而上，很费时，而且京口一带江面宽阔，风急浪高，很危险。因此，孙权下令开凿破岗渎，疏通了秦淮河水系与太湖水系，使得长江的支流也畅通起来，促进了六朝的经济发展。

总之，六朝的大江已经是热气腾腾的了。

永嘉南渡

西晋末年，藩王们争夺皇位，导致了长达16年的“八王之乱”。内部的长期战乱使得西晋国力急剧衰落，自东汉时期以来内迁的匈奴、鲜卑、羯、羌、氐等胡人开始趁机纷纷自立。永嘉五年（311），匈奴人攻破晋都洛阳，俘获了晋怀帝。建兴四年（316），匈奴攻陷长安，俘虏了愍帝，西晋覆灭。在永嘉之乱后，国家没有宁日，人民没有生计。一些有钱、有地位的人纷纷渡过长江，迁居江南，这就是历史上的“永嘉南渡”。

307年，琅琊王司马睿、西阳王司马羕、南顿王司马宗、汝南王司马佑、彭城王司马纮五位王室成员听了王导的建议，南渡长江，在今天幕府山旁五马渡的位置上岸，来到建康城，这就是历史上著名的“五马渡江”。

317年，司马睿在晋朝宗室与南北大族拥戴下，在南京即位，东晋的历史正式拉开帷幕。

在永嘉南渡中，有许多大家族，琅琊王氏、陈郡谢氏、陈郡袁氏、兰陵萧氏并称为南渡四大侨姓，其中以琅琊王氏最为显赫。辅佐司马睿建立东晋的开国宰相王导，就是琅琊王氏的杰出代表。从此时起，一直到陈朝灭亡，琅琊王氏先后出过数十位宰相，王羲之、王献之这样的书法大家也出自琅琊王氏。

这些世家大族的南迁，同样也带动了大量百姓南迁。《晋书·王导传》载：“洛阳倾覆，中州士女避乱江左者十六七。”永嘉南渡，究竟多少人渡江呢？学界一直有不同的看法，有的认为有70万，历史学家谭其骧先生认为约有90万，南京大学历史学院教授胡阿祥认为至少有200万。北方士族纷纷南迁，当时有人用“过江之鲫”来形容南渡的人之多。

永嘉南渡影响深远。中原文明的中心第一次转向南方，带动了江南地区的大开发，促进了江南社会、经济的全面发展。

山水知音

六朝是一个文化自觉的时代，不仅是人的自我意识的觉醒，而且人对自然的认识也得到了前所未有的高度。六朝人热爱自然，热爱大江。这里不妨引用东晋袁崧的《宜都记》：

自黄牛滩东入西陵界，至峡口百许里，山水纡曲，而两岸高山重障，非日中夜半，不见日月。绝壁或千许丈，其石彩色形容，多所像类。林木高茂，略尽冬春。猿鸣至清，山谷传响。泠泠不绝。所谓三峡，此其一也。山松言：常闻峡中水疾，书记及口传悉以临惧相戒，曾无称有山水之美也。及余来践跻此境，既至欣然，始信耳闻之不如亲见矣。其叠崿秀峰，奇构异形，固难以辞叙。林木萧森，离离蔚蔚，乃在霞气之表。仰瞩俯映，弥习弥佳，流连信宿，不觉忘返。目所履历，未尝有也。既自欣得此奇观，山水有灵，亦当惊知己于千古矣。

翻译一下，大致的意思是，江水从黄牛滩向东流入西陵界到峡口有一百多里，山势和水的流向都很曲折迂回。两岸高山重重地遮挡着江面，要不是中午或半夜，是看不到太阳和月亮的。岸上的绝壁有的高达千丈，壁上的石头的颜色和状态，有很多类似某种东西的形状。林木高而茂密，由冬到春四季都如此。猿猴鸣叫的声音非常清厉凄婉，在山谷间回响着。人们所称的“三峡”，这就是其中之一。常常听说峡中的水流很快，书本记载以及口头传说都用登临此境令人恐惧相劝告，还没有人称赞山水美丽。我登临所见，感到特别兴奋，才相信耳闻不如亲眼所见。那层叠的山崖、秀丽的山峰，奇特的结构、异常的形状，确实很难用言辞来描述。山林里树木耸立，繁荣茂盛，竟在云气的外面。抬头欣赏高山远树，俯身观看江中倒影，愈熟悉这风光愈感到美好。从没有这样的亲身经历，真有流连忘返的感觉。这样奇特的山水一定有灵气，它一定庆幸千古以来终于遇到知己了！

作者移情通感，把无生命的山水写得富有灵气，它们把“我”当知己了。刘勰在《文心雕龙》中说：“若乃山林皋壤，实文思之奥府，略语则阙，详说则繁。然屈平所以能洞监《风》《骚》之情者，抑亦江山之助乎？”刘勰的意思是说，山林土地，是文思的源泉，说少了就显得缺少什么似的，说多了又觉得过于繁复。屈原能写出《离骚》这样伟大的作品，难道不是得到江山之助吗？“江山之助”，是六朝文人对文学与自然之间关系的深刻的认识。

现代著名学者胡小石说：“当时山水诗人实以南京为大本营”“大江之浩荡，钟山之嵯峨，后湖之明秀，秦淮、青溪之曲折，方山之开朗，栖霞之幽静，又俱足以启发灵感。故以上诸名胜，在当时皆常常见诸吟咏”。

六朝人对大江的美，很懂得欣赏。“余霞散成绮，澄江静如练”“大江流日夜，客心悲未央”“大江一浩荡，离悲足几重”……对大江的赞美，前所未有。东晋郭璞曾写过《江赋》，极尽渲染之能事，处处洋溢着作者对长江的赞美。

六朝时，石头津、新亭、新林浦、板桥浦等，都位于建业城的西南大江边。六朝人依靠舟楫往来，这些地方都是必经之地，所以六朝的诗人经常写到它们。这些诗篇或者写大江的自然美，或者借大江的意象抒发羁旅之情、怀乡之感、失意之愁。

总之，六朝诗人得大江之助，他们抒写大江，赞美大江，使得他们的山水诗歌焕发出迷人的光彩。

渡江北伐

司马睿渡江后在建康建立东晋政权，延续了晋王朝，给许多爱国将士北伐中原、恢复故土点燃了希望，所以东晋一百多年，自始至终都有北伐之举，先后有祖逖、庾亮、褚裒、殷浩、桓温、谢安、刘裕等人主持的多次北伐行动，但都功败垂成，始终未能恢复中原，完成一统。

祖逖是北伐将领中的杰出代表。他怀报国之志，对每况愈下的政局十分关切。半夜里听见鸡鸣，即起身拔剑起舞，留下了“闻鸡起舞”的佳话。这时候，司马睿与南北门阀士族正热衷于经营新朝廷，根本无意于北伐。祖逖不甘故国倾覆，主动请缨，要求领兵北伐。

在祖逖北伐之前，北方后赵的石勒一度进逼江北，准备渡江，只是遇到连月的阴雨，才没有渡江。司马睿表面上任命祖逖为奋威将军、豫州刺史，但除了千人粮饷和3000匹布外，未给一兵一卒和兵器铠甲。祖逖带领私家军100多户渡长江，当船行到江中，祖逖用手拍打着船桨发誓“祖逖不能清中原而复济者，有如大江”。意思是说，我祖逖如果不能驱赶戎狄肃清中原而再来渡江，就像这江水一样有去无回！这就是成语“中流击楫”的来历。于是，祖逖驻扎在淮阴，起炉炼铁，铸造兵器，又招募2000多人继续北伐。

经过4年多的苦战，祖逖率领的北伐军收复了黄河以南的大片失地，使北方政权不敢挥兵南向。后来，祖逖郁郁不得志，忧愤成疾，病死军中。

东晋还有一个“投鞭断流”的故事，也与长江有关。

382年，统一了北方大部分地区后的前秦皇帝苻坚，准备进攻东晋，但接连两位大臣都反对攻晋，苻坚非常恼火，说：“以吾之众旅，投鞭于江，足断其流。”（《晋书·苻坚载记》）383年，苻坚亲自率领近90万大军南下进攻东晋。东晋王朝调集水陆军8万，在谢石、谢玄指挥下，奋勇抗击前秦军。秦晋两军相遇于淝水。结果，秦军大败，苻坚差点当了东晋的俘虏。

南朝宋文帝刘义隆一直“有恢复河南之志”，曾三次北伐，都没有成功，特别是元嘉二十七年（450）第二次北伐，不仅没有取得胜利，反而招致北魏拓跋焘有了饮马长江的梦想，并大举南侵，一直打到长江边的瓜步，南方政权一蹶而不振。后世词人辛弃疾作《永遇乐·京口北固亭怀古》，有“元嘉草草，封狼居胥，赢得仓皇北顾”之感，说的正是这段历史。

金朝诗人杨知章有敢于桓温北伐不成功，写道：“六朝江水故依然，隔断中原又百年。长笑桓温无远略，竟留王猛佐苻坚。”（《读汝南遗事二首》）意思是说，如果当年桓温将王猛带到东晋，说不定就回完成统一大业，因为王猛是一位奇才。诗人可以这么说，但事实上，也不是那么简单。南朝年间，南方的政权虽然一直有北伐的想法，且有多次行动，但都没有成功，原因是多方面的。南方政权内部矛盾重重，多数世族取得军政大权后只想扩充家族势力，苟且偷安，胸无大志，不积极北伐。当时北方十六国虽呈割据纷争之态，但整个北方均为其所占，势力十分庞大，加上胡人多勇敢剽悍而且野蛮，也不是轻易就能制服的。

但是，北伐也是有成果的。它让北方的政权看到南方政权也不是好惹的，他们也就放弃了南下侵略的想法，这样保证了长江中下游的安宁。

渡江之乱

南朝时有两次政权内部的江北军队渡江南下，给建康带来了灾难性的后果。一次是东晋的苏峻之乱，一次是梁朝时的侯景之乱。

327年，东晋将领历阳（今安徽和县）内史苏峻以讨伐庾亮为名，联合祖约起兵发动叛乱。苏峻派部将韩晃率兵迅速攻下姑孰（今安徽当涂县）。随后，苏峻亲率2万军兵自历阳渡江，夺取采石，与晋廷军战于采石东北之陵口，晋军大败，苏峻攻入建康，大肆杀掠，后被温峤、陶侃平息。

苏峻、祖约之乱，历时1年多，苏峻在攻陷建康后大肆破坏宫殿宗庙，物价飞涨，民不聊生。东晋几乎到了亡国的境地。

548年，驻扎在江北寿阳的南豫州刺史侯景，率叛军8000人，从寿阳出发，以诛杀中领军朱异、太子右卫率陆验等人为借口，目标是当时的都城建康城。

侯景原是北魏人，小时候就很桀骜不驯，有点跛足，但他足智多谋，善于打仗，很有野心，在北魏的官位也很显赫，官至礼部尚书，拥兵10万，但此人猜忌心太重，投靠梁朝，梁武帝不顾群臣反对，接纳了这个后来制造大麻烦的人。梁武帝也给了侯景很高的职位，让他担任南豫州刺史。他听说梁武帝对自己有戒心，心中开始不悦。恰好此时，梁与东魏正打算和好，他就更加害怕了，担心有一天自己成为政治筹码，被南梁作为“和平使者”送还给东魏。于是，他亲自测试了一下，假冒高澄写了一封信给梁武帝，提出以萧渊明交换侯景，梁武帝竟然表示接受。这一下激怒了侯景，他以为自己的担心得到了验证，于是发动叛乱。

要知道，侯景叛乱时，只有8000人，当叛变的消息传到梁武帝耳朵，梁武帝与大臣们很不以为然。但是，让梁武帝与大臣们没有想到的是，侯景有他的内线，他已经策反了梁武帝的养子萧正德，所以，才有底气朝着建康奔来。

侯景渡江的地点选在了采石矶。这里是北方政权发动渡江战役经常选择的登陆点。后来，朱元璋也是从采石矶渡江的。这是因为这个地段江面狭窄，而且距离建康城很近。一旦从此处渡江登陆，建康城就很容易被攻下。

当侯景打到了长江边，南梁朝廷一阵混乱。梁武帝与大臣们没想到侯景这么快就杀过来。大将羊侃建议马上向采石矶增派援兵，加强长江防守力量，阻止侯景过江；另一方面，派人率兵突袭寿阳，釜底抽薪，断掉侯景的退路，叛军必自乱而散。正当梁武帝准备采纳这个建议时，宠臣朱异站了出来说，侯景绝没有渡过长江的志向。梁武帝竟然听了他的话。

蒙在鼓里的梁武帝命萧正德为平北、都督京师诸军事，屯守丹阳。萧正德是梁武帝的养子，原来他以为自己就是太子，没有想到的是梁武帝后来生了儿子。萧正德就失望了。侯景正是利用了萧正德想做皇帝的心理，策反了他。许诺事成之后，拥戴他为皇帝。

萧正德早已与侯景约为内应，派大船数十艘，以运芦苇为名，暗中接济侯景军辎重。当时梁宁远将军王质率水军3000人巡弋江上，侯景将要渡江，担心被其阻击，便派间谍查看。此时，临川太守陈昕向梁武帝建议，采石矶急需重兵镇守，应该增加驻军。梁武帝遂命王质与陈昕换防。间谍将此消息告诉侯景，侯景乘王质与陈昕换防之机，率军自横江（今安徽和县西南）渡江，抢占采石矶，俘获陈昕。接着，又袭取姑孰城，俘淮南太守萧宁，占领了慈湖（今当涂西北），建康朝野一片震动。梁朝已经有几十年不打仗了，叛军兵临城下，从皇帝到大臣，都慌了手脚。侯景后来攻入台城，将梁武帝活活饿死。再后来，侯景叛军被王僧辩和陈霸先平定。

长达3年8个月的侯景之乱，建康城死亡10多万人，这个南北各40里、拥有28万户的繁华都市，变成了一片废墟，长江中下游地区出现了“千里绝烟，人迹罕见，白骨成聚如丘垅焉”（《南史·侯景传》）。南朝士族遭到沉重打击，梁朝的气数已尽，几年之后，陈霸先当了皇帝，历史进入六朝的最后一个朝代——陈朝。

岂能飞渡？

南北对峙的局面，到了580年终于被打破。北周宣帝去世后，权臣杨坚废北周静帝自立，建立隋朝，即隋文帝。隋文帝不满足于在北方称帝，他要打到南方去，吃掉南朝。开皇八年（588）十二月至次年二月，隋文帝杨坚命令晋王杨广统率水陆大军50余万，渡江攻打江南陈朝，而此时的陈后主沉湎于酒色，疏于江上戒备，以为凭借长江天险就能阻遏隋军进攻。

当隋朝准备渡江南侵时，江南的陈朝不是不知道，有大臣报告了隋军准备渡江的消息，孰料陈后主身边一位宠臣孔范却说：“长江天堑，古来限隔，虏军岂能飞度？边将欲作功劳，妄言事急。臣自恨位卑，虏若能来，定作太尉公矣。”（《南史·孔范传》）“度”与“渡”通假。这段话的意思是说，隋军将要渡江，群臣请后主设置防御，施文庆从中阻挠，后主因此迟疑未决。孔范上奏说，长江天堑，自古隔断南北，敌寇岂能飞渡？都是边将想立功，谎报军情紧急。我自恨职位低下，敌寇如果能来，我一定能立功作太尉公了。陈后主笑了，认为他说得好，因此对江防并没有给予特别关注。

孔范是什么人？

孔范，会稽山阴人，出身官宦之家，自幼好学，爱读史书，在陈宣帝时期担任宣惠江夏王长史。陈后主即位后，孔范得到重用，官至都官尚书。孔范之所以受到重用，史书上说他相貌堂堂，举止优雅，“文章赡丽，又善五言诗”。陈后主是创作艳情诗的高手，现存诗99首，其中拟乐府诗69首。他的代表作有《玉树后庭花》《临春乐》。孔范很有心机，知道陈后主总是喜欢听好话，他都能“曲为文饰，称扬赞美”。后宫中的孔贵人深受陈后主的宠爱，孔范“与孔氏结为兄妹”，因此，他更加受到陈后主的重用。朝中的文武百官都对孔范敬畏几分，孔范就越发飘起来，他“以为文武才能举朝莫及”。所以，孔范说了“岂能飞度”之后，陈后主听了也只是笑笑，因为他很相信孔范的话。这样的国家岂有不亡的道理？孔范之语，成了历史的笑柄，常常被后人引用。

陈朝创立之初不容易，经过侯景之乱的梁朝是一个烂摊子，陈霸先灭了侯景，再取代梁朝，传了三代，文帝陈蒨、宣帝陈顼、后主陈叔宝。三代皇帝对长江防线的重要性应该是知道的，577元，北周灭北齐，统一北方。第二年，北周攻占淮南地，陈朝在江北的据点全部丢失，只能依托长江，与北朝划江而治。这样，陈朝在江北已经没有任何缓冲地带。再加上德不配位，灭亡也就是情理之中的事了。

陈叔宝在位期间不理朝政，耽于女色，亲近小人，大搞奢靡之风。连孔范的话他都相信，这位皇帝的能力可见一斑。而在北方，隋军正在厉兵秣马，征集到51万士兵，为晋王杨广所节度，发起渡江战役。在长江的中上游，隋军受到了陈军的有力阻挡。此时陈朝之护军将军樊毅向仆射袁宪建议，在京口和采石布防精兵5000人，可是陈后主听信施文庆等佞臣之言，没有采取任何行动。

隋文帝开皇九年（589）正月初一，隋军开始行动。驻守广陵的贺若弼率兵打算偷袭渡江。贺若弼先将战船隐蔽起来，再买破船五六十艘置放于长江小港汊内，故意给陈朝造成隋朝没有水军的错觉，又让沿江部队在换防之际，大张旗鼓，聚集广陵，陈军以为敌兵要发动进攻，慌忙准备，隋军并不发一矢一镞，便匆匆而去，日子一久，陈军知是换防，也就懈怠了。贺若弼又使人故意缘江狩猎，人马喧噪，声震江岸，以迷惑对方，因此隋兵正月初一渡江时，陈军并未发觉。驻守庐州的韩擒虎率军士趁夜晚从采石矶渡江，此时采石矶的守卫都喝得酩酊大醉。隋军几乎没有遇到反抗，就渡过了长江。

建康大江上下游两处咽喉地带失守，陈朝危在旦夕。到了正月初二，采石矶失守的事才被报到建康朝廷中。直到初三，陈叔宝才召集公卿入朝讨论。在经过一天漫长的讨论后，第二天，也就是初四，朝廷决定戒严，但还是没有实质性的军事行动。初六，贺若弼攻克京口。初七，韩擒虎带着他的壮士攻克姑孰。在攻下姑孰之后，杨广从江北派来的两万援军顺利与韩擒虎会师。会师后，两军急行至建康城外的新林。几乎同时，贺若弼部也已经进军至钟山脚下，屯兵白土岗。几天以后，白土岗之战打响，等待陈朝的自然是失败的结局。

陈后主看到大势已去，带着张丽华、孔贵嫔一起躲进了景阳殿一个枯井里。隋军攻入皇宫，从井中搜出3人。隋军一面扫荡残敌，一面将张丽华等人处死。589年，陈朝宣告灭亡。存世367年的六朝也宣告结束。

让人觉得不可思议的是，在这次渡江战役中，陈朝自始至终没有打过一个像样的阻击战。

陈叔宝被抓后，并未被杀死，而是被带到了长安，16年后在洛阳城病死，终年52岁，葬在洛阳的北邙山。

陈朝灭亡后，孔范也被送到了长安。隋文帝“以其奸佞谄惑，并暴其过恶，名为四罪人”，将他流放到了边远之地。

六朝兴亡，是后世文人们议论的主要话题。诗人们常常把六朝与大江这两个意象联系在一起使用，如宋代王安石的《桂枝香·金陵怀古》写道：“六朝旧事随流水，但寒烟衰草凝绿。”宋代胡仲弓的《金陵》写道：“六朝罗绮迹，分付大江流。”清代施闰章的《燕子矶》写道：“六朝流水急，终古白鸥闲。”在诗人们看来，六朝往事，都随大江东去，杳无踪迹，留给后人的是感伤与惆怅。清代郑板桥的《六朝》写道：“一国兴来一国亡，六朝兴废太匆忙。南人爱说长江水，此水从来不得长。”该诗借长江水说兴亡，以长江之长，反衬朝代之短，很有新意。

潮打空城
——唐代的金陵大江

唐代的金陵大江是属于诗人的。

隋文帝平陈后，下令将建康城邑宫室全部毁掉，改做耕地，只剩下小小的石头城，设置蒋州。废丹阳诸郡及东晋、南朝各郡县。建康、秣陵、同夏等县并入江宁县。隋末唐初，又将设在石头城内的高一级行政机构扬州迁往江都，从此，扬州成为江都的专有名。南京几乎成了一个废都，大唐盛世的一个边缘城市，一个无足轻重的江南小城。不仅没法与附近的扬州比，还曾有一段时间归润州（今镇江）管辖。

初唐王勃在《江宁吴少府宅饯宴序》中有这样一段话：

蒋山南望，长江北流。伍胥用而三吴盛，孙权困而九州裂。遗墟旧壤，数万里之皇城；虎踞龙蟠，三百年之帝国。阙连石塞，地实金陵。霸气尽而江山空，皇风清而市朝改。昔时地险，尝为建业之雄都；今日太平，即是江宁之小邑。

“江宁之小邑”，意思是说，这时候，江宁只是一个很小的县城。

江宁六朝时可是做了300多年的都城啊！李白说，“四十余帝三百秋”。从东吴建都开始，东吴、东晋、宋、齐、梁、陈六朝历经367年，南京应该是一个很有规模、很有看头的都城，李白说，南京是“当时百万户，夹道起朱楼”“金陵昔时何壮哉，席卷天下英豪来”。据历史记载，当时的南京居民达到28万户，人口超过百万。左思曾经在《吴都赋》说，当时，人们挥一挥衣袖，扬起的灰尘遮天蔽日，大家一起擦汗，汗水可以让道路变得泥泞。这当然是文学作品的夸张说法，但大体上反映了都城的繁荣状况。南京是当时全国最大的城市。如此辉煌，竟然毁于一旦。

宫殿虽然毁了，但遗址还在，大江依然东流。唐朝的诗人们都希望到六朝古都看一看，面对六朝遗迹、大江东去，感慨岁月之流逝、兴衰之无常。刘洞的《石城篇》写道："古城石渡头，一望思悠悠。几许六朝事，不禁江水流。"刘禹锡的"潮打空城寂寞回"，一个"空"字写出了金陵的沧桑感。不仅仅是刘禹锡这么说，李白也说："地即帝王宅，山为龙虎盘。金陵空壮观，天堑净波澜。"（《金陵三首・其一》）殷尧藩写道："六朝空据长江险，一统今归圣代尊。"（《金陵上李公垂侍郎》）刘长卿写道："萧条金陵郭，旧是帝王州。"（《金陵西泊舟临江楼》）罗邺登上石头城，面对江上来来往往的帆船，心中也是无限感慨："六朝无限悲愁事，欲下荒城回首频。"（《春望梁石头城》）注意这些诗句里的"空""萧条""荒城"，诗人们几乎是众口一词，金陵是一座废都。

过去，谈到金陵地形，都说龙盘虎踞、金陵有王气，唐朝的诗人们面对大江东去，心中一片迷茫：六朝的繁华莫不是都被这江水带走了吧？所以诗人感慨："三百年间同晓梦，钟山何处有龙蟠"（李商隐《咏史二首・其一》）、"金陵王气黯然收"（刘禹锡《西塞山怀古》）。

对于金陵城里的老百姓来说，生活还要继续，秦淮河畔似乎也不是一片漆黑。杜牧来到秦淮河畔，还能听到对岸歌声："烟笼寒水月笼沙，夜泊秦淮近酒家。商女不知亡国恨，隔江犹唱后庭花。"李白到金陵，和朋友夜游秦淮河，把酒言欢，通宵达旦。秦淮河畔还是有人气的。

从经济的角度看，到了唐代，江南的经济已经相当发达。唐宪宗曾说："军国费用，取资江淮。"江南成为唐朝重要的经济支柱。长江上来往船只甚多，从金陵出发做生意的商人比比皆是。张籍的《贾客乐》写道："金陵向西贾客多，船中生长乐风波。欲发移船近江口，船头祭神各浇酒。停杯共说远行期，入蜀经蛮谁别离。"诗人用写实的手法，写出了当时从金陵出发溯江而上做生意的商人的情况。

从军事的角度看，唐朝的289年，金陵大江绝大多数时候是平静的。但也有几次风波。永王之乱算是一次。

永王李璘是唐玄宗的第十六子。《资治通鉴》记载："永王璘，幼失母，为上所鞠养，常抱之以眠。"可见，李璘从小就受到父亲的宠爱，长大以后到地方执掌一方大权，也是很风光的。755年，安史之乱爆发。唐玄宗带着贵妃仓皇西遁，途中唐玄宗突然觉得还是用自己的儿子来平叛最为可靠。于是，唐玄宗分封诸子为节度使，其中李璘被任命为山南东路、岭南、黔中、江南西路四道节度使，外加江陵郡大都督，于是李璘带着大军浩浩荡荡，顺江东下，至九江时，三请李白下庐山，李白应召入永王幕府。

李璘到了江陵后，本应该为朝廷修筑江淮防线，防止安史之乱的战火向江南蔓延。然而，李璘突然冒出一个非常幼稚的想法，此时天下大乱，不如到建康去割据江南，做另一个东晋。《资治通鉴》载："以为今天下大乱，惟南方完富，璘握四道兵，封疆数千里，宜据金陵，保有江表，如东晋故事。"

于是，李璘就擅自出兵大举东进，兵锋直指广陵（今扬州），正式扯起了反叛的大旗。攻打广陵时，李璘杀丹徒太守阎敬之，震动江淮。唐玄宗急忙下诏将李璘废为庶人，李亨也立刻派兵前来围剿李璘。

757年，李亨派来的李成式等人到达广陵。李成式抵达后立刻派裴戎带3000士卒死守瓜步洲伊娄埭，并且在城墙上插满旗帜，举行了一场大阅兵。李璘隔江看到对岸人头攒动，旗帜遮天，以为朝廷派了大军来，一时间慌了手脚。手下大将看到大势已去，纷纷逃走，结局可想而知。李璘坚决不降，与江西采访使皇甫侁大战于大庾岭，结果被皇甫侁所杀。

李白对李璘割据一方的想法肯定是不知情的。天真的李白却以为李璘要去和叛军交战，他一心想建功立业，辅助贤王，于是本着他幕僚的职责写下了《永王东巡歌》组诗。李白写道："三川北虏乱如麻，四海南奔似永嘉。但用东山谢安石，为君谈笑静胡沙。"李白还写诗赞扬李璘："祖龙巡海不成桥，汉武寻阳空射蛟。我王楼舰轻秦汉，却似文皇欲渡辽。"他吹捧李璘大军勇武非凡，必然会旗开得胜。他还把李璘比作汉武帝、谢安、唐太宗。

李璘兵败，57岁的李白在浔阳被抓。他的诗被当作了反诗，险些处死，后来经朋友求情改判为发配夜郎。

唐肃宗乾元二年（759），李白取道四川，赶赴流放地夜郎，行至白帝城的时候，忽然收到赦免的消息，惊喜交加，随即乘舟东下江陵。就在途中，百感交集的李白写下后来广为流传的《朝发白帝城》：“朝辞白帝彩云间，千里江陵一日还。两岸猿声啼不住，轻舟已过万重山。”明代诗人杨慎评价这首诗：“惊风雨而泣鬼神矣！”（《升庵诗话》）

李白对形势误判导致的遭遇，成就了一首与长江有关的鬼才之作。

泣望石头城
——南唐悲歌

当南唐后主李煜与家人合族三百口被迫离开故国远去他乡之时，天空下起了雨，冬雨萧瑟凄冷，船行到大江中，李煜回头遥望朦胧的石头城，心头悲楚无比，泪如雨下，情不自禁地咏道：

江南江北旧家乡，三十年来梦一场。
吴苑宫闱今冷落，广陵台殿已荒凉。
云笼远岫愁千片，雨打归舟泪万行。
兄弟四人三百口，不堪闲坐细思量。

这首诗名为《归宋渡江作》，《全唐诗》题为《渡中江望石城泣下》。有人认为是李煜手下大臣所写，但马令的《南唐书》认为是李煜所作。作为俘虏，辞国之际，回首大江，痛苦之情，溢于言表。此时此刻，他一定为没有守住大江防线而懊悔不已。

五代十国时期，中原军阀纷争，政权更迭频繁，当时割据江南的杨吴、南唐政权相对稳定，经济发达，文化繁荣，金陵再次迎来了发展机遇。杨吴、南唐虽然只存在70多年，但在金陵城垣的建设史上具有重要意义。

建康府城池是在杨吴年间拓展的，作为南唐国都，规模已经超过了六朝时期，都城城墙周长二十五里四十四步，折合现在的长度约为14公里，有城门8座。南边到长干桥，北止于北门桥，前倚雨花台，后枕鸡笼山，东望钟山，西带冶城、石头。其实，南唐城南边、西边都是沿着秦淮河的走向而建的。整座城市的中心向南、向西发展，西界离长江已经很近了，南边首次把秦淮河下游两岸的商业区、居民区纳入都城之内。

在南唐先主李昪统治时期，注重网络人才，勤于政务，推行轻徭薄赋、与民休息的政策，极少发动战争，保证了江淮地区社会经济的稳定与发展。当时，也有北上统一中原的呼声，但李昪不为所动。李昪辞世之前，告诫长子李璟，“汝守成业，宜善交邻国，以保社稷”。李璟继位之后，情况发生了变化。他开始对邻国发动战争，虽然灭掉闽、楚，但战争大大削弱了国力。北方后周政权日益强大，对南唐虎视眈眈。李璟害怕后周打过长江，于是做了一件十分愚蠢的事，献江北十四州，并纳贡称臣，以求稳定，而事实上，这不但不能起到稳定安全的作用，而且失去了江淮地区的缓冲地带，使得南唐与后周仅仅一江之隔。李璟是一位书生，他哪里知道守江必须守淮的道理。失去了江北的缓冲地带，离灭亡也就不远了。

李煜上位后，当然知道宋朝的强大，所以极力巴结宋朝，以换得安宁。这个想法当然是极其幼稚的。你越软弱，人家就越不把你当回事。

李煜是中主李璟的第六子，前面有5位兄长，他从未想过皇冠会落到他的头上，可是命运开了一个玩笑，只是因为他前面的兄长都不在人世，李煜才得以按照顺序封王，坐到皇帝的龙椅上。而此时的北方，不断强大，

开宝四年（971）十月，宋太祖灭南汉，屯兵汉阳，李煜非常恐惧，去除唐号，改称“江南国主”，并遣其弟郑王李从善朝贡。开宝五年（972）正月，李煜为了讨好宋太祖，下令贬损仪制，将“诏”改称“教”。改中书、门下省为左、右内史府，尚书省改为司会府，御史台改为司宪府，翰林改为文馆，枢密院改为光政院。降诸“王”为“公”，避讳宋朝，以示尊崇。这样一来，还能被对手瞧得起吗？

也就在这时，有商人向朝廷报告，宋军于荆南建造战舰千艘，请求派人秘密焚烧北宋战船，李煜惧怕惹祸，不置可否。结果，三年的时间里，南唐军队眼睁睁地看着对岸的宋军建造战舰、操练水军，自己却毫不作为。等到宋军“万事俱备，只欠东风”，南唐的灭亡也就是顺理成章的事了。

开宝七年（974）九月，已经解决了荆南、湖南、后蜀、南汉等割据势力的宋太祖赵匡胤，决定对已经称臣的南唐下手，在李煜拒绝入京后，宋太

祖任命曹彬为大将，率10万大军出荆南攻打南唐，并命吴越军北上策应，李煜无奈只能备战。同年十月，宋军攻下池州，李煜宣布停止沿用北宋年号，改为干支纪年，以示与北宋决裂。这时，吴越也大举进攻常州、润州（今镇江），李煜遣使质问吴越王："今日无我，明日岂有君？一旦明天子易地赏功，王亦大梁一布衣耳。"吴越王没有理他，转手就把李煜的书信交给了宋朝。

紧接着，宋军又攻克芜湖，在采石矶江面，曹彬率军搭起了浮桥，"系缆三日而成，不差尺寸，大兵过之，如履平地"（《续资治通鉴》），南唐士兵还没反应过来，宋军已经过江。

宋军渡江后，很快又攻克新寨、溧水，并在秦淮河边大败南唐主力军，兵临金陵城下。

开宝八年（975）二月，宋军攻克金陵关城，将金陵城包围起来。昼夜攻城，金陵米粮匮乏，死者不可胜数。李煜两次派遣徐铉出使北宋，进奉大批钱物，求宋缓兵，宋太祖说了一句狠话："卧榻之侧，岂容他人鼾睡。"十二月，金陵失守，李煜奉表投降，南唐灭亡。统治了38年的南唐政权至此结束，李煜被宋军押送至汴京。

战前，李煜以为长江水面宽阔，估计宋军大部队难以正面渡江，所以，继续在皇宫里诗词歌赋、寻仙问道，"军书告急，皆莫得通"。不料，宋军在夺占金陵要隘采石矶后，居然在江面上架起浮桥，过江如履平地。

长江天险，在失去人和之际，其实是不存在的。

身为亡国之君，李煜不忘故国，留下了很多脍炙人口的诗词，但最终在"问君能有几多愁？恰似一江春水向东流"的哀叹中，黯然离世。

江水有情亦无情。作为诗人，吟出"恰似一江春水向东流"如此温婉、优美诗句的人，对"一江春水"的感情非同一般。但作为一国之君，没有顺应历史的潮流，大江是不会屈就他的。

诗人江中泣望石头城，石头城似乎在说，早知今日，何必当初？

槛外长江空自流

——宋元时期的金陵大江

北宋160多年间，江南江北再次统一。江南得到了休养生息的机会，金陵大江安稳了100多年。用“槛外长江空自流”来形容，颇为恰当。

北宋时，江宁府的地位虽然较南唐时期有所下降，但仍然是东南地区重要的城市。“山川过雨晓光浮，初看江南第一州”是宋代著名诗人苏辙在《初至金陵》诗中的诗句，“江南第一州”即为金陵。

人们都知道张择端的《清明上河图》、王希孟的《千里江山图》，可能少有人知道宋代还有一幅堪称南京版的“清明上河图”——《金陵图》长卷，画得也很有水平。长卷的作者不详，原画已经不见，清朝乾隆年间，宫廷画师谢遂、杨大章、冯宁都曾仿绘宋院本《金陵图》，他们的仿绘作品流传至今。透过仿作，我们也能窥见宋朝江宁府繁盛的景象。10米多长卷上，山川城阙，市井风物，历历在目，绘有人物500多个，动物近百头，商铺宅院40多处，舟船车舆20多驾。画家采用散点透视构图法和极为细腻的写实笔触，描绘了宋朝时南京的秦淮市集与乡野景色。走进画卷，首先映入眼帘的就是乡野景色，这里有着连绵不绝的丘陵，车夫赶着驴马行色匆匆，农民在田间地头锄地，妇人在一旁纺织，一派祥和的田园风情。第二段秦淮市集是画卷的中心，这一段绘制的是今中华门到水西门一带的风光。当时的市场相当繁荣，南京人吃的种类也很丰富，饭馆、染坊、面店、酒楼、茶楼、粮店、油铺，勾栏瓦舍鳞次栉比，小贩游人川流不息。第三段又画了郊区，这里树木繁茂，牧童在林间嬉戏打闹，几位渔民聚在一块闲谈聚餐，渔船客船在秦淮河上行驶穿梭。《金陵图》虽然没有直接描绘大江，但透过秦淮河畔的景色，我们也能感受到金陵水乡风貌。

北宋名人王安石是金陵城的见证人。他曾三次任江宁知府，两度罢相后，定居在江宁。他在江宁生活了近20个年头。他喜欢金陵，也喜欢金陵的大江。他写道："京口瓜洲一水间，钟山只隔数重山。春风又绿江南岸，明月何时照我还？"（《泊船瓜洲》）王安石对金陵的喜爱之情，溢于言表。他写金陵："登临送目，正故国晚秋，天气初肃。千里澄江似练，翠峰如簇。归帆去棹残阳里，背西风，酒旗斜矗。彩舟云淡，星河鹭起，画图难足。"（《桂枝香·金陵怀古》）王安石描绘出了一幅意境壮阔的金陵秋江图。"往事悠悠君莫问，回头。槛外长江空自流"（《南乡子》），此作直接化用王勃《滕王阁诗》中的诗句作结，不仅起到了言有尽而意无穷的效果，而且传达出怀古诗的空灵美。

王安石的朋友苏轼也曾到过江宁，他与朋友登钟山，看到大江绕城，写下"峰多巧障日，江远欲浮天"（《同王胜之游蒋山》）的诗句。

北宋诗人周邦彦在江宁写下怀古词《西河·金陵怀古》："山围故国绕清江，髻鬟对起。怒涛寂寞打孤城，风樯遥度天际。"诗人化用刘禹锡的诗句，抓住金陵形胜的地形特征，写出了六朝古都的沧桑感。

南宋存世152年，基本上是在动荡与屈辱中度过的。宋室南迁，作为陪都的建康府处于抗金的第一线，建康长江的军事意义再次凸显。

北宋靖康元年（1126）冬，金兵攻破东京（今河南开封）。次年四月，在东京大肆勒索搜括后，俘徽宗、钦宗和宗室、后妃，以及教坊乐工、技艺工匠等数千人，携法驾、仪仗、冠服、礼器、天文仪器、珍宝玩物、皇家藏书、天下州府地图等北去，东京城中公私蓄积被掠夺一空，北宋灭亡，史称"靖康之难"。

1127年，残留的官员在北宋的南京（今河南商丘）拥立康王赵构为皇帝，这就是历史上的宋高宗。以宋高宗为代表的朝廷内外害怕金人，一味南逃，以江宁府为东都，1129年，高宗曾到江宁，改江宁府为建康府。

在南京，还流传关于他当初渡江的传说。

康王赵构是宋徽宗的第九个儿子，曾作为人质被拘于金营。传说他带着徽宗、钦宗二帝的血诏，在雁门关总兵崔孝的救助下，逃出金营。金兀术亲自率领骑兵尾追不放。赵构逃到建康江边时，坐骑被金人射死。就在他自叹命运不济、束手待缚之际，忽见树林中一个牵着马的老道向他走来。道人将吓得浑身发抖的赵构扶上马去，手指东南方，叫他赶快过江。赵构飞马来到江边，只见大江滚滚东去，无舟可渡，而金兀术的追兵就要赶到了。赵构咬咬牙，闭着眼睛往马屁股上狠抽三鞭，这匹马便跃入江中。说来也怪，马儿在江中如履平地，顷刻之间就过江上了岸。而金兀术及其骑兵则被大江挡住，赵构这才长舒了一口气。突然，坐骑一撅屁股，将他掀倒在地，向林中一溜烟跑了。此地后来被称为“走马巷”（今泥马巷附近，仍有走马巷之名）。赵构想，跑了马可如何继续赶路呢？于是走进林中寻找此马。马未找到，却发现了一座古庙，庙门上方书“崔富君庙”4个字。赵构进门一看，庙主崔富君酷似送马给他南逃的道人。再一看崔富君手中牵着的泥塑马，浑身上下湿淋淋的，转到马后一看，屁股上三条血淋淋的鞭痕犹在。康王见到救自己性命的人和马匹竟是神灵，立即转忧为喜。赵构当上皇帝后，重修了崔富君庙，并赐“泥马庙”3个字。现在泥马庙虽已无存，但这“泥马巷”之名，却保存了下来，现在的泥马巷东起绒庄街，西至评事街。传说这里就是“泥马渡康王”的遗址。清代道光《金陵览胜诗考》称：“泥马巷　宋高宗南渡避难，骑马渡江，至此始知为泥马。”不过，关于泥马渡康王的故事版本有很多，此为一说。

赵构本来信誓旦旦，要恢复山河，但听到金兵南下的消息时，逃到了杭州，留下懦将杜充担任建康留守。当时驻守在建康的宋兵有十几万，如果对垒的话，不一定就失败，金兵从和州马家渡渡江，打到建康附近，杜充才派兵阻止。杜充看到阻挡不了，渡江后就投降了。

宋建炎三年（1129）十月，金兵撤退到建康后，只有岳飞、韩世忠在建康地区坚持抗金。岳家军在下关的靖安镇打败金兵，又在牛首山与金兵决战，金兵大败。岳家军歼敌3000多人。

宋建炎四年（1130），在南京的江面上发生了一场著名的水战——黄天荡之战，宋军名将韩世忠以少胜多，给金军以沉重打击。

南宋绍兴十一年（1141），宋金议和。两国疆界，东以淮水中流，西以大散关（今宝鸡）西南为界自淮而西，宋金形成对峙局面。

20年过去了，金主完颜亮不甘心，违约南侵。金大定元年（1161），金主完颜亮率兵60万，分四路大举进攻南宋。十一月，完颜亮亲率39万金兵占领和州，欲攻克采石后南下。危急之际，前来犒军的中书舍人虞允文挺身而出，指挥1万多宋军于采石大败完颜亮，取得辉煌的胜利。此战是史上著名的以少胜多的战例，挽南宋于既倒。毛主席读史至此，写下批语称赞："伟哉虞公，千古一人！"

南宋时期，面对国土分离，江山破碎，诗人们愁苦不已。他们常常站在南京的大江边，遥望北方，失望、悲愤。"金陵城上西楼，倚清秋。万里夕阳垂地大江流。　　中原乱，簪缨散，几时收？试倩悲风吹泪过扬州。"（朱敦儒《相见欢》）"楚天千里清秋，水随天去秋无际。遥岑远目，献愁供恨，玉簪螺髻。落日楼头，断鸿声里，江南游子。把吴钩看了，栏杆拍遍，无人会，登临意。"（辛弃疾《水龙吟·登建康赏心亭》）"黯黯江云瓜步雨，萧萧木叶石城秋。孤臣老抱忧时意，欲请迁都涕已流。"（陆游《登赏心亭》）这些诗歌的底色都是感伤的，表达了收复山河、统一国家的强烈愿望。

南宋偏安一隅，风雨飘摇，终被忽必烈所灭，历史进入元朝。

蒙古是一个马背上的民族，擅长骑马射箭。可是，蒙古在与南宋的战斗中逐渐悟道了水军的重要性，所以，建立了一支强大的水军，后来采取沿江而下的战术，从攻克襄阳开始，水陆军配合，在芜湖击败了南宋水军的主力，使得南宋长江下游防线失去作用，最终占领江南地区。

元朝统一后，看到南方粮食运到大都（今北京）特别艰难，便开辟了海上航行线路。在集庆的大江边龙湾构筑粮仓40多座，主要收受江西、湖广二省以及本路州县的税粮，然后由海道运往大都。元代在龙湾屯兵2000余人。此外，还在江边设立大城港（即明代的大胜关）水站，负责接送执行公务的官员和运输朝廷所用物资。元代以此为起点凿阴山运粮河联通秦淮河与大江。

元朝诗人到了金陵后，继承唐人的传统，继续怀古。萨都剌的《满江红·金陵怀古》是怀古诗的代表作，他写道：“空怅望，山川形胜，已非畴昔。”他又在《念奴娇·登石头城次东坡韵》中写道：“蔽日旌旗，连云樯橹，白骨纷如雪。一江南北，消磨多少豪杰。”“一江南北，消磨多少豪杰”是诗中的金句，诗人借怀古表达了对和平的渴望之情。白朴的《沁园春》，“长江，不管兴亡，漫流尽英雄泪万行”，也表达了对大江之上战争不断的厌倦之情。汪元量的《石头城》，“地接汴淮山北去，江吞吴越水东来”，则是写出了金陵大江不凡的气势。

风云际会

——明代的金陵大江（上）

对朱元璋来说，长江是幸运之江、胜利之江。

对于大明来说，长江是走向海洋的开放之江。

明朝存在276年，金陵大江继六朝之后，再次迎来开发的高潮。

当年朱元璋渡江的决策是英明的。朱元璋本来没有水军，收编了俞通海领导的巢湖水师后，采纳了李善长、冯国用的建议，决定背水一战，渡江取太平。结果，在采石矶打败元军，成功渡江。

后来，朱元璋以南京为据点，与陈友谅在长江上展开了3次大战：至正二十年（1360）的龙湾大战、至正二十一年（1361）的江州（今九江）大战、至正二十三年（1363）的鄱阳湖大战。朱元璋三战皆胜，一步步走向权力的最高峰。

渡江

想当初，如果他不是孤注一掷，渡过大江，也没有后来的朱家江山。

朱元璋渡江的时候，参军才3年。由于郭子兴的器重，当上了指挥将领。当时和州城有3万士兵，粮饷供应紧张，在几次击退元军的进攻后，城内发生了饥荒。如果再坚守下去，不等到元军来进攻，和州城就会因缺粮而坍塌。朱元璋想到了长江对面的江南。和州正对面就是太平（今当涂）。太平南靠芜湖，东北达南京，东倚丹阳湖。湖周围的丹阳镇、高淳、宣城都是产米区。只有过了长江才有粮食吃。于是，朱元璋下定决心要渡江。可是渡江需要船，哪里来那么多船？他想到了巢湖上的造反帮白莲教教徒赵普胜、李普胜，他们拥有一支活跃在巢湖上的水师。经过一番动员，二人都答应一起渡江。1355年农历六月初一，朱元璋要求出征将士的家属全部留在和州，从采石矶发动进攻。守卫采石矶的元军从未想过朱元璋还会有水军，惊慌失措之下很快就被朱元璋的舰队攻陷了。渡过长江的朱家军势如破竹，一路凯歌，1356年四月，朱元璋攻占了集庆（今南京），元行台御史大夫福寿兵溃自杀，朱元璋的军队一下子新增加了10万人，朱元璋下令改集庆为应天府，并以应天府为根据地，对抗陈友谅与张士诚。

龙湾大战

渡江5年之后，朱元璋在集庆的江边迎来了龙湾大战。

龙湾在南京的何处？即当时秦淮河的入江口，位于卢龙山（今狮子山）西、仪凤门外。这一带从宋代以来一直都叫龙湾。陆游在经过南京江面时记录道："五日，大风，将晓，覆夹衾，晨起凄然如暮秋。过龙湾，浪涌如山。望石头山不甚高，然峭立江中，缭绕如垣墙。凡舟皆由此下至建康。"（《入蜀记》）

陈友谅原本是元末农民起义军领袖徐寿辉的手下，然而，陈友谅野心勃勃，杀死了徐寿辉，掌握了徐寿辉部队的兵权，于1360年在武昌（今武汉）登基称帝，建立陈汉政权。他看到朱元璋在应天盘踞，就想到先灭掉朱元璋，再扩大势力范围。于是，他仗着自己的兵多，水军力量强大，开始进攻应天府。而朱元璋企图说服盘踞在苏州的张士诚，一起与陈友谅对抗，可是张士诚不理会，但他也不帮陈友谅，张士诚没有一统天下的志向，只想守着自己所占据的地盘，偏安一隅。面对这样的形势，有人建议朱元璋收复太平，有人劝说朱元璋丢掉应天，弃城而逃，保存自己的实力，有人建议朱元璋退守钟山，还有人建议朱元璋投降陈友谅算了。关键时刻，朱元璋采纳了刘基的建议，与陈友谅在大江之上决一死战。

陈友谅率60万大军，浩浩荡荡向应天逼近，而此时朱元璋只有20万人。

当陈友谅的部队经过大城港时，发现有朱元璋的部队，就来进攻。大城港为南京城西南诸水注入长江之处，江流险厄。朱元璋安排了大将杨璟在此把守。双方打了一战，陈友谅看到并没有取得优势，就收兵往江东桥方向压去。

陈友谅的部队为何向江东桥压去？原来，朱元璋听从刘基的建议，让陈友谅的老朋友康茂才写信给陈友谅，引诱陈友谅来江东桥。康茂才在信中告诉陈友谅龙湾是朱元璋的弱点，从这里最好上岸，以消灭朱元璋的主力。那里有江东桥，是一座独木桥。你们到了这里，我康茂才就出来接应。陈友谅接信后，放松了警惕，相信了康茂才的话。等陈友谅到了江东桥后，才发现江东桥并不是什么独木桥，而是坚固的铁石桥，陈友谅依照信上的约定，呼唤康茂才好几声，可一点反应也没有，这才意识到自己上当了，但已经来不及了，守卫在江东桥的朱元璋部队突然杀出来，陈友谅只好率军向江中退去。就这样回去，陈友谅绝不甘心，这一仗必须得打。于是，他又率军向下游龙湾方向前进。

朱元璋在龙湾已经做好了充分的准备。等陈友谅靠近龙湾，冯国胜、常遇春的伏兵迅速杀出，徐达的部队很快赶来，张德胜、朱虎的水师也前来作战。陈友谅的战舰很多搁浅在江滩上。朱元璋部队一鼓作气，乘胜追击，陈家军被杀死、淹死的不计其数，被俘的就有2万多人。陈友谅乘小船逃到了九江。朱元璋还缴获了“混江龙”“塞断江”“撞倒山”“江海鳌”等战舰百余艘，大获全胜。

龙湾战役是朱元璋与陈友谅争霸战的转折点，在这场战役中，朱元璋以弱胜强，以少胜多，一举击溃陈友谅，转危为安。同时，他收复了不少被陈友谅占领的城池，使得势力开始扩大。所以说，龙湾战役为朱元璋取得最后的胜利奠定了基础。

朱元璋对龙湾大战念念不忘。有一次，已经当上皇帝的朱元璋和大臣们一起登上卢龙山，回忆起与陈友谅作战的情景，他写道：“昔伪汉友谅者来寇，朕以黄旌居山之左，赤帜居山之右，谓吾伏兵曰：赤帜摇而敌攻，黄旌动而伏起。当是时，吾精兵三万人于石灰山之阳，至斯而举旌帜，军如我约，一鼓而前驱，斩溺二万，俘获七千。观此之山，岂泛然哉！”（《阅江楼记》）翻译一下，意思为，以前伪汉时的陈友谅来侵犯，我把黄色旌旗放在山左，把红色小旗放在山右。我对伏兵们说，红色小旗一摇动表示敌人进攻，黄旗摇动表示伏兵出击。那时我把精兵3万人埋伏在石灰山的南面。敌人进攻了，我举黄旗，伏军照我的命令，一鼓作气，勇往直前，斩杀两万敌人，俘获7000人。这座山可是我军的福地啊！

朱元璋还把卢龙山改名为狮子山，曾一度想在山顶上建一座阅江楼，以壮国威。不过，他后来又改变主意，不建了。

朱元璋是一位在实战中成长起来的军事家，这从他建设龙湾城、虎口城就可以看出来。《明太祖实录》记载：元至正二十年冬十二月，“筑龙湾虎口城”。龙湾与虎口是一座城，还是两座城，学术界有不同看法。其实，它们是两座堡垒，虎口城位于上新河口，而龙湾城在狮子山下。孙炎是朱元璋早期身边的重臣，他曾写过一首题为《龙湾城》的诗：“龙湾城，壮如铁。城下是长江，城头有明月。月色照人心不移，江水长流无尽时。”这首写龙湾城的诗意境远阔，气势不凡，表现出了大明建国之初蒸蒸日上的新气象。

沉江瓜步

1366年，朱元璋派廖永忠迎接韩林儿到应天府，廖永忠一行到达瓜步附近的江面时，船沉了，韩林儿溺水而死。关于他的死亡，是意外，还是被朱元璋谋杀，历史上有不同意见。我认为，小明王的死一点也不意外，肯定是被廖永忠故意害死的。究竟廖永忠是完成了朱元璋交给他的任务，还是他看朱元璋的脸色行事，那只有他们两个人知道的秘密了。

这件事，到此还没有结束，这关系到廖永忠后来的命运。

廖永忠原是巢湖水师的将领，元至正十五年（1355）廖永忠和他哥哥廖永安带着手下水军和战船一起投奔朱元璋。起初，朱元璋在为没有水军和战船，过不了长江而发愁，廖氏兄弟的加入解了他的燃眉之急。此后，兄弟二人跟随朱元璋屡次大败元朝水军，先后攻占了采石、太平、芜湖等地，战功卓著。

1358年，廖永安被张士诚所俘，囚禁而死。廖永忠接替了他哥哥的职务，之后经历了很多战事，尤其是鄱阳湖水战，大败陈友谅。在陈友谅死后，廖永忠带兵征讨陈友谅的儿子陈理，堵住了陈理的去路，陈理出入无门，只好投降。此战过后，朱元璋赐廖永忠八字牌匾“功超群将，智迈雄师”，以示嘉奖。接着，廖永忠平广西，灭明夏，可谓战功赫赫。

朱元璋称帝之后大封功臣之时，按照廖永忠的功劳完全可以封个公爵，然而耐人寻味的是，只封了他一个侯爵，理由是“擅自揣测圣意”。廖永忠本以为自己有大功于皇上，没想到只是封了个侯，觉得自己受到了不公平对待，常常在家里大放厥词。

大明建国之初，朱元璋大开杀戒，轮到了廖永忠。

朱元璋第十七子朱权的著作《通鉴博论》记载，小明王韩林儿是被廖永忠沉溺于瓜洲江中的，“丙午岁，廖永忠沉韩林儿于瓜埠。太祖恶永忠之不义，后赐死”。洪武八年（1375），有人举报廖永忠家中藏有龙凤图案的衣服，朱元璋借题发挥，抓了廖永忠。朱元璋问他是否知罪，廖永忠的回答颇耐人寻味：“天下已定，臣岂无罪？”（俞本《纪事录》）朱元璋听后勃然大怒。

那么多大臣都被杀了，你廖永忠算什么呢?

杀!

这就是心狠毒辣的朱元璋！所以，小明王是怎么死的，不难得出结论。

拥江筑城

朱元璋定都南京后，对南京城进行了一番重新规划与建设，在六朝建康城和南唐金陵城的基础上，依山脉、水系的走向筑城。朱元璋筑的明城墙包括宫城、皇城、京城和外郭城四重城墙。明城墙的营造一改以往取方形或矩形的旧制，得山川之利，控江湖之势。南以外秦淮河为天然护城河，东有钟山为依，北有后湖为屏，西纳石城入内，形成独具防御特色的立体军事要塞。江边的外郭城门包括外金川门、上元门、佛宁门、观音门，将幕府山、象山、老虎山等沿江山脉作为天然屏障，江东门的设置则是利用了长江之险。神策门、金川门、钟阜门、仪凤门等则将狮子山等险要之地都括进了城内。朱元璋规划的城墙，奠定了南京城市的大格局。

朱元璋修筑明城墙所用的城砖来自长江中下游地区，长江是主要的运输通道。当年参与烧砖的地区有今天的江苏、安徽、江西、湖南、湖北5省。砖窑一般依水而建，既方便制砖，又利于运输。烧制好的城砖通过河流、湖泊等大小长江水系，顺流而下到达南京。据《明会典》记载："洪武间，令各处客船，量带沿江烧造官砖，于工部交纳……如有倚托势豪及奸诈之徒，不行顺带者，拏送究问；回船查无砖票者，拘留送问。"当时从长江来的船只，只要经过南京都必须捎带城砖，大一点的船就多带一点，小一点的船就少带一点，然后由官方开具一个证明，证明你的船运了城砖，凭着这个证明回去，当地政府才不追究。正如南京城墙保护管理中心周源博士所说，从某种程度上来说，南京明城墙确实是从长江上"漂"来的。

明代对金陵大江沿岸进行了历史上最大规模的开发。比如，在长江沿岸建立了龙江关、大胜港、江东门、上新河、中新河等港镇。

明代在江边设立龙江关（今下关一带），由于秦淮河、金川河汇聚于此，大江边舟楫林立，热闹非凡，朝廷文武大臣多由此上下官船，朱元璋也多次到龙江码头迎送为国立功之臣。

特别值得一提的是洪武年间，在城西沿长江开了上、中、下三条新河，以增加秦淮河入江通道。这三条河所在的位置都在古白鹭洲地区。上新河镇一带"市廛辐辏，商贾萃止，竹水油麻，蔽江而下，称沿江重镇"。可以说，这里是今南京河西地区最早的繁盛之地。

明代出于防卫需要，在浦子山依山筑城，称为"浦子口城"，大体位于今天浦口东门镇和南门镇一带。明代还设置江浦县，屯有重兵以保卫京师，同时设有东仓和西仓等大型粮仓。

明代，南京是江南的文化中心。每三年一次的乡试，举办之年老百姓称之为"大比"之年，两江（时称安徽为"上江"，江苏为"下江"）各县、州、府的秀才云集江南贡院应试，考中者即为举人。参加乡试之前，报考人必须通过预试。预试的场所，称为“考棚”，南京设置上江考棚和下江考棚。上江考棚为安徽考生的场所，原先位于朝天宫，清同治年间被迁往老城南的三条营，后又经历多次的搬迁。下江考棚为江苏考生的场所，位于今中华路东侧。

由于贡院地处秦淮河之畔，士人云集，佳丽如云，灯红酒绿，这里成了江南地区著名的娱乐冶游之地。

感恩大江

朱元璋一直对大江心怀感激之情。

朱元璋的发迹，与长江有着密切的关系。当年，他如果没有渡江之志，也就不可能在南京建立政权。后来，他驰骋于大江之上，经过龙湾、鄱阳湖等大战，终于打败了陈友谅，建立了大明政权。因此，朱元璋对长江有着非同一般的感情。据明代吴中四才子之一的祝允明《野记》记载，传说朱元璋当年渡江时，眼看船就要翻了，一根桅杆救了他的命。为此，建国后的朱元璋命令将这根桅杆放在清凉门外的江边供奉起来，还建了祠堂，让当年乘船的士兵后人看守，他自己经常到这里祭拜。

长江对这位出身贫寒、但气魄非凡的明朝开国皇帝是厚待的，而这位皇帝对长江是感恩的，他选择了长江边的南京作为都城，再一次将南京带到历史的大视野中，虽然有明一代，在南京建都只有50多年，但其影响是深远的。后来两百多年的陪都地位，也彰显了南京独特的政治、经济、文化地位。朱元璋亲自规划的亲近大江的南京城市格局，直到600多年后的今天，依然闪耀着光辉。

在朱元璋时代，江与城得到了完美的融合。

南京城，感谢朱元璋！

奔向海洋

——明代的金陵大江（下）

我一直有一个疑问，出生在云贵高原上的郑和，为什么痴迷大海？而且先后7次走向茫茫大海，最后也死在海外。这是他主子朱棣的因素，还是郑和自身的因素？

朱棣尽管是靠武力夺取了皇位，可是他做皇帝，真的不算差，甚至很有气魄。不做则已，一做就做最大。比如，他要刻一块巨大的石碑，来为他父亲树碑立传，遗憾的是由于这块石碑太大，难以运输，到现在还躺在南京的郊区汤山。他在南京城里建了一座大报恩塔，结果成了西方人眼中神话般的存在，被誉为世界奇观。他动用朝野上下2169人编写一部百科全书《永乐大典》。他下令建造的北京皇宫紫禁城，到今天为止仍然是世界上最为宏伟的宫殿之一。后人对明成祖朱棣评价最多的是四个字：雄才大略。我想，这个评价是适合他的。

他派郑和下西洋的举动，在当时可谓是石破天惊。郑和下西洋可不是凭几艘船，而是两百多艘，每次两万七八千人，而且一走，就是两三年。这是多么雄壮的队伍啊！可以想象一下，茫茫大海上的这支船队浩浩荡荡，气势非凡。

再说郑和。

郑和出生于云南昆阳一个回族家庭，开始并不姓郑，姓马名和。明洪武十四年（1381），朱元璋为消灭元朝在西南的残余势力，命令傅友德领兵30万进军云南。在那场战乱中，马和的父亲马哈只身亡。这一年，11岁的马和被明朝军队俘虏。大将军傅友德觉得这男孩聪明伶俐、有胆量，便留他在军中服役。1385年，14岁的马和随朱棣的军队辗转到了北方。在燕王府中，郑和受了宫刑，成为朱棣身边的近侍。因为赤胆忠心，战功卓著，深受朱棣信任和器重，赐姓“郑”。1402年，朱棣登上奉天殿皇帝宝座，宣布第二年为永乐元年。郑和与朱棣一同来到南京。从此，郑和的命运与南京紧紧地联系在一起，除了驰骋于海洋以外的大部分时间，他都驻守在南京。可以说，南京是郑和的第二故乡。有人推测，郑和的祖父、父亲都是伊斯兰教徒，曾经从陆路到过麦加朝圣。他从小就受到父亲海外视野的影响，长大后，也就有了到麦加朝拜的梦想。

郑和船队中最大的海船在船队中的地位相当于现代海军中的旗舰，供郑和船队的指挥人员、使团人员及外国使节乘坐。同时，用它来装运宝物，有明朝皇帝赏赐给西洋各国的礼品，也有西洋各国进贡明朝皇帝的贡品，还有郑和船队在海外通过贸易交换得来的物品，因此称为“宝船”。据《明史·郑和传》记载，最大的宝船长四十四丈四尺，宽十八丈，折合现今长度为151.18米，宽为61.6米。船有4层，船上9桅可挂12张帆，锚重有几千斤，要动用200人才能启航，一艘船可容纳千人。郑和下西洋船队，船队规模宏大，组织严密，是一个功能齐全的小社会，船师、水手、医官、厨师、翻译等，各类专业人才应有尽有，是世界上建立最早且规模宏大的远航船队。

永乐三年（1405）7月11日，在南京下关的江边，帆樯如林，锣鼓喧天，彩旗飞扬，郑和船队扬帆启程，往江苏太仓的刘家港驶去，再至福建长乐太平港驻泊，伺风开洋，开始第一次下西洋的历程。从1405年到1433年的28年间，郑和7次率船队远航西洋，航线从西太平洋穿越印度洋，曾到达过爪哇、苏门答腊、苏禄、彭亨、真蜡、古里、暹罗、阿丹、天方、祖法尔、忽鲁谟斯、木骨都束等30多个国家或地区，最远到达西亚和非洲东岸。如果以郑和1405年的第一次下西洋算起，他比哥伦布发现美洲大陆早87年，比达·伽马早93年，比麦哲伦早114年。郑和船队的船舶技术之先进、船只吨位之大、航程之长、航海人员之众、组织配备之严密，在当时世界是独一无二的。

郑和第六次出洋回来，明成祖病逝征北途中。仁宗即位，下令停止远航，但仁宗即位不到一年就病逝了，宣宗即位。郑和一再上书要求下西洋。

宣德皇帝看到当下来朝贡的国家越来越少，不由地怀念起祖父永乐帝时下西洋的盛况。宣德五年闰十二月六日，也就是1431年1月19日，宣德皇帝令郑和第七次下西洋。那一天，沉寂多年的南京龙江湾钟鼓齐鸣，鼓乐喧天，以清和、惠康、长宁、安济、清远为首的郑和舰队，阵容强大，气势如虹。大小200多条船只满载丝绸瓷器、奇珍异宝，承载27000人，直奔长江出海口。郑和船队越过赤道，到达非洲最南端，接近莫桑比克海峡。当船队返回古里时，也就是现在印度的卡利卡特，郑和操劳过度，一病不起，于宣德八年（1433）病逝。这一年他62岁。船队的另一位头领王景弘接过郑和的指挥棒，率领大明船队踏上归国之途。1433年7月27日，宣宗皇帝诏令，停止下西洋事务。

郑和为什么要下西洋？很多种说法，有的说是为了寻找建文帝；有的说是为了寻宝；有的说是为了“耀兵异域，示中国富强”；有的说是为了“万国朝贡”；有的说是“宣德化而柔远人”；有的说是为了宣传明朝的国威；有的说是到麦加去朝圣。

郑和究竟有没有到过麦加？郑和下西洋时，洪保是郑和的副手。2010年，洪保墓与其生前所刻的“寿藏铭”在南京江宁被发现，刻于宣德九年（1434），根据“寿藏铭”记载，第七次航海，郑和只是派了一个小分队去了麦加，并明确说此前从未有官方人员去过。由此推测，郑和本人并没有到过麦加。

郑和在南京生活近30年，留下的遗迹有十几处。

永乐五年（1407），郑和船队完成了第一次下西洋任务，回到南京，受到了明成祖的嘉奖。郑和奏请朝廷在南京敕建龙江天妃庙。永乐七年（1409），明成祖赐给龙江天妃庙庙额。

永乐十四年（1416），郑和四下西洋回国，朱棣亲自撰写碑文，在天妃宫中立下“御制弘仁普济天妃宫之碑”，这块碑至今保存完好。

郑和随朱棣来南京后，就住在马府街，直到今天，这个地名仍在。南京还在马府街郑和府邸遗址上建了一座公园，取名“郑和公园”。公园内陈列了与郑和有关的文物、图片、书籍，还立了一座汉白玉郑和雕像。

大报恩寺是朱棣为了纪念自己的生母碽妃下令建造的巨大工程，建了十几年没有完成，郑和第六次下西洋回南京后，朱棣把建造的任务交给郑和。作为南京的守备太监，郑和精心组织，宣德五年（1430）左右，大报恩寺终于建成。

净觉寺初建于洪武年间，建成不久，便毁于火灾。郑和在第七次下西洋前夕，奏请宣宗皇帝重建这座清真寺，并在修成后请求皇帝允许他的子孙世代守寺。皇帝批准了郑和的请求。净觉寺是南京最古老，也是最宏伟的伊斯兰教清真寺，部分建筑今天依然保存完好。

郑和的头发、牙齿、靴帽，被他的“战友”王景弘带回来后，安葬在南京城南的牛首山麓。明清以来，周围郑姓村民世代祭扫。现在的郑和墓是1985年改建的，为江苏省文物保护单位。

郑和航海的船在哪里制造？经过最近几十年的考古，宝船厂遗址找到了，就在南京的江边，现在的鼓楼区漓江路57号。“宝船厂”的地名已经存在几百年。1957年在南京中保村发现的大舵杆为人们确定宝船厂遗址提供了重要的线索。2003年7月至2004年8月，南京市博物馆对当年造船的作塘（船坞）进行了考古发掘，出土了舵杆、船板、造船工具、生活用具等文物千余件，并发现34处造船遗迹。尤其是2根长度分别为11米和10.1米的舵杆，特别引人注目，表明当年的船体非常巨大。专家推测，明代，宝船厂一带江汊纵横，芦草连天，地势开阔，直通长江，开作塘7条，船舶在此造好之后，将作塘灌满江水，凿开与长江（夹江）相邻的“坞门”，船舶即可驶进长江，继而入海远行。宝船厂遗址是世界上现存规模最大的皇家造船厂。目前已经建成宝船厂遗址公园，是全国重点文物保护单位，也是中国海上丝绸之路项目遗产点之一。

郑和是中国历史上一位伟大的航海家，也是让中华文化第一次在海外得到大规模传播的领航人。郑和七下西洋，是我国航海技术发展使然，也是世界文明交流的形势使然，更是明朝国力的充分展示。它客观上提高了明朝的国际威望。郑和每次出使都会带去丝绸、瓷器等，返回时又带回各种动植物、药物等，促进了中外文明的交流。所以说，郑和是连接长江与大海的第一人，也是连接金陵与大海的第一人。梁启超说：“郑和之后，再无郑和。”这句话有两层含义：一是说郑和太了不起，前无古人，后无来者；二是说再无郑和壮举，实在是一件遗憾的事。

在郑和的最后一次航行中，一位16岁的南京少年巩珍，作为郑和的幕僚随船队远航。巩珍从孩童时起就经常听人们传颂郑和下西洋的盛事，他还曾几次和小伙伴们一起跑到下关江边迎接郑和船队，后来有幸加入郑和第七次远航的船队，并平安返回南京。

巩珍对此行途中的山川形势、人物风俗、物产气候等，都一一作了忠实而详尽的记录，写进了他的《西洋番国志》。他在自序中写道：“其所乘之宝舟，体势巍然，巨无与敌，篷帆锚舵，非二三百人莫能举动。”巩珍是我国一位较早放眼看世界的人。他写的《西洋番国志》与马欢所撰的《瀛涯胜览》、费信所撰的《星槎胜览》，并称为记载郑和下西洋史实的三部最重要的史料。《明史·外国传》主要依据巩珍的《西洋番国志》修撰。

远涉重洋的三年海上生涯，使巩珍终生难忘。晚年他曾登下关狮子山夜眺，抚今思昔，心潮起伏，忆起当年随同郑和船队遍访异国情景，写下了《卢龙山夜眺》一诗：

北斗挂城头，长江日夜流。
狮王蹲不动，鲸吼海天秋。

这首短短的小诗，不仅有大江、北斗的意象，还出现了海天、鲸鱼这些与大海有关的意象，使得这首诗意象新奇，意境远阔、恢宏，如果没有海上的经历，是写不出江海意象叠加的诗来的。

1983年，中国政府将南海海域离马欢岛以东20海里一珊瑚礁命名为“巩珍礁”，以纪念这位航海家。

波诡云谲
——清代的金陵大江

清朝从努尔哈赤建国算起，存世296年，是中国历史上最后一个王朝。从康熙帝即位开始，一直延续到1796年，这130多年是清朝最为强盛的时期，俗称“康乾盛世”。这期间清朝度过了一段强盛、安稳的日子，从乾隆后期，尤其是道光开始国势衰微。金陵大江之上可谓是波诡云谲，内外交困，摇摇欲坠。从外部看，西方列强从海上杀入长江腹地，逼迫清政府签订了一系列不平等条约。从内部看，太平军顺江而下，占领南京达10年之久。到了晚清，辛亥革命风起云涌，最后埋葬了清王朝，中华民国在南京宣告成立。金陵大江见证了历史大变革。

雄师十万气吞吴

缟素临江誓灭胡，雄师十万气吞吴。
试看天堑投鞭渡，不信中原不姓朱！
——《出师讨满夷自瓜州至金陵》

这首诗的作者是郑成功。这是当年郑成功率大军溯江而上，自瓜洲至金陵途中所作。诗写得极有气势，表达出了诗人反清复明的雄心壮志，遗憾的是，决心归决心，愿望最终没有能实现。

顺治元年（1644），清军入关后，李自成率大顺军西撤，而明朝的福王朱由崧在南京称帝（年号弘光）。大清、大顺和弘光政权三足鼎立。清军巩固京师之后，挥师西北消灭了李自成的大顺军，接着攻占南京结束了弘光政权。但南明方面的抗清活动并未结束。郑芝龙、郑成功父子以福建沿海的金门、厦门为基地，高举复明大旗，进行抗清活动。清军的水师力量薄弱，无法与郑军抗衡。

1645年，清军占领南京后，郑芝龙等人在福州拥立唐王即位，被封南安侯。但郑芝龙见清朝势力渐渐大起来，便前往福州归降清廷。他的儿子郑成功劝父亲不要相信清朝的承诺，但他还是投靠了清王朝，最后被清廷杀害。

郑成功，为郑芝龙长子，幼年时一直生活在日本平户，母亲田川氏是日本人。21岁进入当时的最高学府南京太学读书，拜钱谦益为师。郑芝龙降清后，大批部将相继投降，但郑成功坚持抗清。他利用水军优势，先后攻占了漳州、舟山、揭阳等地，闽、浙、粤三省海域都成了他的势力范围。他渐渐把目光锁定在了江宁。他对江宁的地形是熟悉的。郑成功的计划是先占领江宁，以江宁为根据地恢复东南半壁江山，而后挥师北伐。

顺治十五年（1658），清军集中主力在云贵一带围剿南明永历政权，郑成功打听到江宁防御薄弱，决定进攻江宁。他率船队由舟山北上。由于对浙江海域并不熟悉，船队航行至羊山（今浙江舟山大洋山岛）海域时，遭到台风袭击，溺水而死8000余人，其中有郑成功的妃嫔和3个儿子。

一年后，不甘心的郑成功再次率领大军从浙江沿海出发北上。此时，郑成功拥有大小舰船3000余艘、将士10余万人。他首先攻占定海（今浙江舟山），全歼了清军定海水师，焚毁100余艘船只，消灭了清军的海上力量。接着，抵达吴淞口，开始往长江下游进发。到达长江江阴水域，清军紧闭城门，不敢出战。郑军长驱直入，很快攻下瓜洲，到达镇江水面时，镇江知府戴可进开城投降。郑成功大军顺利打开了通往江宁城的锁钥。

攻占镇江之后，郑成功的部将甘辉建议立刻派兵从陆路抄近道日夜兼程直取江宁，但郑成功没有采纳。从镇江到江宁城的短短距离，他们足足用了10多天时间，丧失了最佳的进攻机会。

郑军先是抵达城北的观音门外。接着又来到江宁城西北角的仪凤门外江边。他把大队人马驻扎在江宁内外城郭的观音、金川、钟阜、仪凤、江东、神策、太平等门外，共立83座营寨。在各处营寨安设大炮，准备了云梯、藤牌、竹筐、铁锹、凿子等攻城器械。郑成功在作战中过于依赖水师和战船，即使上岸扎营也习惯于选择离水较近的区域，以防不测向船上撤退。郑军由于兵力有限，对江宁城没有形成合围，为后来清军援兵进城埋下了隐患。

在接下来的10多天里，郑成功并没有对江宁城发动进攻，实令人匪夷所思。清军江宁防卫指挥官喀喀木和郎廷佐等人知道，凭自己手下这点人马，根本无法与郑成功硬拼。他们一面龟缩城中，一面派人前往北京、苏州、杭州等地紧急求援。求援信中把郑成功军的声势描述得十分吓人：敌军共有20余万人，战船上千艘，士兵都是铁衣铁甲，箭射不透，刀枪不入。

在北京的顺治皇帝接连收到瓜洲、镇江失守和江宁危急的报告，惊慌失措。他意识到，一旦江宁再失，东南将不保。顺治乱了方寸，提出想回关外的东北老家避避风头，遭到他的母亲孝庄太后的痛骂。冷静下来的顺治派出安南将军达素等率八旗军由北京南下，前往江宁增援。而就在郑成功观望的十几天时间里，清军集结了近2万兵力，双方力量的天平正在悄然发生改变。

郑成功也意识到了局势的危险，放弃攻城，将军队收缩于城北高地幕府山东段的观音山，准备依托幕府山、观音山居高临下的地势，背靠江边的庞大舰队，抗击清军。就在郑军休息之际，清军梁化凤突然打开仪凤、神策二门，分陆上三路、水上一路，杀出城去，袭击郑军。不到半天时间，毫无准备的郑军多处营寨阵地相继被清军攻破，剩下的人马纷纷向江边溃散。经过两天激战，郑军水师遭受重创，损失了大小船只500多艘，死亡两万多人。郑成功下令全军退往镇江。观音山之战以郑军的惨败而告终。

兵败江宁，让郑成功意识到自己的陆战之短，此后也不再把大陆视作进军的主要方向。他将目光投向了与金门、厦门，以及隔海相望的台湾。1661年，郑成功率大军东渡台湾，并在次年迫使荷兰殖民者投降，收复了台湾。

江宁失败，但在台湾取得了胜利。此所谓“失之东隅，收之桑榆”。

不平静的静海寺

在南京的下关江边，有一座建于明代的古寺——静海寺。扬子江畔的古刹千万座，可是没有哪一座古刹像静海寺这样集辉煌与耻辱于一身。说它辉煌，是因为静海寺因郑和的壮举而建。那是明初永乐九年（1411），郑和第二次下西洋回国时，明成祖建此寺以表彰他的壮举。取名“静海”，即四海平静之意。那时的静海寺占地两万多平方米，有殿宇僧房80多间。

明代的静海寺，依江而建。身在静海寺，就可以看见滔滔江水。然而，沧海桑田，江水西移，我们今天所见到的静海寺距离下关的长江边已经有两三公里远了。

岁月悠悠，香烟袅袅。静海寺的确平静了400多年。然而，没有永远的静海。海欲静，风不止。大清帝国的海面上，出现了英国舰队。他们可不像郑和那样做谦谦君子。他们的大炮对准了郑和的祖国，这片古老、宁静的土地。

此时是1840年。当大英帝国在南海对大清王朝宣战时，道光皇帝慌忙问大臣，英国在什么地方，可有陆路相通？从北京城坐马车能不能达到英国伦敦？道光皇帝在扬威将军奕经的折子上批下4个问号：“该女主年甫22岁，何以被推为一国之主？有无匹配？其夫何名何人？在该国现居何职？”该女主就是缔造了“日不落帝国”辉煌的维多利亚女王。此时，闭关锁国的清王朝对外面的世界所知甚少。

清王朝的军队力量非常薄弱，常备军只有90万人，用的都是长矛大刀，沿海只有1000艘兵船。英国人很快摸清楚了清王朝的底细。他们疯狂叫嚣，只要一艘军舰就可以打败这千艘兵船。真是所言不虚。当英军炮打广州时，那位叫杨芳的将领竟然命令士兵用女人用过的马桶来对阵。战争的结局可想而知。

那时的静海寺，不知道有没有听见中国南部沿海不平静的炮火声？不知道当时有多少南京人知道英国在什么地方？不知道当时南京有没有人想到有一天英国舰队会开进扬子江？

来了，很快就会来的。

1842年6月，英军从浙江沿海侵入长江，攻打吴淞炮台。江南提督陈化成英勇抵抗，最后壮烈牺牲，上海陷落。

7月下旬，英军进攻镇江，守城官兵在副都统海龄的率领下，与英军进行了激烈的巷战，镇江失守。

8月4日，英军60余艘战舰满载着5000名士兵开进了扬子江，停泊在南京仪凤门外的草鞋峡一带江面上。战舰上的英国全权公使叫亨利·璞鼎查，领头的海军少将叫威廉·巴尔克。令他们喜出望外的是，他们在进攻南京时没有遇到任何抵抗。而此时南京城内不是没有军队，驻守南京的清军总兵力为8000余人。可是，一群乌合之众还敢抵抗吗？负守城之责的江苏按察使黄恩彤不懂军事，江宁将军德珠布已逾八旬，两江总督牛鉴从上海溃逃回来后，谈英色变。面对此情此景，最得意的就是那位璞鼎查了。他下令开始登陆。一路进军迈皋桥，另一路到达最高点紫金山，架上大炮，扬言要炮击南京城。牛鉴急忙致信璞鼎查，哀求英军不要攻城，并派人请钦差大臣耆英、前协办大学士伊里布来宁谈判。

道光皇帝一开始也不是主和的，他咬牙切齿地表示要与英国决战，但那时的大清王朝已经是一艘腐朽不堪的船，早已没有气势也没有能力去乘风破浪了。在坚船利炮的恐吓下，道光皇帝最终还是妥协了。在道光皇帝的授意下，耆英、牛鉴、伊里布只好出面和英国方面谈判，谈判的地点就在静海寺内。当时清政府官员竟然找不到一个会说英文的官员充当翻译，翻译只能由英国人担任。双方在静海寺谈了4次。在英军的软硬兼施下，清政府同意了英国人提出的全部条件。8月29日上午8时，耆英、牛鉴登上了“康华丽”舰的甲板。英国人为了庆祝他们的胜利，将“康华丽”号布置得像过节一样，水兵们都穿上了礼服。中英两国就在富丽堂皇的船舱里举行了《南京条约》的签字仪式。条约用中、英文分别书写，装订成册，一共缮写了4份。耆英、伊里布、牛鉴和璞鼎查4人在其中的两份上分别盖印签字，英军鸣放礼炮21响。9月下旬，英国舰队得意扬扬地开走了。

扬子江、静海寺蒙受了巨大的耻辱。

三国时代的孙权就曾将扬子江与海洋联系在了一起，他曾派舰队从石头城下的扬子江出发，到达了今天的海南岛、台湾岛及南洋群岛。而当时石头城下江面上停泊的有来自伊朗、印度及南洋诸国的船只。

明朝郑和带领他的庞大的船队，就是从南京下关的江面上出发的。他的船队先后七下西洋，拜访了30多个国家或地区，英国科学家李约瑟博士曾经惊叹明代中国的造船业已经远远走在了欧洲的前头。郑和的航海，对于沿途到达的那些弱小国家是那么的友好。而今，人家打到南京来，在紫金山上架着大炮，叫嚣：签，还是不签？这是怎样的一种反差？

金陵王气，长江天堑，钟山龙盘，石城虎踞，一切都已烟消云散。

《南京条约》开创了一个列强入侵中国的恶例。近代中国与列强签订的条约有1100多个，割地150万平方公里，赔款8次，累计10亿多银圆。

签约10年后，静海寺遭受了一场大火。大火烧掉了很多建筑，似乎烧掉了蒙受的巨大耻辱。幸好，静海寺没有彻底毁掉，它太有存在的价值了。它的存在，时时警示国人——

四海不平静，弱国无外交。

大江不太平

在风雨飘摇的年代，大江波澜涌起，很不太平。

就在《南京条约》签订的11年后，1853年1月，头扎红头巾的农民军从遥远的广西金田，沿着长江呼啸而下，此时的清政府已经没有什么阻挡之力。

洪秀全1851年1月在金田起义建立太平军时，全军仅有步兵万余人。他们研究过当时清王朝的地形，知道有一条横贯中华大地的长江，因此，他们的路线就是沿着长江往内地推进。没有船怎么办？他们就强征水上的民船。当然，一些社会底层的渔民本来就想造反，太平军来了，正好可以加盟。1852年12月13日攻下岳州后，就有5000船户带船参军。这些船户大多是从事水上运输的劳动者，此处，不少沿江的纤夫、码头脚夫因“终岁勤劳，未尝温饱”参加起义。太平军在沿长江转战中，水营不断壮大，1853年1月12日占领武昌时已经扩充为前、后、左、右、中5营，“其由武汉下江南也，帆幔蔽江，衔尾数十里”。当时太平军号称有50万人，据太平天国研究者说，其实大约有10万人。至1853年3月29日太平军攻克江宁时，水营已经增至9营，征用及俘获的船只不下万艘。时人张德坚写道：“帆幔蔽江，衔尾数十里，行则帆如叠雪，住则樯若丛芦，炮声遥震，沿江州邑，无兵无船，莫不望风披靡。”（《贼情汇纂》）

此时金陵城内的清军只有8000人，根本没有力量抵抗，只能依仗明代的城墙进行防守。太平军选定城北靠近长江边的仪凤门为突破口，采用穴地攻城法，将火药埋于城门下，同时用云梯向城西的几个城门发起攻击。太平军炸塌仪凤门附近城墙，数百名将士冲入城内，然后兵分两路，一往鼓楼，一循金川门、神策门，经成贤街直指小营，在黄家塘杀了两江总督陆建瀛。在城南防守的清军听说城北已破，总督被杀，不战而溃。接着，太平军数千人在林凤祥、赖汉英率领下，连夜登城，打开聚宝门（今中华门）、水西门、旱西门（今汉中门），占领了整个江宁城。

占领江宁后，是继续北上，还是立足江宁，天王洪秀全和东王杨秀清发生了争论。杨秀清主张攻下江宁，然后在此地定都；而洪秀全则认为全军北上，取河南为业才是上策。关键时刻，洪秀全身边的一位湖南老水手上前进言：“河南河水小而无粮，敌困不能救解。尔今得江南，有长江之险，又有舟只万千，又何必往河南？”也许是这位老水手的话发挥了作用，太平军最后就决定在江宁建都。

太平天国定都天京后，也很重视水军，将水营衙署设在天京江边的下关大王庙（今煤炭港）。水营负责江河水面的作战与护航，还承担着天京江防重任，为沿江战场建造维修船只，培养水手，运送粮食。沿江还设有三道水关，提中关、提头关和提下关，三关都有水营驻守，关外有营盘维护，每关设望楼，监视来往船只。

太平军虽然重视水军，但基础很差，虽然有船万艘，但绝大多数是民船，太平天国诸王和水营首领唐正财等人“不明船制，不娴战术”，对所辖船只管理混乱，“不分炮船、战船、坐船、辎重船，凡接仗皆出队”，最好的武器也就是自铸的200斤重前膛生铁炮、铜炮等，与那个时代的先进火炮相比严重落伍了。

清军知耻而后勇。长江上作战失利后，曾国藩、曾国荃兄弟领导的湘军开始训练水军，造战船。湘军水师建立之初就被赋予“肃清江面，直捣金陵”的任务。曾国藩更是以“必须选百练之卒，备精坚之械，舟师则船炮并富”的狠心，建设水师，并从广东购进威力大、射程远的西洋熟铁炮800尊装备战船。到1857年3月，湘军水师新式战船已达500余艘，各种火炮已达2000余尊。此外，湘军水师在编制上规定每营不同性能的船只相互配套，水手、炮手、桨工、橹工等分工有序，任务明确。这样一来，湘军的水军力量很快就胜过太平军。1857年10月，太平军水营在第二次湖口水战中被湘军彻底打垮，长江水道的控制权被湘军夺走。湘军庞大的水师驻扎在南京外城的观音门一带，水上的运输也被切断，进入江宁的水路粮道被封死。天京成为一座孤岛，最后陷落也就是必然的了。

太平军从1853年攻入江宁，到1864年被清军攻破，在江宁占领了十一年零四个月。据当时的文献记载，太平军攻入江宁后大肆杀戮，江宁城死伤众多，异常惨烈。《金陵省难纪略》载：“数百万生灵，城初破死者盖已不下数十万矣。”《时闻丛录·孙亦恬金陵被难记》载：“城中之人被戕者、自尽者不下数十万。”《中兴别记》也记载：“凡男妇暨侨寓，其无死责而执不辱之义者，水火沉经，顺若正命，盖不下数万人。”《清史稿》载：“贼破内城，屠戮尤惨，男妇几无孑遗”“城陷，皆死之。城中男女死者四万余，阉童子三千余人，泄守城之忿”。

清军攻入江宁城时，再一次血流成河，死亡十几万人。曾国荃搜杀太平军，史料上说，“毙贼十余万”。曾国藩在日记中记载：“三日搜杀十余万人，秦淮河畔尸横如麻”“城内伪皇宫、民房尽焚”“万室被焚，万物皆空，而贡院尚存”。湘军还在江宁城放火烧了七天七夜，城中大量房屋被焚毁，明故宫也被烧成了残垣断壁。有人写诗感叹：“十年壮丽天王府，化作荒庄野鸽飞。”（何绍基《金陵杂述》）

天京事变中，包括东王杨秀清在内的两万人被杀，随后，石达开带着10多万人出走。李秀成后来说：“那时朝中无将，国内无人，翼王将天朝之兵尽行带去。”

战前，江宁人口90万左右，但到了太平天国后期，城内只有六七万人。死的死，跑的跑，江宁几乎成了一座空城。1865年，李鸿章到此就任总督，看的是“金陵一座空城，四围荒田，善后无从着手……实则无屋、无人、无钱”。

十年之间，江宁城两遭劫难，实在令人痛心！

大江在呜咽……

江宁，这座历史上遭受多次屠城的古城，在劫难中慢慢重生，恰似“春风吹又生”的春草。

1899年，南京开埠，在被迫中开放，在开放中迎来了近代化的新生。

下关开埠

在1858年清政府与英法签订的《天津条约》中，南京被划为通商口岸，但当时南京正处于太平军的控制下，该协议无法实施。而此时，邻近的镇江、芜湖都已相继开埠。1898年，西方列强再次向清政府提出南京开埠的要求。而此时距离1858年签订的协定已过去40年。

1899年，金陵关在下关设立，标志着南京正式对外开放。1904年，两江总督周馥进一步明确商埠区的范围为“以惠民河以西，沿长江岸长五华里，宽一华里左右地带，为外国人开设洋行，设立码头货栈之地”。这是南京最早对外国工商业开放的地带。1905年，周馥奏请在下关建立商埠局，专门从事商埠地区的市政建设，并着手推动商埠商业及服务业的繁荣。下关商埠局的设立使商埠地区得以独立进行规划和建设，大大促进了商埠区的城市建设水平的提高。在商埠局的主持下，几年下来，卓有成效，以下关大马路为中心的商埠呈现出一派繁荣的景象。

晚清政府接受开明人士建议，建设南北大动脉——津浦铁路，1908年6月开工建设，1911—1912年全线筑成通车。而沪宁铁路线于1904年开工建设，1908年建成通车。这两条大动脉铁路线的建设，对于南京下关、浦口的发展起到了极为重要的推动作用。

晚清的大臣们面对西方列强入侵的事实，开始睁眼看世界。1905年底，端方曾作为“清廷五大臣”之一前往欧美、日本考察。端方对各国举办的博览会特别感兴趣，还专程去意大利考察了正在米兰举办的世界博览会及渔业赛会。回国后不久，端方即被清廷任命为两江总督兼南洋大臣。他赴南京上任后，便酝酿举办博览会。他的设想得到了以晚清状元张謇为代表的东南绅商的积极响应与支持。张謇曾参加过1903年的日本大阪博览会，并发动组建了参加1907年意大利米兰博览会及渔业赛会的中国代表团。

1908年12月7日，端方上报朝廷，奏请于江宁举办南洋劝业会，他说，“臣前年奉使欧美，察其农工商业之盛，无不由比赛激劝而来。自莅两江任后，时兢兢焉以仿行赛会为急务”，举办南洋劝业会将“专以振兴实业，开通民智为主意”。

要办一个盛大的展会，交通不便利不行。清末，下关已经成为重要的水路交通口岸，但通往城区的交通不方便。两江总督端方奏请朝廷，在南京兴建一条连接沪宁铁路、直达市区的铁路。这其实是真正意义上的城市轨道。朝廷很快批准了。端方于是委派江南商务总办王燮为工程总办，聘请英国人格林森为总工程师，开始实施。这项工程从1907年十月动工，到1908年十二月完工，1909年一月正式通车，命名为“宁省铁路”，造价白银40万两。当时，小火车从下关江边出发，跨惠民河、经栅栏门，从金川门入城，然后驶向三牌楼、丁家桥、无量庵（今鼓楼），再东拐至北极阁南麓，跨珍珠河，在今太平北路东侧折向南，走督署衙门（今总统府遗址）东墙外到中正街（今白下路）为止，全长11.3公里（一说12.5公里）。沿线设有江口站（位于今下关长航客运码头附近）、下关站、三牌楼站、无量庵站（位于今鼓楼附近）、督署站（位于今长江路）、万寿宫站（位于今白下路附近），共6个站点。载客列车南北对开，从根本上改变了南京城的交通状况，给南京市民带来了极大的便利。当时票价仅十文钱一站路，还可以带货，与此前的马车、小船等主要交通工具相比，既经济又快捷。

从南京下关开埠，到清政府寿终正寝，只有13年时间，这期间，南京也发生了很大的变化。其一，下关被迫开埠后，下关地区的市政建设有了快速发展，甚至超过了南京城内。商埠的市场繁荣，促进了经济的发展。其二，清政府决定修建津浦铁路、沪宁铁路，还在城区内修建了一条城际轨道，改变了南京城的交通格局，也让南京成了重要的枢纽城市。其三，清政府在南京举办了南洋劝业会，实际上是办了一次世界博览会，使当时追求近代文明的中国人大开眼界，在一定程度上起到了开化民智的作用。南洋劝业会，犹如天黑以前一道靓丽的晚霞，留给了后人很多怀想。

长江，埋葬王朝的战场

历史潮流，浩浩荡荡，不可阻挡。

清朝灭亡时，长江就是埋葬它的第一战场。

辛亥革命的第一枪就是在长江边的武汉打响的。辛亥革命首发武汉，与武汉的地理位置有关。武汉号称“九省通衢”，在清朝末年，汉口开埠和洋务运动的兴起，让武汉成为中国中部地区经济最为发达的地区之一。武昌起义后，清政府令陆军大臣荫昌迅速赶赴湖北，湖北各军及赴援军队均受其节制。荫昌令海军提督萨镇冰率领海军和长江水师，迅速开往武汉江面。萨镇冰曾多次率舰队出访日本、欧洲及美国，见识广，思想开放，他看到效力的清政府已经老朽，改朝换代是必然的了。这种情况下，他悄悄走人，自己到了上海。他一走，群龙无首，江上三大舰同时起义。在革命党人的鼓动下，停泊在南京江面上的南洋舰也宣布起义。至此，清朝海军几乎已全部倒戈。

长江，顺着历史的潮流，滚滚东去。

江浙联军经过7个昼夜苦战，终于在1911年12月2日光复南京。清军在长江上的最后一个据点被攻克。随后的革命党人最终选择了在南京建都。1912年1月1日，孙中山就任中华民国临时大总统。他先从上海乘坐沪宁铁路列车到达南京下关车站，然后改乘市内小火车直达督署站（后称“国府站”），再换乘马车进入原清朝两江总督署，就任临时大总统。

金陵大江，又一次见证了历史大变革。

潮起潮落
——民国时期的金陵大江

民国金陵大江云蒸霞蔚。

从晚清开始，金陵被迫开埠，南京下关首先受到西风东渐的冲击，客观上促进了南京下关与浦口地区的繁荣。尤其是津浦铁路、沪宁铁路的开通，金陵大江边成了中国南北交通的枢纽。南来北往的旅人，都要经过这里。加上南京江边下关开埠后，一些外国企业纷纷入驻，带动了下关江边商业的繁荣。从1927年国民政府定都南京，到1937年侵华日军入侵前，这段时间是金陵城市建设的十年黄金期，也是金陵大江开发的十年黄金期。

南有夫子庙，北有大马路

下关对面的浦口，是津浦铁路的终端，1911—1912年建成通车。下关火车站是沪宁线的起点，1908年通车。从下关到浦口，在火车轮渡建成前，有载客轮渡往来。1933年，下关建起了亚洲第一条火车轮渡，将津浦线和沪宁线连接起来，下关从此成为中国南北交通的咽喉。

民国作家倪锡英这样描绘下关的交通："下关，便是在挹江门和兴中门外的一个商埠地。它是位在南京城的西北角上，背后靠着浩浩的长江，南面是京沪铁路到南京的终结站，北门遥望着津浦铁路的起点；所以无论任何一个旅客，随他走的是水道或是旱道，从长江里坐船也好，从津浦、京沪两路坐火车也好，他们想到南京城里去，一定先要经过下关的。因此之故，下关处在这样重要的关系之下，它便变成了南京的水陆门户，总绾着南京交通上

的枢纽。”（《南京》）

下关的中心地带就是大马路。大马路兴于金陵关对外开埠后，繁荣于20世纪20至30年代。近代许多重大的历史事件和重要的开埠通商活动都发生在这里。整个街区东连铁路下关火车站，西临长江，南连建宁路，北至龙江路，总面积约20万平方米。当时，民间有“南有夫子庙，北有大马路”之说。

清末，金陵关宣布对外开放后，英、美、日、德等国商人纷纷在下关开设洋行、码头。建于1912年的英国企业和记洋行，是南京第一家外资企业，位于下关的宝塔桥。1911年，英国伦敦合众冷藏有限公司（又名“万国进出口公司”）老板韦斯特兄弟派大班马凯司，买办韩永清、罗步洲到南京，在下关金川河两岸一带征地，筹建公司。英国合众冷藏有限公司是当时世界最现代化的食品加工厂，在中国建有多个洋行，统称“和记洋行”，其中以南京的和记洋行规模最大。

1912年，英国人柏耐登在下关宝善街建造了扬子饭店，这是南京作为通商口岸正式对外开放后西方人开办的第一家宾馆。1929年，国民政府举行奉安大典时，扬子饭店为外交部招待各国专使的定点饭店。

民国期间建造的中山路则是一条改变南京城市布局的道路，它的起点就在江边的中山码头。1921年建造的挹江门则是中山码头与下关火车站入城的交通要道，后来修建中山路时，将挹江门的单孔拱门改为三孔拱门。

江边的“远东第一大厂”

民国期间，在南京江北的江边崛起了一座当时亚洲最大的化工厂——永利铔厂，时称“远东第一大厂”，也是我国最早的化工厂之一。创办人为著名爱国实业家范旭东先生与侯德榜博士。

永利铔厂自1936年建成投产，生产出了中国第一袋化肥、第一包催化剂，拥有第一台高压容器，以及第一套合成氨、硫酸、硝酸等装置，创造了30多项“中国化工之最”。

新中国成立初期，毛泽东在会见我国著名民主人士、教育家黄炎培时曾说："讲到中国的民族工业，有四个人不能忘记：重工业不能忘了张之洞，轻纺工业不能忘了张謇，化学工业不能忘了范旭东，运输航运业不能忘了卢作孚。"

今天，在江北新区大厂街道，还有一个范旭东广场，广场上竖立着范旭东先生的全身铜塑像，以纪念这位为我国化工工业做出重要贡献的"化工之父"。

民国期间，除了永利铔厂，在长江边还出现了好几个有影响的工业企业。

在晚清洋务运动中，南京的金陵制造局为推动近代工业发展做出了重要贡献，如清末为了城市照明，而在下关江边建立的金陵电灯官厂，到了民国期间，规模有了扩大，更名为建设委员会首都电厂、下关电厂。

为津浦铁路配套而建立的浦镇机厂，于1908年建成投产。浦镇机厂也是中国共产党一个早期建党活动据点，中国共产党早期领导人之一王荷波在铺镇机厂曾发起过多次工人运动。

1921年9月，上海实业家姚锡舟联合上海金融界、实业界人士吴麟书、陈光甫、聂云台等人，共同集资银圆50万两，在南京江南的龙潭创办了中国水泥股份有限公司，它是我国企业家创办最早的水泥厂，也是当时中国最大的水泥生产企业之一，曾为中山陵建设提供过水泥。

1933年，由启新洋灰公司发起创办的江南水泥厂在长江南岸的栖霞山建成，总经理为袁世凯六子袁心武。后来，启新洋灰公司又与中国水泥公司实行战略联营，江南水泥厂成了国内最大的水泥企业。

孙中山的长江缘

孙中山一生在南京的生活时间并不长，但他对南京这座城市很看好，并且留下遗愿，离世后葬在南京。

孙中山对南京评价很高，他在《建国方略》中这样评价南京："南京为中国古都，在北京之前。其位置乃在一美善之地区。其地有高山，有深水，有平原，此三种天工，钟毓一处，在世界中之大都市诚难觅如此佳境也。当夫长江流域东区富源得有正当开发之时，南京将来之发达，未可限量也。”

孙中山用“美善之地”来评价南京，而且预言，“南京将来之发达，未可限量”，可见南京在孙中山的心目中有着非同寻常的地位。

武昌起义胜利后，中华民国临时政府选举孙中山为临时大总统。1912年1月1日，孙中山先生乘火车由上海到南京任职途中，在苏州、无锡、常州、镇江各站都受到社会各界热烈欢迎。下午5时抵达南京下关时，站台上群众的欢呼声震耳欲聋，下关江面军舰和狮子山炮台的礼炮齐鸣。当晚，孙中山在临时大总统就职典礼上庄严宣誓，并将原清朝的两江总督署作为临时大总统办公所在地。在此后的3个多月时间里，孙中山先生组建了中华民国临时参议院，在政治、经济、军事、外交、文化、教育等方面，颁布了上百项有利于社会改革和民族经济发展的政策、法令。

1912年2月12日，清廷发布《退位诏书》，结束了中国两千多年的皇权专制统治。次日，孙中山即履行自己的承诺，向临时参议院递交了大总统辞呈。15日，他率领临时政府的官员晋谒了明孝陵，在总统府举行了民国统一大庆典。4月，孙中山告别了南京。

一次，孙中山在实地考察紫金山的风光时，向同行的胡汉民等人表达了自己在“他日辞世时，愿向国民乞此一抔土，以安置躯壳尔”的心愿。在北京病重时，他再次表达了葬于南京的愿望。孙中山逝世后，当时的北洋政府下令国葬孙中山于紫金山南麓。

《建国方略》是孙中山在1917—1919年完成的治国大纲。方略中多处涉及长江。由此也可以看出，孙中山先生一生钟爱长江，热切地希望尽快开发与整治长江，使长江的能源得到有效利用，为人民谋福利。

长江源远流长，是我国最大的一条河流，每年大约有1万亿立方米的水注入大海，相当于20条黄河的水流量，比美国的密西西比河大近两倍。怎样把这么丰富的水流量利用起来，造福人民？孙中山第一个提出来要在长江三峡修一座大坝，对长江水流实行综合利用。他说：“自宜昌而上，入峡行，约一百英里而达四川之低地，……两岸岩石束江，使窄且深，平均深有六寻（三十六英尺），最深有至三十寻者。急流与滩石，沿流皆是。改良此上游一段，当以水闸堰其水，使舟得溯流以行，而又可资其水力。”（《孙中山全集》）他的意思是说，在长江三峡修建一大坝，将浩浩长江的水拦腰堵住，把水蓄积起来，可以发挥运输、防洪、发电等多方面的效用。

孙中山还提出一系列关于长江的整治主张。他建议从入海口到汉口，对长江河道加以系统治理，两岸修筑长堤，收束河身，使河道宽窄大体保持在两英里（约3200米）左右；尽量削去急湾，使河身变直或呈缓曲线；窄河道浚广，浅河道浚深，保证汉口以下常年保持水深36尺（12米）至48尺（16米）；汉口到重庆，则要修浚成水深10尺（约3.33米）的航路；还要在各都市修筑泊船坞，以利船舶停靠；此外，要通过疏浚旧运河，开凿新运河，把黄河流域、淮河流域与珠江流域连接起来，形成一个差不多沟通全国的庞大水运系统。如果实现这个规划，“内地直通水路运输，可自重庆北走直达北京，南走直至广东，乃至全国通航之港无不可达”。（《孙中山全集》）

孙中山认为，南京主城对岸的浦口，将来是长江以北一切铁路交通的大终点。相对于中国最盛产煤铁的山西、河南，浦口是长江下游与之最近的商埠。因此，他设想在长江下面建设一隧道，以铁路联结南京与镇江，北京、上海也可因之相互贯通，打通南北交通运输线。百年后，孙中山的愿望实现了，南京长江段目前已经有3条长江隧道。

孙中山针对城市多半建设在长江一岸的现状，主张在镇江对岸的瓜洲、南京对岸的浦口、安庆的对岸均建设市街，并且用桥梁和隧道连接，形成双联市，在这些大城市均应建设泊船坞，便利远洋巨轮停泊。

孙中山描绘了一幅长江开发的宏伟蓝图。综观孙中山开发长江的规划，是一个非常大胆的设想。百年过去了，有的设想今天已经变成了现实。有的虽然没有实现，但对后人治理长江具有重要的启发意义。

南京人民对孙中山先生有着特殊的感情。在南京以“中山”命名的码头、学校、道路、桥梁、城门等有数十个。矗立在新街口广场的孙中山先生铜像成为南京的地标。

《首都计划》之长江

1927年4月，国民政府定都南京。1928年1月，首都建设委员会成立，“办理国都设计事宜”，对古都南京进行现代化改造。国民政府特聘请美国建筑师墨菲、工程师古力治，中山陵设计者吕彦直等人，制订首都建设计划。1929年，《首都计划》正式对外公布。

关于南京的地理形势，《首都计划》这样分析：“南京河流，以长江为著。该江从西南来，至江心洲南端，分为二流。东部之支流，即夹江也。夹江至江心洲北端，与主流复合。又北行，在下关二公里半处，又分为二，包围八卦洲于其中。主流位于八卦洲北，南亦夹江也。主流更由东而东南，至八卦洲东端，复与夹江复合。再由是而东流，以达于海。此江为南京水路交通之重要部分，轮船出入必资之。”在规划者眼里，长江是做南京规划的重要坐标。

《首都计划》的内容共28项，包括人口预测、都市界定、功能分区、建筑形式、道路系统、公园及林荫大道、对外交通、市政设施等，另有附图59幅。

《首都计划》实施功能分区的模式，将南京划为6个区域：中山门外紫金山南麓为中央政治区；鼓楼以北傅厚岗一带为市级行政区；长江两岸及下关港口为工业区；主干道两侧和明故宫、新街口一带为商业区；鼓楼、五台山一带为文教区；住宅区分3个等级，居住了三分之二人口的城南明清风格的老区被完整保留，在城北山西路另设高级住宅区。照此规划，南京形成一个多中心、以同心圆式向四面展开的空间结构，让整个城市空间均衡发展。

《首都计划》中工业区被规划安排在沿江两岸，江南片为第一工业区，以发展不含毒、危险小的工业为主；江北片为第二工业区，作为污染性工业之基地。同时，将浦口发展成南京的工业区，以“辅助南京之发展”。在这部计划中，单列出“浦口计划”，其中有这样的论断：“现在中国各种实业，皆待振兴，而浦口实为一极好之工业地点。”

关于长江的交通，《首都计划》写道：“关于越过长江之方法，不外建筑桥梁、建筑隧道、设置火车轮渡三种。惟长江江面，阔而且深，两岸土质，又欠坚固，殊不适于架桥，架桥一法，暂不可论。至于建筑隧道，亦以江水过深，甚有深至一百六十五英尺者，故大部地方，均不适宜。惟据民国十一、十二两年海军所制水道图所载，只有水西门西之浅滩，可筑一预铸筒管式之隧道，故建筑隧道，亦惟选择此地。实行建筑之时，须由浦口车站筑一与长江平行之路线，与之相联，惟该隧道之建筑，需款颇巨，苟非至可能时期，浦口方面与南京方面之火车，应用火车轮渡相联络。”《首都计划》承继了孙中山建造隧道的想法，不过由于当时技术、经济条件的限制，建造隧道的计划并没有实施。

后来，由于抗日战争爆发，国民政府西迁，《首都计划》的实施推进便被搁置了。应该说，当时的设计理念非常符合时代的潮流，既吸取了西方建筑的特征，又融合了中国传统的建筑风格，在宏观上采纳欧美规划模式，微观上采用中国传统形式，极力倡导采用“中国固有之形式”，旨在“发扬光大固有之民族文化”，开创了近代中国建筑风格的创新之路，产生了一批经典的近代建筑，直到今天，依然熠熠闪光。

从清末到民国时期，金陵大江是热闹的，也曾一度是繁荣的。新中国成立后，随着长江大桥的通车，下关的交通枢纽地位一落千丈，大马路的商贸中心地位也发生了变化。下关的江边渐渐变得沉寂了。

日月更替，新波涌起。

潮起潮落，大势所趋。

哭泣的江水
——1937年的金陵大江

1937年的江水是红色的，血腥的，也是恐怖的。

1937年的大江在哭泣。

南京历史上最悲惨的一页，定格在了1937年12月13日。

一个政府连首都都守不住，这是一个怎样无能的政府！一个国家的军队闯入别的国家，对这个国家的军人、平民进行肆无忌惮地屠杀，这是人类史上怎样一种令人愤慨的罪恶行径！

1937年“七七事变”后，日本展开对中国全面大规模侵略。淞沪之战，国民党全线撤退，上海失守。日军得寸进尺，分三路急向南京进犯。保，还是不保？国民党犹豫不决。唐生智以南京是国家首都、孙中山陵寝所在，以及国际观瞻和掩护部队后撤等理由，主张守。国民党遂任命唐生智为南京卫戍军司令长官，负责指挥南京保卫战。唐生智多次公开表示誓与南京城共存亡。

为了防止部队私自过江撤退，唐生智采取背水一战的战略，下令各部队把控制的船只交给司令部，又将下关至浦口的两艘渡轮撤往武汉，以后又禁止任何部队和军人从下关渡江，并通知在浦口的第一军，凡由南京向北岸渡江的任何部队或军人个人，都予制止，如有不听制止的，开枪射击。还命令第36师封锁从南京城退往下关码头的唯一通道挹江门。这一系列的命令给后来的悲剧性撤退埋下了隐患。

1937年12月1日，日军攻占江阴要塞，同日，日军下达进攻南京的作战命令。1937年12月2日，江阴防线失守，中国海军主力第一舰队和第二舰队被全部击沉，作为南京国民政府唯一一道拱卫京畿的水上屏障失守。

1937年12月10日，日军发起总攻。12月12日，唐生智下达突围、撤退命令。日军12月13日侵入南京后，在长达6个星期的时间里，进行了野蛮、血腥的屠杀。

在惨绝人寰的南京大屠杀中，发生在长江岸边的集体屠杀就有8起。

12月15日（日军占领第3天），已放下武器的中国军警人员3000余人被集体解赴汉中门外，多人当场遇难。一些没有死的伤者也一同被焚烧。夜里，解往鱼雷营的中国平民及已解除武装的中国军人9000余人被日军屠杀。这一天，日军又在宝塔桥一带进行了屠杀。

12月16日（日军占领的第4天），位于南京安全区内的华侨招待所中躲避的中国男女难民5000余人被日军集体押往中山码头，日军用机枪射杀后，弃尸于长江。这一天，日军还在下关屠杀了4000多人。

12月17日（日军占领的第5天），3000余人被日军押至煤炭港下游江边集体射杀。

12月18日（日军占领的第6天）夜，日军将从南京城内逃出的男女老幼共57418人，驱赶到下关草鞋峡，用机枪扫射。事后浇以煤油焚化，残余骸骨投入江中。

此外，日军还在上新河一带、燕子矶边屠杀多人。

关于江边的屠杀，有很多直接的证据。比如，日本广岛曾展出《被封存的记忆，不让南京悲剧重演》，200多张照片记录了侵华日军在中国尤其在南京犯下的各种暴行。其中有中岛良藏等9封日本兵的家书，记录了他们在江边参与杀戮的情况。当时中岛良藏看到日军每天在江边杀人，大约有3万中国人的尸体被直接扔进长江。

曾参与南京大屠杀的日本老兵东史郎在他的《东史郎日记》中写道："这里当时全是中国人的尸体，黑压压的，堆成了一片，江里还漂浮着许许多多的尸体。"他还记录了日军在中山码头江边上的大屠杀。在这一场屠杀中，日军杀害了近5000人。

东史郎的记录与当时幸存者、加害者的回忆是一致的。我曾经看过日本作家石川达三的小说《活着的士兵》，他这样写道：

通过这个唯一通道（挹江门）逃到下关码头。前面是江水，可是没有渡船，陆地上又无处可逃。他们把方桌、门板、圆木等一切可以浮起来的东西弄来，渡过宽阔的长江，向对岸浦口逃去。其人数约有5万，江面上黑压压的。可是当他们渡到对岸时，日本军早已迂回到这儿等着他们，机枪响了，好像雨点似地落在水面上。人们想回头跑，下关码头已被日军占领……

石川达三是一位有良心的作家，曾随军到南京，目睹了日军的暴行，他在作品中揭露了日军的残暴行径。他回到日本后，作品遭到当局的封杀。

有这样一个幸存者的故事，值得一说。

市民刘永兴是裁缝，家里有父亲、母亲、妻子及弟弟。日本人占领南京时，刘永兴才结婚不到4个月，他们躲到了大方巷14号后面的一处房子里。刘永兴回忆，12月16日下午3点多，一个日本兵闯进他们住处，向他和弟弟挥手，要求他们跟着走，刘永兴不敢不听，因为他曾看到一个姓钱的私塾先生因不听日本兵的命令而遭到了枪杀。出门后，一个翻译官对他说，要到下关中山码头去搬运东京运来的货物。到了大街上才发现，同时被叫出去的还有附近的30多个人，这些人被带到一个广场上，天快黑时，广场已经挤满了人。日军下令让他们向中山码头转移。到了码头，刘永兴发现日军共抓了好几千人，而且周围架起了好几挺机枪。

侵华日军南京大屠杀遇难同胞纪念馆收藏着刘永兴这样一段回忆——

我感到情况不妙，可能要搞屠杀，我心想，与其被日本人打死，不如跳江死了算了，就和旁边的人商量一起跳江。不久，日军的机枪就开始扫射了。听到枪声许多人纷纷往江里跳，我和弟弟也跳了下去。日军看到人都往江里跳，就用手榴弹往江里扔，跳江的人有的被炸死了，有的被炸伤，惨叫声、呼号声响成一片……

这一次被杀害的有5000多人，侥幸活下来的人不足10人。

刘永兴所经历的下关码头大屠杀在战后得到证实。日本《朝日新闻》随军记者今井直刚在远东军事法庭上作为证人，证明自己亲眼所见到的情景与刘永兴所说一致，他在1956年出版的《目击者的证言》一书中详细披露了他的亲身经历。参与这场大屠杀的原日本第六师团的下等兵田所太郎，也在良心的驱使下，在远东军事法庭上作证，他说："那时我们驻下关，接到命令后，就开始满处抓俘虏，尽管名义上抓俘虏，但只要见到人就抓，才不管是不是俘虏……"

这是人类历史上极其悲惨的一页！也是长江历史上备受屈辱的一页！

80多年过去了，那段惨痛的历史，是不能忘记的。

落后就会挨打，腐朽就会被欺负，这是铁的真理。

百万雄师过大江
——换了人间

在中国改朝换代的历史上，发生在金陵大江之上的大规模的渡江战役就有4次：晋灭东吴、隋灭陈、宋灭南唐、中国人民解放军渡江解放南京。

中国人民解放军发起的渡江战役，离现在也只有70多年，当年参加渡江战役的军人有的还健在。关于这次渡江战役，毛泽东用“百万雄师过大江”的诗句来概括，十分生动、形象，富有气势。

1949年2月，三大战役结束，东北全境、华北大部和长江中下游以北地区全部解放，中国人民解放军120万人在西起江西湖口、东至江苏江阴的长江千里战线北岸集结，部署“打过长江去，解放全中国”。这时的国民党精锐部队几乎被消灭殆尽，国民党在“副总统”李宗仁等桂系力量的策划下，企图保住长江以南的半壁江山，向中共发出了求和的信号，中共提出了在“八项主张”的基础上，同意谈判。但此时的李宗仁并没有实际的权力，蒋介石一心一意在筹划逃往台湾，伺机有一天能反扑回来。而中共和平谈判的底线也绝不是划江而治，其目的是和平解放全中国。4月20日，国民党政府拒绝在和平协定上签字。4月21日，毛泽东主席和朱德总司令发布了向全国进军的命令。

4月22日，被称为“江北桥头堡”的江浦、浦镇、浦口县城解放，南岸的南京城门户大开。国民党先前封江时破坏了北岸所有船只，关键时刻，沿江百姓拉出藏在芦苇荡中的各种各样的船只，大到能装下百余人，小到只能坐3至5人，还有船工临时的发明创造，把成捆的木头扎成木排，甚至捐出自家的门板来造船。据后来统计，到渡江战役发起前，解放军在沿江各处战线上共筹集了2万余艘船只。

4月20日晚至21日，中国人民解放军第二、第三野战军在第四野战军先遣军团和中原军区部队配合下，先后发起渡江行动，迅速突破了国民党军的江上防线。

1949年4月23日夜12时，中国人民解放军主力一部由南京下关登岸，经挹江门进入南京，于次日凌晨占领国民党总统府，解放了南京。6月2日，中国人民解放军解放崇明岛，渡江战役结束。

渡江战役是解放战争中继辽沈战役、淮海战役和平津战役之后的又一次重大战役。渡江战役的胜利，为新中国的诞生奠定了基础，具有划时代的意义。当解放军把红旗插上总统府的那一刻，中国迈入了一个崭新的时代。

那张人民解放军占领国民党总统府的经典照片，给很多人留下了深刻的印象。照片是第三野战军摄影记者邹健东用一架德国产蔡司相机拍摄的，但不是在解放军24日进入总统府时拍摄的，而是在几天后进城摆拍的。先遣部队进入总统府时，他不在部队。最早进入总统府的战士，将总统府那面青天白日旗扯下，随即烧掉了，并没有被保存下来。据邹建东回忆，重新拍摄占领总统府的时间是4月27日上午10时许。当时，4月24日占领总统府的那批官兵，27日已经被安排新的任务，并没有出现在那个历史性的镜头中。尽管是后来补拍，但照片捕捉到了极为重要的瞬间，因此具有很高的历史价值。

4月24日上午，毛泽东在北京香山双清别墅，起床后到院子里的凉亭休息，卫士把《人民日报》报道人民解放军占领南京的“号外”递给他看，他看得很专心，摄影师徐肖冰赶忙拍下了这个具有历史意义的画面。毛泽东看完后激动地站起身说：“解放南京了，不要我一个人高兴，大家都该高兴嘛！来，照相也要一起照。”说完，毛泽东又同工作人员一起合影。

就在这一天，毛泽东有感于人民解放军渡过长江，写下了著名的《七律·人民解放军占领南京》：

钟山风雨起苍黄，百万雄师过大江。

虎踞龙盘今胜昔，天翻地覆慨而慷。

宜将剩勇追穷寇，不可沽名学霸王。

天若有情天亦老，人间正道是沧桑。

在热河路与中山北路相交处的热河路广场上，有一座渡江胜利纪念碑。纪念碑呈双帆船形，碑座为紫绛色船体，船帆总高为23.4米（寓意4月23日南京解放），风帆俯视呈“八”字形。鸟瞰纪念碑平面布局，“八”字形船帆与“一”字形船体后座交相呼应，形成“八一”，内涵中国人民解放军建军之意。纪念碑正面象征性的船体船头为邓小平手书“渡江胜利纪念碑”7个大字。背面镌刻着毛泽东手书的《七律·人民解放军占领南京》。

1984年4月，南京市政府在挹江门城楼建立了渡江胜利纪念馆。2009年，又在三汊河江边建成渡江胜利纪念馆新馆。

新馆外是渡江纪念广场，广场上一组高耸的“千帆竞渡”群雕格外醒目。49根红色柱体排列组合成船帆和桅杆的造型，最高49.423米。通向展馆的木质栈桥名为“胜利之桥”，从桥头行至展馆大门，同样也是49.423米。所有数字，共同指向那个特殊的日子——1949年4月23日。

在渡江胜利纪念馆院子里，有一艘轮船特别引人注目，它就是“京电号”。这可是一件国家一级革命文物。说起它的历史，还要从渡江战役说起。

1949年4月23日下午，解放军第35军第104师有关人员费尽周折，终于在浦口三河乡北桥村的江滩芦苇丛中找到了一只小木船。听说解放军要过江，船主童达兴二话没说，亲自掌舵运送解放军。因此，侦察员得以抵达南岸，并与下关电厂取得联系。厂长韩德举闻讯后，立即派出封江时巧妙保住的“京电号”小火轮。船工们听说是接运解放军，既激动又自豪，上船后便甩开膀子，开足鼓风机，投煤入膛，仅用1小时就将蒸汽烧足，做好了起航准备。随着3颗绿色信号弹升起，“京电号”开始了它最为光荣的一次航行。载着侦察员的“京电号”抵达浦口时，部队首长马上决定，将“京电号”划拨给渡江先遣队。由于“京电号”运输量有限，每次仅能载100多人，于是他们在船后又拉了一条长58米、载重250吨的驳船，这样一趟就能运送1000多人。

漆黑的夜空下，“京电号”不断往返于浦口和下关之间。

整个渡江战役中，“京电号”共运送了6000多名解放军将士，其中包括邓小平、陈毅等总前委领导，立下了赫赫战功，被誉为“渡江第一船”。

南京解放后，“京电号”服役于南京下关发电厂（原国民党首都电厂）运送煤炭，更名为“京电1号”。1978年，“京电号”离开了服役30多年的南京，被调拨给了淮阴电厂。1982年被调拨给连云港市灌南县灌南鸿远运输有限公司从事货物运输，编号“苏淮605”。在此期间，为适应货物运输需要，它由烧煤炭的蒸汽机船改为柴油机船。2009年，时值渡江战役胜利暨南京解放60周年，南京渡江胜利纪念馆征集到这艘经历非凡的小火轮。阔别金陵大江30多年后的“京电号”小火轮最终又回到南京。此后，“京电号”一直存放在南京渡江胜利纪念馆。

“京电号”，南京新生的“见证人”！

大江入海流

百川归海。长江到了南京，大海已经在望了。

早在六朝时，长江的入海口就在扬州镇江一带。那时候的南京离海更近。即便是今天，大江出南京，再奔流300公里，也就到了大海。

我总以为，南京融入海洋是一种必然。而事实上，自古以来，南京得通江达海之利，一直在融入海洋，融入世界，实现文化交流。如果要写一部南京的对外交流史，肯定要从金陵大江开始。

当然，交流的方式有主动与被动之分。主动的，比如东吴的船队到南海，郑和的船队下西洋，促进了对外交流；被动的，比如英国炮舰驶入南京江面，南京被迫开埠，在客观上促进了南京近代化的进程。无论是主动，还是被动，从结果上看，则实现了物质的、文化的交流，产生新的文明成果。文明因交流而多彩，文明因互鉴而丰富。南京，从来就不是一座闭目塞听、寂静无闻的城市。这正说明了南京自古以来就具有开放性、包容性的特征。南京在融入国际化的潮流中，不仅没有缺席，反而始终站在潮头。

在金陵大江的历史上，有3个对外交流的高潮期：六朝、明朝和晚清民国。

书写南京的中外交流史，当然要从东吴开始。驶向海洋，没有航海的船舶与技术不行。三国时期，东吴地处我国历史上航海最发达的地区。孙吴政权新建不久，就拥有船舰5000余艘，东吴在永宁（今浙江温州市）、横阳（今浙江平阳县）、温麻（今福建连江县）等处都设有“船屯”，以发展造船业。东吴拥有很多技术高超、熟练的造船工匠，还设置了管理造船的官员——典船校尉。东吴造的战船，最大的上下5层，可载3000名士兵。孙权乘坐的“飞云”“盖海”等大船更是雄伟壮观。东吴的民船业也很发达，最有名的“温麻五合”和“青桐大舡”海船，选材考究，极为坚固。

南京的江边，石头城高耸，石头城下的江面上，“浮江万艘，带甲百万”。石头城不远处，有可以停靠万千船只的港口——石头津。石头津停靠着很多国家的外交船只与商船。东吴组织的几次大规模航海，人数都在1万人以上，最多达3万余人。船队先后到达辽东、海南、台湾等地，以及朝鲜半岛和东南亚诸国（地区）。

孙权嘉禾年间派秦旦、张群等出使高句丽，受到高句丽王的盛情接待，高句丽王派20余人护送秦旦回吴，同时送吴“貂皮千枚，鹖鸡皮十具”。东晋时期，取长江口进入建康的外国船只络绎不绝。波斯（今伊朗）在梁朝时，还遣使来建康献佛牙。《梁书》中记载，波斯特产有龙驹马、珊瑚树、琥珀、玛瑙、珍珠等。如今在秦淮区八府塘出土的萨珊王朝银币，表明六朝时就与波斯国有交往。朝鲜半岛的百济在东晋时，曾遣使到建康，百济铸造的“七支刀”在铭文中使用东晋“泰和四年”的年号。

在后来的唐、南唐、宋、元时代，随着造船业的大发展，南京与外界的交流就更多了。就航海的船舶来说，唐代中国人已经发明水密隔舱、车船、平衡舵、开孔舵等。宋元时期，中国海船的船型已经定型，其中以福船、沙船、广船最为著名，又尤以福船应用最广、影响最大。在海船船壳结构上，采用搭接法，形成“鱼鳞式”结构，从而使船壳板联结紧密严实，整体强度高，且不易漏水。船舶载重量也相当可观，南宋时可达万石（约600吨）以上。在载客量上，大海船可载乘客千人。海船上生活设施齐全，备有充裕的食品，甚至还可以在船上养猪、种菜、酿酒。特别是宋代罗盘针发明后，船在大海中航行就有了方向的指引。

这一切都似乎为明代大航海时代的到来做准备。

据典籍记载，在明洪武的31年间，明朝先后30次派使节对周边国家进行访问，有17个国家的使节约133次访问明朝。永乐年间，有60个国家的使节约245次访问明朝。《明太祖实录》记载：“洪武初，海外诸番与中国往来，使臣不断。”有的国家国王还来南京访问，比如浡泥国王。古浡泥国在今加里曼丹岛北部文莱一带，北宋时就与中国友好往来。洪武初年，明太祖曾委派御史张敬之、福建行省部事沈秩二人为使节出使浡泥。回国时，国王马合漠沙派使者随同张敬之一道来华，祝贺明王朝建立。永乐三年（1405）冬，国王麻那惹加那乃遣使献土特产。永乐六年（1408），国王携妻子、弟妹、子女、陪臣共150多人来访，受到明成祖的盛情款待。当年，国王忽染急病去世，临终前留下遗嘱“体魄托葬中华”。明成祖极为悲伤，为之“辍朝三日”，按中国礼仪葬在安德门石子岗。

永乐三年（1405）至宣德八年（1433），郑和先后7次下西洋。郑和航海的28年，是古代南京乃至中国走向海洋、拥抱世界的28年，虽然后来中断了，但对南京的影响是深远的。

明代，西方传教士的船只陆续从海上驶进长江。

万历年间，一位名叫利玛窦的意大利传教士3次到南京，他从大海走向长江，被誉为明朝“沟通中西文化第一人”。

利玛窦先是在广东居住了12年，后从广东前往江西，再顺江而下直达南京。因此，他对于南京的最初印象是一个位于江边的城市。他在书信集中回忆道：“这河名叫长江，由此直通南京，它最狭的地方也有几公里宽。”他对南京有这样的赞美：“在中国人看来，论秀丽和雄伟，这座城市超过世上所有其他的城市；而且在这方面，确实或许很少有其他城市可以与它匹敌或胜过它。”《利玛窦评传》中写道：“明代的南京城极其雄伟壮观，堪与19世纪的欧洲任何最大的首都相比拟。本朝开国皇帝洪武把它造成奇迹，东方所能见到的一切都无法望其项背。”他说：“扬子江出产许多鱼，味道鲜美，为中国人所爱好。”利玛窦对南京评价极高。

利玛窦是第一位阅读中国文学并对中国典籍进行钻研的西方学者。他除传播天主教教义外，还传播西方天文、数学、地理等科学技术知识。在南京居住期间，利玛窦广交各界名流，如叶向高、瞿太素、李贽、徐光启等。在林金水撰写的《利玛窦与中国士大夫交游一览表》中所涉及的142位名人中间，在南京结识的有31名，几乎占了四分之一。不少在南京任职的官员后来都成为北京朝廷的高官，如叶向高，不久就升任北京礼部尚书，进而入阁，任首席大学士多年。他在利玛窦进入北京后给予了很多帮助。就学者方面而言，利玛窦在南京结识了德高望重的焦竑和具有反叛思想的李贽。更为重要的是，他认识了徐光启，这位当时在中国思想最为进步、头脑最为开放的知识分子。1600年，徐光启进京参加会试路过南京，两人第一次相见，就结下了终生友谊。从一定意义上说，明末的中西文化交流史，就是利玛窦与徐光启两人领衔书写的。

利玛窦在南京还造访了皇家钦天监，第一次目睹了国家天文台精美的天文仪器。与此同时，他不断向明朝学者介绍西方天文学知识，他制造了地球仪及其他仪器分送给朋友们。在南京期间，利玛窦萌生了帮助明朝廷修改历法的打算。这一愿望在利玛窦逝世近20年后，由徐光启和后继的传教士们精诚合作完成。

也是在南京期间，利玛窦还应南京吏部主事吴中明的请求，再次修订和补充了他所绘制的世界地图。利玛窦的第一版世界地图是在肇庆绘制的，在南昌他又绘制了两个版本。在南京的这一版本取名为《山海舆地全图》。

清初，南京又迎来了一位海外探险家。

1655年，荷兰探险家约翰·尼霍夫从海上经过长江，从水西门进入南京。他对在南京城的所见所闻进行了记录。他看到南京的主要街道大都笔直，有38步宽，道路中间铺着整齐的石板。百姓的房子较为简陋，每100步街道上就建有一个小门，到了晚上关起来，以防歹徒作乱。尼霍夫还注意到，南京的商店非常整洁，商品很丰富，比其他地方便宜，“这片土地是如此肥沃，整个城市繁华得就像金首饰上镶嵌的珍珠”。

最令尼霍夫难忘的是城南大报恩寺的“瓷塔”，也就是大报恩寺琉璃宝塔。站在宝塔前，这个荷兰人几乎看呆了。他说，“瓷塔”共有9层184级台阶，里外都有漂亮的塔廊，所上的釉在黄色和红色中透着绿色。每个塔檐的檐角都挂着风铃，随风飘动，铃声绵延不断，塔尖还顶着一个“松果”（指塔刹），是用纯金造的。

尼霍夫赞叹，大报恩寺所有营造设施都美轮美奂，巧夺天工，浸染着古老的中国风韵。在整个中国，没有别的地方能与这里相媲美，琉璃塔更是精品中的精品。尼霍夫将这座宝塔与世界七大奇迹相提并论。

尼霍夫还画了大报恩寺琉璃塔，他的文字与画出版后，在欧洲掀起了一股“南京瓷塔热”，后来安徒生把“东方瓷塔”写进童话中。

利玛窦、尼霍夫只是当时从西方世界进入长江的代表性人物，其实明清时期从海洋进入长江的西方人还有不少。他们用新奇的眼光打量这个古老的东方大国，对南京文化的欣赏，对中华文明的赞叹，是发自内心的。正如当代美国学者卫周安所说：“过去四个世纪里（16至20世纪早期），西方人眼里的南京可以作为当时全中国的象征。”（《西方人眼中的南京》）但是，这种赞美不会是持续的，随着帝国主义的扩张，状况发生了改变。道光年间爆发的中英鸦片战争，骤然打开了中国的大门，将战火烧到了长江腹地。

英国舰队浩浩荡荡从吴淞口溯流而上，在镇江受到了不大的抵抗后，便长驱直入到了江宁的江面。两江总督牛鉴向英军求和。双方共在静海寺谈了4次，这极富讽刺意味，静海寺是当年为纪念郑和下西洋而建的，现在成了向侵略者卑躬屈膝割地求和的地方！

1842年8月29日，中英《南京条约》在停泊于南京下关江面的英军军舰“康华丽”号上签订。英国人得意扬扬地说：“这是一个光荣的景象，离着中国最大河流口二百英里，在它的故都的城垣之下，在一个具有七十四座炮位英国军舰的船舱内，中国第一次被迫缔结条约，并由三位最高的贵族，在英国国旗之下代表天朝签了字。”（利洛《缔约日记》）

一旦开了坏的头，接着就像打开了多米诺骨牌，一个又一个不平等条约被迫签订。1858年签订的中英《天津条约》规定：“英国商船可在长江各口往来。”从此，古老的长江上多了很多外国人的船舶，他们的目的就是为了攫取。

胡林翼是晚清重臣，由于攻打太平天国有功，受到曾国藩的器重。胡林翼晚年以带病之躯，到长江边巡视，发现江中洋船往来迅捷如风，比大清朝的船舶速度快得多，一时惊愕得说不出话来，联想到摇摇欲坠的国势，胡林翼愤而吐血，不久便去世。

大清帝国开启了屈辱而艰辛的近代化历程。

1899年，金陵关宣布开关，标志着南京开始对外开放。从晚清最后10年算起，到抗日战争爆发前，40年时间内，南京的江边呈现出一派相当繁荣的景象。

1937年，日本军舰开进了长江，炮火打到了南京，制造了骇人听闻的南京大屠杀惨案，成千上万的军民死于大江边，这也是金陵大江史上最屈辱的一页。

1949年4月，中国人民解放军百万雄师云集长江北岸，准备发起渡江战役。此时的长江江面上还有英国的军舰来往。人民解放军命令外国军舰必须立即撤离长江，以避免冲突。4月20日，英国“紫石英”号军舰闯入人民解放军防线，对解放军警告置之不理。于是解放军炮兵迎头打击。后来，英舰“伴侣”号、“伦敦”号和“黑天鹅”号从上海溯江而上驰援，解放军毫不手软，炮击英舰。最后，英国舰艇见到大势已去，逃之夭夭。

“紫石英”号被赶出长江，可谓具有里程碑性的意义，不仅象征着列强“炮舰政策”在中国的彻底破产，也洗刷了自1840年鸦片战争以来的民族耻辱。从此，外国军舰自由停泊在我国内河的现象成为历史。

南京不是沿海城市，但大江犹如一条纽带，让古都与海洋始终连接在一起。南京在融入海洋文明的过程中，有过荣光，也有过屈辱，但无论怎么样，南京始终保持着雄浑、厚重、沉稳、内敛的性格特征，同时也具有开放、接纳、兼容的胸怀与气度，因此，南京自古以来就是一座兼容并蓄的城市。

大江有大江的气势，大海有大海的广阔。百川归海，江海交汇，是自然规律，同时也象征着人类不断迈向更高阶的文明。

大江东去，从不曾停歇。南京融入海洋文明的步伐，从来不会停止。

文学篇

文学大江

长江，是中华民族的母亲河。它不仅哺育了一代又一代华夏儿女，而且孕育出了灿烂的长江文明。千百年来，吟咏长江的诗文层出不穷，经典的名篇比比皆是，随手可以举出一些脍炙人口的名篇佳作，如李白的“天门中断楚江开，碧水东流至此回”“孤帆远影碧空尽，唯见长江天际流”；杜甫的“无边落木萧萧下，不尽长江滚滚来”“星垂平远阔，月涌大江流”；苏轼的“大江东去，浪淘尽，千古风流人物”；杨慎的“滚滚长江东逝水，浪花淘尽英雄”……这些诗词意境壮阔，诗风豪迈，读了让人心胸为之开阔。

南京，作为长江下游的六朝古都、十朝都会，因江而生、因江而兴、因江而盛。万里长江馈赠给南京97公里长的河道、280多公里岸线。长江南京段像一条飘带，从西南方向飘向南京城，往东北方向飘去，再转而向东。自从孙吴大帝在南京建都，历朝历代的诗人、文人对南京独特的地形产生浓厚的兴趣，常常用“江南佳丽地”“虎踞龙盘”“金陵王气”“山水相依”“江南形胜”“大江环抱”“山水城林”等等来概括。从文学角度看，关涉南京长江的文学作品比比皆是。考察南京的长江文学，可以帮助我们更好地领会南京长江文化的丰富内涵，感受长江文学的诗意与魅力。

一

山水诗是从六朝东晋开始兴起的。

在谈到南京的自然环境对东晋山水诗所产生的影响时，现代著名学者胡小石说："当时山水诗人实以南京为大本营""大江之浩荡，钟山之嵯峨，后湖之明秀，秦淮、青溪之曲折，方山之开朗，栖霞之幽静，又俱足以启发灵感。故以上诸名胜，在当时皆常常见诸吟咏"。胡小石教授认为，山水诗的产生，与南京有着密切关系。南京的自然山水，触发了诗人的灵感，南京众多名胜也给诗人们提供了丰富的吟咏内容。

六朝的诗人们对都城旁边的长江给予格外关注，留下不少经典的诗句，如谢朓的"余霞散成绮，澄江静如练。喧鸟覆春洲，杂英满芳甸"（《晚登三山还望京邑》）、"大江流日夜，客心悲未央"（《暂使下都夜发新林至京邑赠西府同僚》）、"天际识归舟，云中辨江树"（《之宣城郡出新林浦向板桥》），范云的"江干远树浮，天末孤烟起"（《之零陵郡次新亭》），阴铿的"大江一浩荡，离悲足几重"（《晚出新亭》），等等，都在捕捉大江意象，讴歌大江之美。

六朝时，新林浦、板桥浦、三山、新亭位于建业城的西南大江边，人们依靠舟楫往来，这些地方都是必经之地，所以六朝的诗人们经常写到。这些诗篇或者写大江的自然美，或者借大江的意象抒发羁旅之情、怀乡之感、失意之愁。

到了隋唐，金陵地位降格，六朝宫殿被毁，金陵城几成废墟，但诗人们都愿意到金陵看看，发怀古之幽情，形成了一个文学现象——金陵怀古。诗人们在故都寻找六朝遗迹，流连徘徊，情动于衷，发而为诗。李白一生多次到过南京，写下近百首诗，多首诗写到南京段的长江："地拥金陵势，城回江水流。当时百万户，夹道起朱楼"（《金陵三首·其二》）、"晋家南渡日，此地旧长安。地即帝王宅，山为龙虎盘。金陵空壮观，天堑净波澜"（《金陵三首·其一》）、"石头巉岩如虎踞，凌波欲过沧江去。钟山龙盘走势来，秀色横分历阳树。四十余帝三百秋，功名事迹随东流"（《金陵歌送别范宣》）、"苍苍金陵月，空悬帝王州。天文列宿在，霸业大江流"（《月夜金陵怀古》）、"凤凰台上凤凰游，凤去台空江自流。吴宫花草埋幽径，晋代衣冠成古丘"（《登金陵凤凰台》）。诗人登上凤凰台，放眼望去，"三山半落青天外，二水中分白鹭洲"，六朝的宫殿早已无影无踪，六朝时的人物都已化作尘土，曾经的繁华不过是一场梦，只有眼前的大江静静地流淌，怎能不令人伤怀？

刘禹锡是写怀古诗的高手，他的《金陵五题》《西塞山怀古》都是杰出的作品。“山围故国周遭在，潮打空城寂寞回”，一个“空”字，写出了唐朝金陵的落寞。《西塞山怀古》写了东吴灭亡的历史，“人世几回伤往事，山形依旧枕寒流”，意境远阔、悲凉。

晚唐诗人韦庄的《台城》写道：“江雨霏霏江草齐，六朝如梦鸟空啼。无情最是台城柳，依旧烟笼十里堤。”诗人抓住了江城南京的特点，写出了早春时节的朦胧美，同时也抒发了诗人对六朝往事的慨叹。晚唐诗人杜牧的绝句《江南春》写道：“千里莺啼绿映红，水村山郭酒旗风。南朝四百八十寺，多少楼台烟雨中。”南京西有大江环绕，城内有秦淮河穿过，湖泊、池塘众多，所以水村山郭，酒旗飘扬，寺庙密布，楼台隐隐，诗中描绘出一幅美丽的金陵水乡早春图。

总之，唐朝诗人写金陵大江，总是打上怀古的底色，基调是感伤的、悲凉的，但是意境又是开阔的，表现出唐朝气象。

到了宋代，诗人们承继唐人的传统，继续到金陵怀古。宋代诗人王安石退出政坛后，选择在南京定居。他写了很多关于南京的诗词。《桂枝香·金陵怀古》写道：“登临送目，正故国晚秋，天气初肃。千里澄江似练，翠峰如簇。归帆去棹残阳里，背西风，酒旗斜矗。彩舟云淡，星河鹭起，画图难足。”诗人在秋高气爽的天气，登高望远，只见长江如练，山峰连绵，帆影点点，酒旗飘飘，如此美丽的图画，丹青高手也难以描绘出来。诗人还有《泊船瓜洲》：“京口瓜洲一水间，钟山只隔数重山。春风又绿江南岸，明月何时照我还？”短短四句诗，关涉扬州、镇江及南京三地，诗意为：春风吹拂，长江两岸大地苏醒，杨柳绽绿，草色青青，如此美景，我多想趁着美好的月光回到南京。一个“绿”字，点染大江之畔，留下千古佳话。

赏心亭建于宋代城西的城墙之上，下临秦淮，远眺大江，旧时为“金陵第一胜概”。历代诗人词家吟咏者甚多。诗人陆游有《登赏心亭》，写道：“黯黯江云瓜步雨，萧萧木叶石城秋。”辛弃疾有《水龙吟·登建康赏心亭》，写道："楚天千里清秋，水随天去秋无际。"诗人登高远眺，大江在望，表达出忧国忧民之情。朱敦儒登临江边的亭子，望江兴叹"金陵城上西楼，倚清秋。万里夕阳垂地大江流"（《相见欢》），表达了对金人南侵、国家分裂的忧愤之情。

石头城也是唐朝以后历代诗人经常登临怀古之地。元代萨都剌《念奴娇·登石头城次东坡韵》写道："石头城上，望天低吴楚，眼空无物。指点六朝形胜地，唯有青山如壁。蔽日旌旗，连云樯橹，白骨纷如雪。一江南北，消磨多少豪杰。"诗人站在高高的石头城上，放眼望去，吴头楚尾，大地苍茫。昔日六朝胜地的繁华，如今已荡然无存，只有青山依旧。遥想当年，战火纷飞，硝烟不断，生灵涂炭，白骨遍野如雪。多少英雄豪杰都已经消失在长河中，只有浩瀚的长江依然奔腾不息，滚滚东流……元代诗人白朴有词《沁园春》道："长江，不管兴亡，漫流尽英雄泪万行。"诗人借长江写战争之痛。

明政权实现了国家统一。长江曾是朱元璋与陈友谅决战取胜的主战场，所以朱元璋对长江很有感情。朱元璋年少时没有读过什么书，后来在军中向有文化的人学习，有了长进，有时候也舞文弄墨，写诗作赋。比如《燕子矶》写道："燕子矶兮一秤砣，长虹作杆又如何？天边弯月是钩挂，称我江山有几多。"诗虽通俗，但颇有气势。他还有一首《和州镇淮楼》写道："中原杀气未曾收，淮北淮南草木秋。我上镇淮楼一望，满天明月大江流。"大江东去，明月洒辉，意境开阔，颇具气势。

明初的文人面对节节胜利，喜悦与自豪之情，溢于言表。如明初孙炎的《龙湾城》写道："龙湾城，壮如铁。城下是长江，城头是明月。月色照人心不移，江水长流无尽时。"作品意境壮阔、苍凉，有开国气象，表现出高度的自信。

明代人写长江，最著名的要数明初诗人高启的《登金陵雨花台望大江》。"大江来从万山中，山势尽与江流东。钟山如龙独西上，欲破巨浪乘长风。江山相雄不相让，形胜争夸天下壮。"诗歌开头气势磅礴，浑然天成，接着回忆金陵大江历史上的战争风云，最后发出"从今四海永为家，不用长江限南北”的慨叹。全诗一气呵成，以大江起，以大江收，歌颂了国家统一大业的实现，同时也表达了对前朝兴亡的感慨。

明初诗人杨基的《长江万里图》写道：“我家岷山更西住，正见岷江发源处。三巴春霁雪初消，百折千回向东去。江水东流万里长，人今漂泊尚他乡。烟波草色时牵恨，风雨猿声欲断肠。”大江东去，百折不挠，意境开阔，由江水而生思乡之情。

明代李舜臣《南都清明》写道：“群山绕郭大江流，复作金陵浩荡游。帝里歌钟行处是，人家垂柳映门幽。微风竹树摇晴日，薄暮楼船散水洲。莫谓花开还落去，曾相舞劝百杯休。”胡应麟《送赵太史之留都》写道：“瓜步月明沧海近，石城云起大江来。”作品都是着眼大江壮阔、雄浑的背景，写出金陵非凡的气势。

清代初期，南京曾经历了南明政权的覆灭、郑成功抗清失败等大事，诗人们常常借长江抒发兴亡之感，如魏禧的《登雨花台》“歌泣不成天已暮，悲风日夜起江声”，屈大均的《秣陵》“如何亡国恨，尽在大江东”，龚鼎孳的《上巳将过金陵》“兴怀何限兰亭感，流水青山送六朝”，顾炎武的《白下》“从教一掬新亭泪，江水平添十丈深”。袁枚的《抵金陵》写道：“黄金埋老变烟霞，一片长江六帝家。天意两回南渡马，秋痕满地故宫花。”郑燮的《六朝》诗云：“一国兴来一国亡，六朝兴废太匆忙。南人爱说长江水，此水从来不得长。”以上作品都是触景生情，借奔流不息的江水写兴亡之感。

到了现代，鲁迅曾作两首古体诗《无题》，其一写道：“大江日夜向东流，聚义群雄又远游。六代绮罗成旧梦，石头城上月如钩。”其二写道：“雨花台边埋断戟，莫愁湖里余微波。所思美人不可见，归忆江天发浩歌。”鲁迅曾在南京求学，以大江起兴，借怀古讽今，呼唤时代能出现拯救世界的“美人”。当然，这里的“美人”，借指拯救世界的英雄。

1927年，陶行知经过下关，写了一首白话诗，内容是：“无语泪汪汪，涌出愁肠：千珠万滴付长江，谁在矶头汲去了，（老高）挑到晓庄？洗手作羹汤，无限思量。此中滋味不寻常。寄语愁人吃不得，要断人肠。”“老高”是晓庄师范一位挑水工友，作者用近乎白话的诗句，写出了他们之间真诚的友谊。

1949年，南京迎来新生，中国人民解放军占领南京，毛泽东闻讯欣然写下《七律·人民解放军占领南京》：“钟山风雨起苍黄，百万雄师过大江。虎踞龙盘今胜昔，天翻地覆慨而慷。宜将剩勇追穷寇，不可沽名学霸王。天若有情天亦老，人间正道是沧桑。”诗情豪迈，诗风浩荡，气势磅礴，有如长江之水，一泻千里，是当代古典诗歌中的经典之作。

古往今来，吟咏金陵大江的诗作不胜枚举。这得益于金陵独特的自然风貌与人文积淀。山水城林，美景如画。3000多年建城史，约450年建都史，战争频繁，朝代更替，积淀了厚重的文化。南京的历史遗迹、一草一木都会触动诗人的情思，引发诗人的感慨，因此，怀古诗便成了常见的主题。与南京命运相关联的长江，也就成了诗中重要的意象。借大江写兴亡之感，是诗人们常见的路数。

二

从古到今，写南京长江的散文比比皆是。

《吴都赋》是东晋文学家陆机写的志怀隐逸的赋文，被誉为“江南第一赋”。该赋以吴都及周边的自然景观、传统文化、百姓生活为背景，表达了对吴都的赞美之情。其中一段写吴国的大江：“尔其山泽，则嵬嶷峣屼，罍冥郁岪，溃渱泮汗，滇淴淼漫。或涌川而开渎，或吞江而纳汉。魂磈磈磈，滮滮澌澌，磝硿乎数州之间，灌注乎天下之半。百川派别，归海而会。控清引浊，混涛并濑。濆薄沸腾，寂寥长迈。濞焉汹汹，隐焉磕磕。出乎大荒之中，行乎东极之外。经扶桑之中林，包汤谷之滂沛。潮波汩起，回复万里。歊雾漨浡，云蒸昏昧。泓澄奫潫，澒溶沆瀁。莫测其深，莫究其广。澶湉漠而无涯，惣有流而为长。瑰异之所丛育，鳞甲之所集往。”翻译一下，意思为：提起吴国山川水泽，山势高峻，气象昏昧，水流无边，水势广远。或川流涌出，水道开通；或吞纳长江，收容汉水。山石堆积，江河奔流。山势险峻绵延数州之间，大江所经流域占天下一半。百川分流，同归大海。清水浊波，混杂而下；大浪急流，一起奔来。水流来势汹涌激荡，入海远行悄然无声。大水暴涨，惊涛骇浪；水流远去，声音渐逝。发源自海外天边，流到东方尽头，经过扶桑林中，包容汤谷洪流。潮波宽广，往返万里。水蒸雾气浓重不清，云雾蒸腾昏昧不明。清水回旋，水势深广，不能测其深，不能究其广。江水奔流，宽广无涯；汇集百川，源远流长。这里是珍奇之物聚居繁衍之所，也是水生动物集会来往之处。整篇赋文字华美，结构恢宏，但生僻字较多，很难读懂。

南宋乾道六年（1170）七月，诗人陆游在入蜀途中，一路记录他的所见所闻所感，写下《入蜀记》。经过建康，他曾游清凉山、登石头城，他写道："遂出西门，游清凉广慧寺。寺距城里余，据石头城，下临大江，南直牛头山，气象甚雄，然坏于兵火。"又道："同登石头，西望宣化渡及历阳诸山，真形胜之地。若异时定都建康，则石头当仍为关要。或以为今都城徙而南，石头虽守无益，盖未之思也。惟城既南徙，秦淮乃横贯城中，六朝立栅断航之类，缓急不可复施。然大江天险，都城临之，金汤之势，比六朝为胜，岂必依淮为固邪？"再道："过龙湾，浪涌如山，望石头山，不甚高，而峭立江中，缭绕如垣墙。凡舟皆由此下至建康。故江左有变，必先固守石头，真控扼要地也！"陆游认为，建康有大江天险阻隔，秦淮河贯穿城内，石头城峭立江中，睥睨进入城中的船只，是不可多得的军事要塞。建康真是形胜之地，朝廷应该迁都建康。陆游关于宋代金陵大江风貌的记录，为后人留下了重要的史料。

明代，朱元璋取得政权后，先是决定在南京城西北的卢龙山（今狮子山）上建造阅江楼，他写了两篇《阅江楼记》，同时还让大臣们都来写同题作文。文章写好了，他转而又以浪费财力为理由终止建楼。楼虽然没有建起来，但是朱元璋和宋濂的《阅江楼记》流传了下来，特别是宋濂的《阅江楼记》堪称经典之作，被收入《古文观止》。

朱元璋在《阅江楼记》中写道，城西北的卢龙山，看起来像一只狮子，就给它起了名字狮子山，登上山顶，如果天气好的话，金陵城无所不览，

“俯视其下，则华夷舸舰泊者樯林，上下者如织梭之迷江。远浦沙汀，乐蓑翁之独钓。平望淮山，千岩万壑，群嵝如万骑驰奔青天之外。极目之际，虽一叶帆舟，不能有蔽。江郊草木，四时之景，无不缤纷，以其地势中和之故也”。朱元璋在此曾大败陈友谅，对卢龙山很有感情，加上此时取得政权不久，登上山顶，喜悦、自豪之情，溢于言表。

宋濂的《阅江楼记》写道：“京城之西北有狮子山，自卢龙蜿蜒而来。长江如虹贯，蟠绕其下。”又道：“长江发源岷山，委蛇七千余里而始入海，白涌碧翻。六朝之时，往往倚之为天堑。今则南北一家，视为安流，无所事乎战争矣。然则，果谁之力欤？逢掖之士，有登斯楼而阅斯江者，当思帝德如天，荡荡难名，与神禹疏凿之功同一罔极。忠君报上之心，其有不油然而兴者耶？”这段话的意思是说，长江发源于岷山，曲折蜿蜒地流经7000余里才向东入海，白波汹涌、碧浪翻腾。六朝之时，往往将它倚为天然险阻。如今已是南北一家，于是视长江为平安河流，不再为战争所用。然而，这到底是谁的力量呢？读书人有登上此楼观看此江的，应当想到皇上的恩德有如苍天，浩浩荡荡难以形容它的广阔，简直与大禹凿山疏水拯救万民的功绩一样无边无际。忠君报国的心情，难道还有不油然而生的吗？

宋濂的《阅江楼记》言简意赅，文风洒脱，一气呵成，有如行云流水一般自然。

很有意思的是，朱元璋还写了一首《江流赋》，描述他眼中的长江：“长江荡荡，绿水悠悠。举目遥观，共长天而斗色；低头近觑，同融日以争光。岸边绿苇，滴溜溜风摆旌旗；堤下青蒲，孤耸耸露依剑刃。白蘋渡上，有一攒一簇白沙鸥；红蓼滩前，有一往一来红甲雁。”该赋以近乎口语的表达，写出了眼前美丽的江景。接着历数过去长江上的战事，言外之意是，我朱元璋今天能实现国家的统一，让长江变成一条波澜不惊、平安静好的大江，是多么值得自豪的事！

明代大散文家张岱十分喜爱南京，曾写过多篇关于南京的文章，其中《燕子矶》《栖霞》涉及长江。在游览燕子矶时，他写道：“缘山走矶上，坐亭子，看江水溆洌，舟下如箭。折而南，走观音阁，度索上之。阁旁僧院，有峭壁千寻，碚礌如铁；大枫数株，蓊以他树，森森冷绿；小楼痴对，便可十年面壁。”《栖霞》一文，写他登上栖霞山顶看日落的情景：“日晡，上摄山顶观霞，非复霞理，余坐石上痴对。复走庵后，看长江帆影，老鹳河、黄天荡，条条出麓下，悄然有山河辽廓之感。”文字简练，视野开阔，意境宏大。

民国文人倪锡英用简明、生动的笔触写了一套“都市地理小丛书”，《南京》是其中的一本。比如，书的一开始这样介绍南京：“扬子江滚滚的波浪，从上游奔流入海，急狭地穿出了四川的群山，经湘、鄂、赣、皖一片平旷的原野，这才折了一个大湾，流入江苏境内。在那江心八卦洲咽喉似的扼制着的一转角间，有一座伟大的城关的影，雄踞在大江的南岸。那一带，高矮重叠的山陵，虬龙似的横卧在左右，稠密的房屋，很拥挤地罗列在江边。早晨日出的时光，江面上泛照着一片金光，群山顶上，也蒙上一重紫红的彩灿。把这个城市，形容得十分静默，而带着十分庄严的气概。”

这段文字，写得很有感觉，从大江与城的关系来观照南京，角度独特，富有画面感，把南京城的特点勾勒出来了。这部书摒弃了方志类的写法，从作者自己的感受出发来写，写得流畅、细腻、贴切。

现代作家黄裳多次到南京，曾写过多篇关于南京的文章，集纳在《金陵五记》中。他在《燕子矶》一文中写道：“下望长江，烟波飘渺。悬崖上面，丛生杂树。底下不时有小船走过。沙滩上排列着一些帆船，气势颇为壮观。”

朱自清《背影》写的是发生在江北浦口火车站的事。他写父亲给自己买橘子的情景：“他穿过铁道，要爬上那边月台，就不容易了。他用两手攀着上面，两脚再向上缩；他肥胖的身子向左微倾，显出努力的样子……”这段话感动了无数读者。朱自清在他的散文《南京》中说，“南京是值得流连的地方”，“逛南京像逛古董铺子，到处都有些时代侵蚀的痕迹”。

现代作家张恨水曾寓居南京，对南京很有感情，写了多篇关于南京的美文。他喜欢南京长江边的杨柳，写道：“扬子江边的杨柳，大群配着江水芦洲，有一种浩荡的雄风。”（《白门之杨柳》）他在《江冷楼前水》文中写道："说到江，我最喜欢荒江。江不是湖海那样浩瀚无边，妙的是空阔之下，总有个两岸。当此冬日，水是浅了，处处露出赭色的芦洲。岸上的渔村，在那垂着千百条枯枝的老柳下，断断续续，支着竹篱茅舍。岸上三四只小渔舟，在风浪里摇撼着，高空撑出了渔网，凄凉得真有点画意。……在南京，出了挹江门，沿江上行，走过怡和洋行旧址不远，就可以看见这荒江景象。假使太阳很好，风又不大，顺了一截江堤走，在半小时内，在那枯柳树林下，你会忘了这是最繁荣都市的边缘""坐在下关江边的茶楼上，这荒寒景象是没有的。不过，这一条江水，浩浩荡荡地西来东去横在眼面前，看了之后，很可以启发人一点遐思。若是面前江上，舟楫有十分钟的停止，你可以看到那雪样白的江鸥，在水上三五成群地打胡旋，你心再定一点，也可再听到那风浪打着江岸石上，'拍达拍达'作响"。作者观察细致，描绘细腻，表达了对金陵大江的喜爱之情。

南京籍作家叶灵凤得知长江大桥开通，非常兴奋，写下散文《家乡的大桥》："从报上读到一条令我高兴的消息：家乡就要兴建一座横跨长江的大桥了。从下关通到浦口，规模比已建成的武汉长江大桥还要大三倍。我曾经在武汉长江大桥上来回走过一次。在万里无云、烈日当空之下，几个人谈笑盼顾，漫步过长江，几乎忘记了置身在几十公尺高的半空桥面上，那规模之大已经令我惊叹，现在我的家乡准备要建的这座长江大桥，……使远处异乡的我，仿佛现在已经分润到那一份光荣了。"

当代作家吴强在散文《金陵自古豪情在》中写道："当我回首北望，千里长江，滔滔东去，长江大桥横跨天堑，在晚霞映照下，恰似金龙腾跃于山水之间，立刻吸引着我。我迅步下得城墙，赶车前往长江大桥。大桥上下灯火齐明，绵延十几里，绚丽夺目，勾勒出大桥巍峨雄姿。"

三

在小说中，作家们常常把长江作为背景来写。如罗贯中的《三国演义》，写的是魏蜀吴三国争霸的故事，自然要写大江。作者把背景放在广阔的长江两岸，几次重要的大战也都是围绕长江展开的，如赤壁之战、猇亭之战、濡须大战等，长江是三国争斗的战场，也是各路英雄豪杰展示才华的舞台。

《水浒传》写的是梁山泊英雄好汉的故事。梁山泊位于山东境内，但小说中所写到的故事发生地并不局限于梁山泊。施耐庵将水浒故事与长江进行了关联，拓展了小说的文学地理空间。首先，他把宋江的发配地点放在长江边的江州（今九江），从江州到梁山泊，有好几千公里，小说的空间顿时拓展开了。其次，宋江题反诗，告密的人是无为军通判，宋江被救出来之后，先想到是报仇，杀死无为军通判黄文炳。而小说中的无为军就在江州的对面大江边（这是作家的虚构，与现实不符）。最后，宋江、晁盖攻打方腊，作者把方腊放在了镇江，镇江也位于江边。

《儒林外史》写了南京很多景点，如金陵大江、十里秦淮、玄武湖、莫愁湖、清凉山、雨花台、城墙等，作者让人物在这些场景中活动，写出了古城的意蕴。尤其是通过登雨花台看大江、赏落日，引出了“六朝烟水气”的议论，表达了作者对南京这座古老江城的喜爱之情。

《红楼梦》与金陵大江也有着密切的关联。

曹雪芹在南京生活了十三四年，他对南京非常熟悉，所以，他在《红楼梦》中写了许多金陵胜迹。他的朋友敦敏说他“秦淮风月忆繁华”。曹雪芹还把《红楼梦》故事发生的主要场景放在京城、金陵、苏州、扬州4地。小说中多处出现“江南”“南边”“南方”等方位性词汇。人物往来也是“登舟而去”，航线自然是大运河。江南，对于曹雪芹来说，是挥之不去的故乡情结。

现代作家张恨水写过多部以南京为背景的小说，如《丹凤街》《大江东去》《秦淮世家》《石头城外》等。《大江东去》是以侵华日军南京大屠杀为背景，写了一位中国军人舍小家保国家的故事。小说最后有这样的情节——

在汉口，孙志坚与他的好友江洪相遇，江洪问他到哪里去，孙志坚用手指了长江道：“你看，这白云下面，江水上面，无穷尽的前途，都是我们的锦绣江山，我要到白云底下的最前线处。”又道：“每次在江边走着，看了这东去的江流，我就想到东战场，我就想到了南京。……我们当军人的，在国家存亡关键中，这样才是正当的干法，女人的离合小事，算得了什么？”江洪听他这番言语，站在柳荫下面，望了大江滚滚东去，沉思良久……

作家把时代的大变化，放在长江的背景下展示，具有宏大的格局。

阿垅的《南京血祭》是一部反映侵华日军在南京实施残酷屠杀的小说。作家在书写南京时这样描绘大江：“长江从红日沉没处雄浑的流来，带来了丰饶的矿物质和有机物，把两岸染成了肥沃而美丽的一片青绿。望不尽的风帆，或者依傍着芦苇、沙岸缓慢驶行，让天上的白云一片一片地追过自己；或者从波光水影里操纵着疾风驶来，船头低昂在洁白的水花里。这些古旧的船只，载满了长江流域出产的各种货物，米、茶叶、桐油、丝、纸张，什么全有，由南向北，画一个弧，绕过绿草黄沙的八卦洲，转向正东，掠过白鸥们的翼子，顺着汹涌不定的、黄浊的波浪疾驶而去，影子消失在淡淡的、远处的水痕山光里。”

他写南京的夹江：

假使长江是江南的大动脉，夹江就是南京的静脉了。冬天，它的水那样平静，那样明净，人立在山上向山麓看，仿佛是随随便便的、放在那里的一条带子，有一种可爱的丝质光泽。而来来往往的船舶像一片、两片浮在水面上的荷叶。宋朝有个故事，小康王逃走的时候，一只泥马将他渡过江来。那地方，就在这里。现在像一群大爬虫一样的乌龙山绵亘在金黄的日光里，俯瞰着它的江口；断崖峭壁的幕府山吞咽着江潮，盘踞在它的西口。山上，全构筑了要塞。当帆船在晓风残月里经过的时候，船夫们可以听到溟蒙的山峰上嘹亮的号声，或者幽暗的树影里悲壮的马蹄声。

作家对南京很熟悉，抓住了大江环绕的特点，把江城风光描绘得很细腻。如此美好的南京，惨遭侵略军屠城，这是多么令人气愤的事情！

作家还写了日军进入南京城之后，人们纷纷抢着渡江的情景：“长江的水静静的流着。船很少，人们争夺着，落入江中，头露出水面漂浮着，不久就不见了，只留下一个淡淡的圆涡。”看似冷静的叙述，实际上是对侵略者暴行的深刻揭露，看了让人悲愤填膺。

当代南京作家叶兆言多部小说以南京为背景，其中2022年出版的《仪凤之门》写的就是发生在南京长江边仪凤门的故事。作为南京明城墙十三座城门之一，仪凤门是南京城北部通往长江岸边的咽喉要道，这座城门见证了南京城乃至一个民族在攻与守、开拓和封闭、凋敝和繁荣之间的沧桑变幻。

《仪凤之门》主人公杨逵，是一个在下关码头揽活的人力车夫，他在南京下关开埠时，被卷入时代风云中，登上时代舞台，后来竟然一跃成为商界名流。但那个时代波谲云诡，他的商业帝国轰然倒塌。作家通过主人公的沉浮写出了时代的动荡变化。作家对南京下关开埠后的描绘也很有历史感：“民国初年，下关一带已有烟户万余家，商户数千户……旅馆、浴室、茶楼、戏院、绸缎庄、成衣店、钟表店，还有钱庄和银楼，应有尽有。当时南京人流行一句口号，‘南有夫子庙，北有大马路’，下关地区的繁华，完全可以与城南最热闹的夫子庙地区相媲美……”

作家还在小说中写了南洋劝业会、开辟挹江门、解放军渡江等与南京下关密切相关的历史。

四

考察金陵大江与南京文学的关系，我们不难得出结论：

——长江为文学家提供了丰富的自然素材。

金陵有山有水，尤其是大江环绕，钟山高耸，风光秀丽，为文学家提供了丰富的素材。明“金陵四十景”中，与长江有关的风景就有十余处。明京城城墙十三道城门，其中面对长江的就有五道。古时候进出金陵，大部分都要乘船从江上往来，人们首先看到的是金陵大江。所以，在作家诗人的笔下，金陵大江是绮丽的：“余霞散成绮，澄江静如练。喧鸟覆春洲，杂英满芳甸。”（谢朓《晚登三山还望京邑》）

金陵大江是壮观的：“石头巉岩如虎踞，凌波欲过沧江去。钟山龙盘走势来，秀色横分历阳树”（李白《金陵歌送别范宣》）、“大江来从万山中，山势尽与江流东”（高启《登金陵雨花台望大江》）。

金陵四周多山，加上城内高地较多，登高望远，目之所及，都能见到大江。所以，李白登上凤凰台，看到的是：“三山半落青天外，二水中分白鹭洲。”（《登金陵凤凰台》）高启登上雨花台，看到的是：“钟山如龙独西上，欲破巨浪乘长风。江山相雄不相让，形胜争夸天下壮。”（《登金陵雨花台望大江》）敖英登上雨花台，看到的是：“六朝蔓草天边去，万里长江席下来。”（《雨花台》）孔尚任登上冶城，看到的是：“烟白木苍苍，长江此中泻。”（《冶城山北望》）陈文述登上狮子山，看到的是：“五百年来人事改，长江依旧接天流。”（《阅江楼》）方文登上栖霞山顶，看到的是：“夕阳千岭秀，春水一江明。”（《摄山绝顶》）袁枚登上清凉山，看到的是：“长江半向树梢出，石罅尽教落叶裹。”（《晚望清凉山》）龚贤登上清凉山扫叶楼，看到的是：“江水西来地势斜。高台如卧枕晴沙。”（《鹧鸪天》）

——金陵大江厚重的历史触发了文学家的怀古之情。

金陵自古以来就有山川形胜、龙盘虎踞、金陵王气之说，可是历史上每当朝代更替的时候，人们又总在发问：“钟山何处有龙盘？”六朝覆灭，唐朝的诗人纷纷到南京，踏访前朝遗迹，不禁长吁短叹，发思古之幽情，由此形成了金陵怀古现象。这种现象影响深远，唐代以后，历代文人到了南京，咏史抒怀，留下了无数经典之作。

——文学家把个人的情感投射到金陵大江中，所以，大江是有情的大江。

长江奔流不息，亘古不变，而作为个体的生命来说，是短暂的，所以，文学家们面对滚滚东去的长江，难免会生发“逝者如斯夫”的感慨。张若虚望月而问：“江畔何人初见月，江月何年初照人？人生代代无穷已，江月年年望相似。”（《春江花月夜》）苏轼面对长江感叹：“哀吾生之须臾，羡长江之无穷。”（《赤壁赋》）文人们到了南京之后，登高望远，面对大江，自然感慨万千：“大江流日夜，客心悲未央”（谢朓《暂使下都夜发新林至京邑赠西府同僚》）、“万家斜照外，千古大江流”（黄之隽《登报恩寺塔绝顶》）。

金陵大江是美的，可是离别时，看大江的心情也是悲愁的：“大江一浩荡，离悲足几重。”（阴铿《晚出新亭》）

每当国家分裂，山河破碎，诗人们面对长江，心情是悲痛的，朱敦儒写道：“万里夕阳垂地大江流。”（《相见欢》）白朴写道：“长江，不管兴亡，漫流尽英雄泪万行。”（《沁园春》）翁泳写道：“难忘故国千年恨，不尽长江万古流。”（《己未秋登城北楼》）

丢了江山，成了俘虏，面对大江，心情可想而知：“问君能有几多愁，恰似一江春水向东流。”（李煜《虞美人》）

——金陵大江贡献了不少文学典故、成语。

东吴以来，金陵江面上发生过很多战事，流传过很多传说，经过岁月的沉淀与文学的传播，成了典故，有的还成了固定的文学意象，后人往往借用这个“酒瓶”装“新酒”，赋予新意。比如长江天堑、中流击楫、衣冠南渡、过江之鲫、饮马长江、一苇渡江等等，都是与长江有关的典故，且经常为后人所使用。

——就风格上说，大江文学呈现的是一种壮美。

古往今来，写大江的诗文，自然也都打上了壮丽的底色，如李白的《登金陵凤凰台》、高启的《登金陵雨花台望大江》、宋濂的《阅江楼记》等经典作品，往往从大处着笔，极写大江的壮阔之美。“三山半落青天外，二水中分白鹭洲。”这是一种极目千里，俯瞰人寰，才能看到的情景。“大江来从万山中，山势尽与江流东。钟山如龙独西上，欲破巨浪乘长风。江山相雄不相让，形胜争夸天下壮。”这是一幅流动的大全景图，包罗万象，意境壮阔。总的说来，写金陵大江的诗歌视野开阔、意境雄浑、气象豪迈，读来让人精神为之一振。

十首最经典的长江诗词

长江是中华民族的母亲河。古往今来，吟咏长江的诗词，举不胜举。一个伟大的诗人，遇见一条伟大的河流，必定会迸发灵感的火花，写出惊世骇俗的作品。李白、杜甫、苏轼、辛弃疾、毛泽东等，都写出了经典的咏长江诗作。苏轼的“大江东去，浪淘尽，千古风流人物”，杜甫的“无边落木萧萧下，不尽长江滚滚来”，李白的“山随平野尽，江入大荒流”，毛泽东的“万里长江横渡，极目楚天舒”等，都是脍炙人口的咏长江诗句。历代吟咏长江诗词，有的写景，有的抒情，有的情景交融，有的怀古讽今……读者在感受大江之美的同时，也获得人生感悟。

这里举出十首我以为是最经典的长江诗词——

苏轼的《念奴娇·赤壁怀古》

大江东去，浪淘尽，千古风流人物。故垒西边，人道是，三国周郎赤壁。乱石穿空，惊涛拍岸，卷起千堆雪。江山如画，一时多少豪杰。　遥想公瑾当年，小乔初嫁了，雄姿英发。羽扇纶巾，谈笑间，樯橹灰飞烟灭。故国神游，多情应笑我，早生华发。人生如梦，一尊还酹江月。

“大江东去”，出语不凡，石破天惊。词的上半阕写景，下半阕咏史、抒情，气势宏大、视野开阔、意境雄浑，是苏轼豪放风格的典范性作品。写典故，也是以排山倒海之势，描绘出一幅动人心魄的画面：“乱石穿空，惊涛拍岸，卷起千堆雪”，短短三句，极富画面感。后面的议论，“人生如梦，一尊还酹江月”，扣住“月”，议论中也有意象，表达出旷达的胸襟。整首词下来，写景、用典、抒情、议论，融为一体，一气呵成，没有一点雕琢的痕迹，凸显大家的功力。

这首词是苏轼“豪放词”的代表作，苏轼自己非常喜欢。它的出现标志着宋代豪放词走向成熟。苏轼把诗歌的情志引入了词作之中，大大提升了词作的格调，改变并拓宽了宋词的创作主题。

有人统计，在历代诗词选本中，苏轼的《念奴娇·赤壁怀古》入选率最高，唱和之作非常多，鉴赏、研究文章比比皆是。不少论者认为，这首词应该为“宋词第一名篇”。

李白的《早发白帝城》

朝辞白帝彩云间，千里江陵一日还。
两岸猿声啼不住，轻舟已过万重山。

《早发白帝城》是李白的代表作之一。此诗写于唐乾元二年（759）诗人流放途中遇赦返回之时，所以表现出非同一般的情感。诗歌表面上描写了自白帝城至江陵一段长江水急流速、舟行若飞的情况，实则是写归心似箭的心情。首句写白帝城之高，次句写江陵路遥，舟行迅速，三句用猿声烘托气氛，四句写飞舟山影。全诗似乎是信手拈来，随心所欲，自然天成。没有一句写心情，但读了之后，又感觉句句是写心情，这就是诗人的高明之处。“两岸猿声啼不住，轻舟已过万重山”，极富哲理意味，为后人经常引用。明人杨慎称赞这首诗：“惊风雨而泣鬼神矣。”

杜甫的《登高》

风急天高猿啸哀，渚清沙白鸟飞回。

无边落木萧萧下，不尽长江滚滚来。
万里悲秋常作客，百年多病独登台。
艰难苦恨繁霜鬓，潦倒新停浊酒杯。

杜甫的《登高》被誉为“古今七律第一”。

古人有登高赋诗的习惯，杜甫这首登高诗，当之无愧是最杰出的代表作之一。前两联写景，后两联抒情，围绕“悲秋”展开，铺排渲染，笔力千钧。金句“无边落木萧萧下，不尽长江滚滚来”，意境极为远阔，富有哲理意味。落叶飘零，江水东逝，让人品味出韶光易逝、人生迟暮的感伤。整首诗的基调是悲秋，有感伤的色彩，但吟诵全诗，又让人感受到一种波澜壮阔的气势，为之慷慨激昂。这就是“老杜”的诗歌魅力。全诗读来，极富韵律感，所以，明代评论家胡应麟评道：“一篇之中，句句皆律，一句之中，字字皆律，而实一意贯串，一气呵成。”

张若虚的《春江花月夜》

春江潮水连海平，海上明月共潮生。
滟滟随波千万里，何处春江无月明！
江流宛转绕芳甸，月照花林皆似霰。
空里流霜不觉飞，汀上白沙看不见。
江天一色无纤尘，皎皎空中孤月轮。
江畔何人初见月，江月何年初照人？
人生代代无穷已，江月年年只相似。
不知江月待何人，但见长江送流水。
白云一片去悠悠，青枫浦上不胜愁。
谁家今夜扁舟子，何处相思明月楼？
可怜楼上月徘徊，应照离人妆镜台。
玉户帘中卷不去，捣衣砧上拂还来。

此时相望不相闻，愿逐月华流照君。
鸿雁长飞光不度，鱼龙潜跃水成文。
昨夜闲潭梦落花，可怜春半不还家。
江水流春去欲尽，江潭落月复西斜。
斜月沉沉藏海雾，碣石潇湘无限路。
不知乘月几人归，落月摇情满江树。

相信能背诵这首诗的人很多，因为这首诗情景交融，即兴议论，富有哲理，朗朗上口，令人回味无穷。

望月待月，凝视宇宙，思考人生，感叹永恒，这首诗极通俗易懂，简直就是随手拈来，但金句不断，显示出非凡的艺术功力。春、江、花、月、夜，每个字都写到，每一幅都是美的画面，写景、议论、抒情，融为一体，不露一点痕迹。全诗满是“江”字，但一点也不嫌多，字字稳当，且有韵味，全诗具有诗意美、绘画美、韵律美。难怪后人众口一词，对这首诗给予极高的评价。明朝文学家钟惺说：“将‘春江花月夜’五字，炼成一片奇光，分合不得，真化工手。”清代文学家王闿运说：“张若虚《春江花月夜》用《西洲》格调，孤篇横绝，竟为大家。”到了现代，诗人闻一多称赞《春江花月夜》是“诗中的诗，顶峰上的顶峰”。很多学者认为，《春江花月夜》是唐代最好的诗之一。

李之仪的《卜算子》

我住长江头，君住长江尾。日日思君不见君，共饮长江水。　此水几时休，此恨何时已。只愿君心似我心，定不负相思意。

大白话、民歌味、情感真，是李之仪这首《卜算子》的鲜明特征。虽然是大白话，但诵读几遍，复叠回环，韵味十足。“我住长江头，君住长江尾”，一头一尾，整条万里长江，在不经意之中被包含其中，这是怎样一种气势！“共饮长江水”，想象既实在，又奇妙，道人之所未道。接着，以长江水比喻爱情，江水不竭，爱情不灭。江水绵延，爱情永恒。写出了人类最真挚、最美好的感情！所以，这首词也就具有永久的魅力。

杨慎的《临江仙》

滚滚长江东逝水，浪花淘尽英雄。是非成败转头空。青山依旧在，几度夕阳红。　　白发渔樵江渚上，惯看秋月春风。一壶浊酒喜相逢。古今多少事，都付笑谈中。

《三国演义》一开卷就引用了这首词，足见作者罗贯中对这首词是多么喜欢。

短短十句词，句句都是金句。“滚滚长江东逝水，浪花淘尽英雄”，化用苏轼的词，但有创新。“浪花”极富画面感。“青山依旧在，几度夕阳红”，意境极美，又富哲理。“古今多少事，多付笑谈中”，议论自然，随口道来，看似轻描淡写，实际上极富历史感。

整首词豪放中有含蓄，高亢中有深沉，基调慷慨悲壮，但又有旷达的意味，令人读来荡气回肠。

李白的《黄鹤楼送孟浩然之广陵》

故人西辞黄鹤楼，烟花三月下扬州。

孤帆远影碧空尽，唯见长江天际流。

两位诗人离别，必将擦出非凡的火花。果不其然，李白写了一篇经典的送别诗。送别的地点，黄鹤楼；送别的时间，三月；送别的场景，目送孤帆远去，只留下一江春水。全诗寓离情于写景之中，以绚丽斑驳的烟花春色和浩瀚无边的长江为背景，极尽渲染之能事，描绘出了一幅意境开阔、情丝不绝、色彩明快、风流倜傥的诗人送别画。虽为惜别之作，却写得飘逸灵动，情深而不滞，意永而不悲，辞美而不浮，韵远而不虚。

离别诗，一般是有些离愁的，但这首诗读起来，既能感受到依依惜别之情，又能体味到一种快意。因为离别的场景是美的，孟浩然去的地方是繁华的扬州，又是美景三月，所以，这样的分别，是一场富有诗意的离别。“烟花三月下扬州”，意境优美，文字绮丽，清人孙洙誉之为“千古丽句”。不见帆影，惟见长江，怅别之情，尽在言外。说孤帆，其实是写人。清代吴烶《唐诗选胜直解》云：“孤帆远影，以目送也；长江天际，以心送也。极浅极深，极淡极浓，真仙笔也。”

杜甫的《旅夜书怀》

细草微风岸，危樯独夜舟。
星垂平野阔，月涌大江流。
名岂文章著，官应老病休。
飘飘何所似，天地一沙鸥。

一首诗有两句特别耀眼的“诗眼”，就足以流传下来。何况这首诗每一句似乎都是经过锤炼得来，但又是那么稳稳当当，非此字不能传意。尤其是“星垂平野阔，月涌大江流”，明星低垂，平野广阔；月随波涌，大江东流，意境极为开阔，是杜甫最经典的诗句，也是写长江最经典的诗句之一。最后一句，“飘飘何所似，天地一沙鸥”，水天空阔，沙鸥飘零；人似沙鸥，落寞江湖，深刻地表现出诗人内心漂泊无依的孤独感。

高启的《登金陵雨花台望大江》

大江来从万山中，山势尽与江流东。
钟山如龙独西上，欲破巨浪乘长风。
江山相雄不相让，形胜争夸天下壮。
秦皇空此瘗黄金，佳气葱葱至今王。

我怀郁塞何由开，酒酣走上城南台。
坐觉苍茫万古意，远自荒烟落日之中来。
石头城下涛声怒，武骑千群谁敢渡？
黄旗入洛竟何祥，铁锁横江未为固。
前三国、后六朝，草生宫阙何萧萧。
英雄来时务割据，几度战血流寒潮。
我生幸逢圣人起南国，祸乱初平事休息。
从今四海永为家，不用长江限南北。

开篇这四句如大江浪涛，席卷而来，气势磅礴，气象恢宏，动感十足。读了，心胸顿时为之开阔。接下来，写历史典故，也是信手拈来，用大江、落日，渲染出苍茫、壮阔的意境。一句“几度战血流寒潮”，沉痛至极。“从今四海永为家，不用长江限南北”，渴望统一之情，溢于言表。全诗一气呵成，是明初恢宏新气象的反映。这首诗是明代诗歌的代表作之一。

毛泽东的《水调歌头·游泳》

才饮长沙水，又食武昌鱼。万里长江横渡，极目楚天舒。不管风吹浪打，胜似闲庭信步，今日得宽馀。子在川上曰：逝者如斯夫！　风樯动，龟蛇静，起宏图。一桥飞架南北，天堑变通途。更立西江石壁，截断巫山云雨，高峡出平湖。神女应无恙，当惊世界殊。

当代大江经典诗作，应推毛泽东的这首词。毛泽东的词，向来气势磅礴，有伟人之风。这首词豪情激荡，气势磅礴，境象阔大，充满浪漫主义豪情。用了几处典故，也都是达到化境，没有一点痕迹。语言明白晓畅，不事雕琢，但在平淡朴实的词句里蕴含着深刻的哲理。尤其是“万里长江横渡，极目楚天舒”，意境远大，气势非凡，读来有一种酣畅淋漓的感觉。“不管风吹浪打，胜似闲庭信步，今日得宽馀”，议论中有意象，自信中意味隽永。“子在川上曰：逝者如斯夫！”直接用《论语》中的句子，也是信手拈来，十分恰当。“一桥飞架南北，天堑变通途”，用典没有痕迹，轻松道来，却十分经典，耐人咀嚼。

其实写得好的长江诗词，远不止这十首。比如李白，是书写长江的高手，他的关于长江的经典作品就有多首，比如《望天门山》写道“天门中断楚江开，碧水东流至此回。两岸青山相对出，孤帆一片日边来”，《渡荆门送别》写道“渡远荆门外，来从楚国游。山随平野尽，江入大荒流。月下飞天镜，云生结海楼。仍怜故乡水，万里送行舟”，《横江词》其一写道“海神来过恶风回，浪打天门石壁开。浙江八月何如此？涛似连山喷雪来”，《登金陵凤凰台》写道“凤凰台上凤凰游，凤去台空江自流”。还有王湾的“潮平两岸阔，风正一帆悬”（《次北固山下》）、杜甫的“江间波浪兼天涌，塞上风云接地阴”（《秋兴八首·其一》）等等。以上都是抒写大江的好诗句。

除了李白、杜甫，还有很多写得好的长江诗词。下面再列举一些：

人世几回伤往事，山形依旧枕寒流。（刘禹锡《西塞山怀古》）

扬子江头杨柳春，杨花愁杀渡江人。（郑谷《淮上与友人别》）

京口瓜洲一水间，钟山只隔数重山。（王安石《泊船瓜洲》）

千古兴亡多少事，悠悠。不尽长江滚滚流。（辛弃疾《南乡子·登京口北固亭有怀》）

八月长江万里晴，千帆一道带风轻。（崔季卿《晴江秋望》）

夜阑风静欲归时，惟有一江明月碧琉璃。（苏轼《虞美人·有美堂赠述古》）

长江绕郭知鱼美，好竹连山觉笋香。（苏轼《初到黄州》）

竹外桃花三两枝，春江水暖鸭先知。（苏轼《惠崇春江晚景·其一》）

要看银山拍天浪，开窗放入大江来。（曾公亮《宿甘露寺僧舍》）

长江万里白如练，淮山数点青如淀。（周德清《塞鸿秋·浔阳即景》）

长江悲已滞，万里念将归。况属高风晚，山山黄叶飞。（王勃《山中》）

长江巨浪征人泪，一夜西风共白头。（宋琬《江上阻风》）

长江浩浩数千里，浪花喷薄蛟龙起。（白玉蟾《觉非居士东庵甚奇观玉蟾曾游其间醉吟一篇》）

长江一帆远，落日五湖春。（刘长卿（《饯别王十一南游》）

钟山风雨起苍黄，百万雄师过大江。（毛泽东《七律·人民解放军占领南京》）

以上写长江的诗句，有的意境雄浑，有的视野开阔，有的富有哲理，有的角度新颖，有的富有韵律美，都是诗词海洋里璀璨夺目的浪花。

四大古典名著与长江

本文所说的四大古典名著指的是《三国演义》《水浒传》《儒林外史》《红楼梦》。这四部古典名著都与长江有着直接或间接的关系。《三国演义》写的就是三国在长江大舞台上争霸的故事。《水浒传》写的主要地点虽然在山东梁山泊，但是作者为了拓展故事空间，也向长江流域进行了延伸。江州（今九江）、无为、建业（今南京）、镇江等长江沿线的重要城市也出现在小说中。《儒林外史》写了很多南京发生的故事，自然要写到长江。《红楼梦》虽然没有直接写到长江，但曹家在南京居住了60多年，曹雪芹在南京生活了十三四年，可以说，是长江水滋养了曹雪芹的成长。在他的小说中，金陵占有极重要的分量。

《三国演义》与长江

罗贯中的《三国演义》是中国第一部长篇章回体小说。元末明初，罗贯中综合民间传说和戏曲、话本，结合陈寿《三国志》和裴松之注的史料，创作了《三国志通俗演义》。

长江是中国古代最重要的一条南北分界线，是分裂割据时期群雄拼死争夺的战略重地。汉末三国时期，曹魏、刘汉、孙吴三大集团在长江两岸发生了多次战争，罗贯中根据历史上发生的战争线索，发挥自己的想象力，对其中的情节进行了艺术化处理，写得有声有色，引人入胜。作者把千里长江作为宏大而独特的战争舞台，让三国英雄们驰骋舞台，展示智慧与胆识，演绎了一出出激昂悲壮的人生大戏。

曹操、孙权两方，中间横着一条长江，作战双方围绕大江，施展计谋，抢占要塞，时进时退，或悲或喜。大江地理位置、阴晴变化，影响着作战双方的战略战术。一次次战斗、一场场纠葛，经过作者艺术化处理，写得惊心动魄。

《三国演义》特别注重对人物活动的展示，因此，人物的动作描写多、对话多，而对人物活动的场景一般不作具体、细致的描绘，对长江的景色也往往是一笔带过。但是有三处对长江的描绘，充满诗意，给读者留下深刻的印象。

第一处是开头引用了明代诗人杨慎的《临江仙》（“滚滚长江东逝水”），诗人透过历史现象咏叹宇宙永恒、江水不息、青山常在，表达出了一种悲壮苍茫的人生慨叹，为全书奠定了情感的调子。

第二处诗意的描绘，是在第四十六回《用奇谋孔明借箭　献密计黄盖受刑》中，作者难得出手写了一篇《大雾垂江赋》，写出了长江的地理概貌和神话传说，从不同角度写长江大雾的形态、神韵，很好地渲染了“草船借箭”的气氛。

小说第三处诗意的描写，出现在第四十八回《宴长江曹操赋诗　锁战船北军用武》，作者设计了“曹操横槊赋诗”的场景——

大战前夕，天色晴明，月出东山，江水如练，曹操下令置酒设乐于楼船之上，大会士众。曹操情绪高涨，即兴赋诗《短歌行》：“对酒当歌，人生几何！譬如朝露，去日苦多。”高举酒樽，横槊而歌，众人应和，气氛欢畅。不料扬州刺史刘馥指出“月明星稀，乌鹊南飞。绕树三匝，何枝可依”之词乃是“不吉之言”。曹操勃然大怒云：“汝安敢败吾兴！”手起一槊，刺死刘馥，宴会不欢而散。

其实，史籍中并无曹操在赤壁之战中“横槊赋诗”的记载，扬州刺史刘馥此时已经病逝，不可能跟随曹操南征荆州。罗贯中改造史实，虚构了横槊赋诗、刘馥被杀的情节，既表现了一代枭雄的杰出诗才，更暴露了曹操喜怒无常的性情，暗示了赤壁之战失败的结局。

建业是吴国的首都，小说自然要写到吴国的历史。作者从孙策创业立国、孙权雄踞江东，写到孙亮之废、孙休之立和孙皓之降，尤其是对于吴国的灭亡过程写得很细。最后一回《荐杜预老将献新谋　降孙皓三分归一统》，引用了刘禹锡的《西塞山怀古》作结，意味深长。

《水浒传》写大江

《水浒传》的作者施耐庵是元末明初著名文学家，出生于兴化县白驹场（今属兴化新垛镇施家桥、盐城市大丰区白驹镇一带）。他曾在兴化、苏州、江阴、淮安等地辗转生活，对山东、江南的生活都很熟悉。他把主要的场景放在了梁山泊，又把重要的关节点放在长江一线，特别是选取了江州（今九江）、无为、润州（今镇江）等江边城市作为推进情节发展的场景，拓展了小说的空间。

第三十七回、三十八回写宋江押解赴江州一路上的情况。第三十七回《没遮拦追赶及时雨　船火儿夜闹浔阳江》，写宋江与两个官府的押解走到大江边，被强盗追赶，走投无路之际，遇见了船火儿张横、混江龙李俊、出洞蛟童威、翻江蜃童猛、浪里白跳张顺，原来，他们都是在江州附近的江面上做私货买卖、运输的底层人物，后来也都上了梁山。

第三十八回《及时雨会神行太保　黑旋风斗浪里白跳》，写宋江等3人来到江州的琵琶亭，与戴宗、李逵一起喝酒，“宋江纵目一观，看那江上景致时，端的是景致非常。但见：‘云外遥山耸翠，江边远水翻银。隐隐沙汀，飞起几行鸥鹭；悠悠别浦，撑回数只渔舟。红蓼滩头，白发公垂钩下钓；黄芦岸口，青髫童牧犊骑牛。翻翻雪浪拍长空，拂拂凉风吹水面。紫霄峰上接穹苍，琵琶亭畔临江岸。四围空阔，八面玲珑。栏杆影浸玻璃，窗外光浮玉璧。昔日乐天声价重，当年司马泪痕多’”。插进的这一段，描绘了江岸山峰连绵、江水浩荡、渔舟往来、江鸥飞翔的长江美景。

第四十一回《宋江智取无为军　张顺活捉黄文炳》，一开端就引用了苏轼的“大江东去，浪淘尽千古风流人物”一词，作者还做了背景介绍：“话说这篇词，乃《念奴娇》，是这故宋时东坡先生题咏赤壁怀古。汉末三分，曹操起兵百万之众，水陆并进，被周瑜用火，孔明祭风，跨江一战，杀得血染波红，尸如山叠。为何自家引这一段故事，将大比小？说不了江州城外白龙庙中，梁山泊好汉小聚义，劫了法场，救得宋江、戴宗。”原来，作者引用这首词的用意是赞扬一帮英雄好汉在江边劫法场的壮举。晁盖、花荣、阮小二、阮小五、阮小七、白胜等17人，带领八九十人来到江边，浔阳江上来接应的张顺、张横、李俊、李立、穆弘、穆春、童威、童猛、薛永九筹好汉，也带来40余人，撑驾3只大船，前来接应，城里黑旋风李逵引众人杀至浔阳江边。这样，100多位英雄好汉聚集白龙庙，救了宋江。

宋江被救出后，首先想到的是要报仇，去杀无为军通判黄文炳。他先是派密探到无为军侦察情况，作者写道：“当夜密地望无为军来。那条大江周接三江，浔阳江、扬子江从四川只到大海，一派本计九千三百里，作呼为万里长江。中间通着多少去处，有名的是云梦泽，邻接着洞庭湖。古人有诗为证：‘万里长江水似倾，重湖七泽共流行。滔滔骇浪应知险，渺渺洪涛谁不惊。千古战争思晋宋，三分割据想英灵。乾坤草昧生豪杰，搔动貔貅百万兵。’”作者对万里长江的背景做了介绍，然后，用了一首写长江的诗歌，赞颂历史上长江战争中的豪杰。探明情况后，宋江派了5条船前往无为军报仇。小说写道：“当夜五只棹船装载许多人伴，径奔无为军来。此时正是七月尽天气，夜凉风静，月白江清，水影山光，上下一碧。昔日参寥子有首诗，题这江景，道是：‘惊涛滚滚烟波杳，月淡风清九江晓。欲从舟子问如何，但觉庐山眼中小。’”作者用了“夜凉风静，月白江清，水影山光，上下一碧”4句16个字，写出了江上秋夜美景，并且引用了宋代僧人参寥子的一首诗，渲染长江烟波浩渺、月白风清的静美。

第六十五回《托塔天王梦中显圣　浪里白跳水上报冤》写宋江生病，张顺前往建康府，邀请名医安道全给宋江看病的情节。“建康府”（南京）在小说中第一次成为故事场景。小说写道：“且说张顺要救宋江，连夜趱行，时值冬尽，无雨即雪，路上好生艰难；更兼慌张，不曾带得雨具。行了数千里，早近扬子江边。是日北风大作，冻云低垂，飞飞扬扬，下一天大雪。张顺冒着风雪，要过大江，舍命而行。虽是景物凄凉，江内别是几般清致。有《西江月》为证：‘嘹唳冻云孤雁，盘旋枯木寒鸦。空中雪下似梨花，片片飘琼乱洒。　　玉压桥边酒旆，银铺渡口鱼艖。前村隐隐两三家，江上晚来堪画。’”施耐庵特别喜欢写大雪，“林教头风雪山神庙”那一回写得非常美。这里，作者再一次写了扬子江的大雪之美，还用了一首诗歌来渲染。“空中雪下似梨花，片片飘琼乱洒”，雪花飞扬，千树万树梨花开，好一幅江上晚雪图！

第一百十回、一百十一回写被招安了的梁山好汉们听从朝廷号令，讨伐江南方腊。在战斗中，梁山好汉损失惨重，“横尸似北固山高，流血染扬子江赤”。

第一百十一回《张顺夜伏金山寺　宋江智取润州城》一开始就写道：“话说这九千三百里扬子大江，远接三江，却是汉阳江、浔阳江、扬子江。从四川直至大海，中间通着多少去处，以此呼为万里长江。地分吴、楚，江心内有两座山：一座唤做金山，一座唤做焦山。金山上有一座寺，绕山起盖，谓之寺裹山；焦山上一座寺，藏在山凹里，不见形势，谓之山裹寺。这两座山，生在江中，正占着楚尾吴头，一边是淮东扬州，一边是浙西润州，今时镇江是也。”这里关于扬子江以及镇江江面上金山、焦山的描写，是写实的。

长江自古是天堑，方腊军中骁将吕师囊有万夫不当之勇，手下还有12名能征惯战的统制官，率军镇守润州，虎视长江。吕师囊做了充分的作战准备，把长江里的船只全部聚集到南岸，断绝了水路交通。宋江大军齐集扬州，与润州隔江相对。宋江派出浪里白跳张顺等人侦察敌情。张顺侦察到一个重要情报：扬州离城40里有一个豪富姓陈名将士，官迷心窍，为了得到扬州府尹的封爵，打算渡江向方腊奉送100船粮米和一千作战人马。智多星吴用巧设计谋，派出弟兄杀了陈将士一家，梁山泊人马伪装成陈将士的队伍，送粮米的船只上插满方腊军队的旗号，顺利抵达长江南岸。其实，运粮船上没有一粒粮米，运载的全是士兵。等吕师囊发觉上当，为时已晚，宋江带领的梁山伯好汉一举攻克润州。

这个情节是施耐庵的艺术创造。其实历史上，方腊并没有到过润州。

《儒林外史》写长江

《儒林外史》是我国清代最优秀的现实主义小说之一，书中很多场景写到南京。

《儒林外史》第二十九回中，天长才子杜慎卿来南京，萧金铉道："慎卿兄，我们去到雨花台岗儿上走走。"杜慎卿道："这最有趣。"于是一同步上岗子，走到山顶上，望着城内万家烟火，那长江如一条白练，琉璃塔金碧辉煌，照人眼目。

第三十五回写庄征君"遇着顺风，到了燕子矶，自己欢喜道：'我今日复见江上佳丽了！'"于是，他叫了一只凉篷船，载了行李，一路游到旱西门。作者借小说中的人物，赞美燕子矶是"江上佳丽"。

第五十五回，开茶馆的盖宽和邻居等到雨花台绝顶所见是："望着隔江的山色，岚翠鲜明，那江中来往的船只，帆樯历历可数；那一轮红日，沉沉的傍着山头下去了。"这里再次写到雨花台的落日，不过这里又增加了山色岚翠、江上帆影的点缀，使得雨花台落日更具美感。

秦淮河是南京最有名的内河，第二十四回对十里秦淮的景色做了重点描绘：

城里一道河，东水关到西水关足有十里，便是秦淮河。水满的时候，画船箫鼓，昼夜不绝……那秦淮到了有月色的时候，越是夜色已深，更有那细吹细唱的船来，凄清委婉，动人心魄。两边河房里住家的女郎，穿了轻纱衣服，头上簪了茉莉花，一齐卷起湘帘，凭栏静听。所以灯船鼓声一响，两边帘卷窗开，河房里焚的龙涎、沉、速，香雾一齐喷出来，和河里的月色烟光合成一片，望着如阆苑仙人，瑶宫仙女。还有那十六楼官妓，新妆袨服，招接四方游客。

第四十一回又对秦淮河月色进行渲染：

话说南京城里，每年四月半后，秦淮景致，渐渐好了。那外江的船，都下掉了楼子，换上凉篷，撑了进来。船舱中间，放一张小方金漆桌子，桌上摆着宜兴沙壶，极细的成窑、宣窑的杯子，烹的上好的雨水毛尖茶。那游船的备了酒和肴馔及果碟到这河里来游，就是走路的人，也买几个钱的毛尖茶，在船上煨了吃，慢慢而行。到天色晚了，每船两盏明角灯，一来一往，映着河里，上下明亮。自文德桥至利涉桥、东水关，夜夜笙歌不绝。又有那些游人买了水老鼠花在河内放。那水花直站在河里，放出来，就和一树梨花一般，每夜直到四更时才歇。

秦淮河是长江的重要支流，也是孕育了南京这座城市的母亲河。早在六朝时期，秦淮河畔就十分繁华。明末清初，十里秦淮是南京城最热闹的中心。所以作者不吝篇幅，对秦淮河的繁华景色进行了细致入微的描绘。除了秦淮河，《儒林外史》还写了玄武湖、莫愁湖、清凉山、雨花台、城墙等，说明作者对南京十分熟悉。作者的朋友金兆燕说他："生平爱秦淮，吟魂应恋兹。"

吴敬梓，安徽全椒人，出身于一个地方世族之家，祖上数代都是读书人。因受家庭环境熏陶，他自幼聪颖好学，"读书才过目，辄能背诵"。但因"素不习治生，性复豪上，遇贫即施"，还常与一些文朋士友诗酒宴饮，不过数年时间家产耗尽，因此被乡人视作"败家子"。清代雍正十一年（1733），吴敬梓为了逃避乡人嘲讽，毅然变卖祖业，自老家全椒举家迁徙至金陵，在城南秦淮河畔淮清桥附近的秦淮水亭寓居，过起了清贫的布衣生活，从此南京成了他的第二故乡。他在南京生活了21年，对南京的地理形胜、社会生活、风土人情都烂熟于心，特别是对封建科举扼杀人才的现象深恶痛绝，经过十余年的耕耘，于乾隆十四年（1749）完成了《儒林外史》。

特别值得值得一提的是，吴敬梓还写了《金陵景物图诗》（现存23首），涉及南京的与长江有关的著名景点就有《燕子矶》《观音山》《幕府山》《三宿岩》《龙江关》5首。他在《燕子矶》中写道："石戴土山砠，凌空飞燕子。孤根荡地轴，不信深五里。归客一开颜，太息江山美。亭亭阁上松，淼淼岩下水。”诗的序中写道：“观音山东北，一石吐江渍，三面悬壁嵝绝，势欲飞去，则燕子矶也。观音岩怪石礌垂，苍黛参差，上接云霄，而大江自龙江关西来，直过其下。……至水云亭，入祠，左侧大观亭，坐石磴，临江已觉苍茫无际。”他在《观音山》诗中写道：“注湖以漫漭，灌江而渊沛。滈汗六州域，经营炎景外。”作品化用了郭璞《江赋》中的诗意，意思是，江水倾注五湖而水势茫茫，灌通三江而波浪澎湃。在六州之中浩浩荡荡，一直流到南边很远的地方。《幕府山》诗中写道：“沙鸟烟中没，云帆天际过。”《三宿岩》写道：“昔日涌江涛，岩下落征帆。”《龙江关》：“沽酒且停棹，坐看烟云变。”这些诗句都描绘了金陵大江之美。

《红楼梦》与大江

《红楼梦》中没有直接写到长江，但可以说长江与大运河共同孕育了《红楼梦》，为什么这样说？先要从曹雪芹的家世说起。

从曹雪芹曾祖父曹玺开始，就来到南京居住。曹玺来到南京不久，就从燕子矶畔挖来一棵楝树，然后栽在江宁织造署内，并且在树旁建了一座亭子，命名“楝亭”。这座楝亭后来成了曹玺、曹寅接待客人的重要场所。曹寅回到南京做江宁织造时，发现亭子已经损坏严重，随即修葺了亭子。他请好几位著名画家画楝亭，又拿着画请江南名士题咏。当时题咏者有四五十位，都是很有名气的文士。后来，曹寅还把楝亭作为自己的号，给自己的诗文集命名为“楝亭集”。可以说，这棵楝树见证了曹家在江南从立业走向辉煌、从顶峰走向衰落的历史。我想，在江宁织造署内长大的曹雪芹小时候一定像他祖父、父亲一样，在这棵楝树旁楝亭内读书写字。他对这棵楝树肯定有深刻的印象。

再来说燕子矶。曹玺为什么要从燕子矶畔移来一棵楝树？因为燕子矶曾是曹家往来南京与扬州、南京与北京之间的重要渡口。曹寅任江宁织造后，兼任两淮巡盐御史，往来于南京与扬州之间，燕子矶渡口是必会经过的。翻阅《楝亭诗钞》，就有《坐弘济石壁下及暮而去》《过燕子矶》《阻风燕矶》《登燕子矶》《暮游弘济寺石壁回宿观音阁中》《阻风燕矶登岸望洪济寺有作》等好几首写燕子矶的诗。燕子矶畔幕府山上有弘济寺，缘崖而建，山后有一天然石壁，形如观音。一次，曹寅经过此处，见到石壁，十分喜爱，便在石壁下坐了许久，并写道："我有千里游，爱此一片石。徘徊不能去，川原俄向夕。浮光自容与，天风鼓空碧。露坐闻遥钟，冥心寄飞翮。"（《坐弘济石壁下及暮而去》）

曹寅还有一首《江行》，写他在金陵江上的所见所闻："长江幻风烟，渺渺千里秋。波澜无端倪，微茫动群洲。鱼龙足芳夜，凫雁赠新俦。悠悠石头城，不见旌旗浮。遥峰上朝暾，钟声辨来舟。"曹寅在金陵江面上行驶，远远看见石头城矗立，孙吴时代旌旗林立的强盛景象已经一去不复返了，只见朝阳冉冉升起，远处传来阵阵钟声……

瓜洲是运河与长江的交汇处，曹寅往来北京与南方，瓜洲是必经之地。他的《即事》诗写道："炭渚杨花雾凇飞，瓜洲云日弄霏微。年年三翼乘潮去，趄趄迎人晾酒衣。"他还有一首《放舟瓜渚看月》，写月下放舟瓜洲的情景。

曹寅曾在扬州担任两淮巡盐御史，在苏州、江宁担任过织造。因此，曹寅的一生与苏州、扬州、南京、京城有着密切的关系。几地来来往往，都是经过长江、大运河，所以，他在诗中经常写到瓜洲、扬州运河、燕子矶、幕府山。

曹家在江南不少地方有家产。《江宁织造曹頫覆奏家务家产折》记载："窃奴才自幼蒙故父曹寅带在江南抚养长大，今复荷蒙天高地厚洪恩，俾令承嗣父职。奴才到任以来，亦曾细为查检，所有遗存产业，惟京中住房二所，外城鲜鱼口空房一所，通州典地六百亩，张家湾当铺一所，本银七千两，江南含山县田二百余亩，芜湖县田一百余亩，扬州旧房一所……"从这个奏折可以看出，曹家在京中、通州、张家湾、含山、芜湖、扬州等地均有置业。南京是曹雪芹的出生地，也是他度过童年、少年的地方。所以，他在《红楼梦》中写江南的风物、传说、俗谚就得心应手。

曹雪芹在构思《红楼梦》时，南京、苏州、扬州、京城成了4个主要的发生地。从京城的视角，文中出现了多处“江南”“南边”“南方”，在江南的金陵还有一个“江南的甄家”。据笔者统计，南京（金陵、江宁、石头城）被提及40多次，苏州（姑苏、阊门）被提及20多次，扬州（维扬）被提及10多次。4地之间，都是依靠舟船往来，走长江、大运河水路。

第三回“贾雨村夤缘复旧职　林黛玉抛父进京都”，林如海与贾雨村面议入京之事，言及“都中家岳母念及小女无人依傍教育，前已遣了男女船只来接……”之后，林黛玉洒泪拜别父亲，“登舟而去……有日到了都中，进入神京”。

第四十九回中，薛宝琴、邢岫烟、李纹和李绮本互不相识，因在同一时间段进京，半路上“泊船相遇”，闲谈中知道投奔的都是贾家，所以结伴进京。

第四十八回写香菱学诗，香菱说：“我们那年上京来，那日下晚便湾住船，岸上又没有人，只有几棵树，远远的几家人家作晚饭，那个烟竟是碧青，连云直上。谁知我昨日晚上读了这两句，倒像我又到了那个地方去了。”这分明写的是大运河畔的场景。

曹雪芹北上或南下也是走运河的。我推想，后来，曹雪芹一定到过南方。红学专家江慰庐搜集到一个传说，乾隆某年冬季大雪，曹雪芹因事往返南京与北京，途中经过瓜洲镇的时候，雪阻船行，便滞留在瓜洲一沈姓家里，曹雪芹临别时，还画了《天官图》赠送给沈姓主人。根据靖本批语，妙玉后来被卖到了瓜洲，命运悲惨。

透过以上分析，我们不难得出结论，是长江、运河哺育了这位伟大的作家，是江南的生活体验带给了他创作灵感。没有江南，就没有《红楼梦》。没有金陵，也就没有《红楼梦》。

《世说新语》中的大江

《世说新语》是南朝时期所作的文言志人小说集，由南朝宋临川王刘义庆组织文人编写，其内容主要是记载东汉后期到魏晋间一些名士的言行与轶事。全书收录了1129条汉末魏晋人物故事，三言两语，类似于今天的段子。其中有很多人物的对话，肯定也是当时的传闻。

《世说新语》涉及东晋人物故事多达780多条，约占全书条目的70%。可以说《世说新语》主要是一本东晋故事集，而这些东晋人物的活动范围及故事的发生地点，绝大多数是在长江流域。

以“渡江”“过江”为标志的南渡故事，在《世说新语》中占了相当大的比重。下面列举几则与“渡江”“江南”有关的小故事。

一

元帝始过江，谓顾骠骑曰：“寄人国土，心常怀惭。”荣跪对曰：“臣闻王者以天下为家，是以耿、亳无定处，九鼎迁洛邑。愿陛下勿以迁都为念。”

这则故事表现的是晋元帝司马睿渡江之初的内心世界。翻译成白话的意思是说，晋元帝司马睿刚到江南时，对骠骑将军顾荣说道：“我寄住在他人国土上，心中常常感到惭愧。”顾荣跪下回答：“我听说，帝王把全天下都当作自己家，因此商朝的君主有时把国都定在耿邑，有时把国都定在亳邑，并不固定下来；周武王在镐京定都，却把九鼎迁到了洛邑。希望陛下您不要总是记挂着迁都这件事了。”

西晋末年，北方经历“八王之乱”、北方游牧民族内迁，西晋政权的司马氏五个王——琅琊王司马睿、弋阳王司马羕、南顿王司马宗、汝南王司马佑、彭城王司马纮渡江至建康，其中司马睿做了皇帝，317年，司马睿建立东晋王朝，建都建康。当时有童谣说：“五马浮渡江，一马化为龙。”司马睿初到江南，把江南当成别人的国土，而实际上，在30多年前，这里曾是东吴的故土，后来西晋灭了东吴，江南也成了西晋的国土。司马睿还有一种做客的感觉，这其实真实地反映了当时南渡士人普遍的心理。在他们心目中，中原才是他们的故土。

二

卫洗马初欲渡江，形神惨悴，语左右云：“见此茫茫，不觉百端交集。苟未免有情，亦复谁能遣此！”

这则故事说的是卫玠在渡江前的感受。卫玠是曹魏尚书卫觊曾孙，太保卫瓘之孙，晋朝玄学家、官员。当初决定要渡江去江南避难时，他身形憔悴，神情悲伤，对随从说：“看到茫茫长江，忍不住百感交集。只要稍微有点感情的人，谁能够排遣这种忧伤！”

故事反映了当时南渡士人普遍的心理。他们实在不愿意离开自己的故土，但是面对残酷的现实，又不得不离开。他们第一次看见浩渺大江，感到十分迷茫。文中用“形神惨悴”来描绘他们的愁苦之状。

三

温峤初为刘琨使来过江。于时，江左营建始尔，纲纪未举。温新至，深有诸虑。既诣王丞相，陈主上幽越、社稷焚灭、山陵夷毁之酷，有《黍离》之痛。温忠慨深烈，言与泗俱，丞相亦与之对泣。叙情既毕，便深自陈结，丞相亦厚相酬纳。既出，欢然言曰：“江左自有管夷吾，此复何忧！”

温峤作为刘琨的使节，渡江来到江南。当时，江南的政权刚刚开始兴建，还没制订法纪，温峤对此很担忧。他去拜访丞相王导，向他诉说晋帝被囚禁流放、社稷宗庙被焚烧、先帝陵墓被毁坏的惨状，表现出亡国的伤痛。他一边忠诚慷慨、深情热烈地说，一边哭，王导也与他相对流泪。温峤说完了情况，就真诚地诉说结交之意，王丞相也深情地接纳了他。出来以后，温峤高兴地说："江南自有管夷吾这样的明相，还担忧什么呢！"

后来，晋元帝加封温峤为散骑常侍，温峤以母丧为由，不肯接受官职，要求北归。官员们认为温峤不能因个人私事丢下朝廷复国大业，温峤只好接受任命。司马睿对他非常器重，当时的王导、周顗、谢鲲、庾亮、桓彝等名士都欣赏温峤的才学与能力，争相与之交往。

故事反映了中原士族渡江之初的现实情况，同时也写出了有识之士对时局的关切与担忧。

四

旧云，王丞相过江左，止道声无哀乐、养生、言尽意三理而已。然宛转关生，无所不入。

这则故事很有意思，王丞相即王导，早年便与琅琊王司马睿友善，在他的鼓动下，司马睿才渡江到了建康，渡江之后，他作为司马睿身边的谋臣，在联络南方士族、安抚南渡北方士族方面发挥了重要的作用。他刚刚到建康时，也只是谈论"声无哀乐、养生和言尽意"这三方面的道理而已，可是这三个问题却能辗转推演生发开去，几乎是无所不包的。为什么只谈与政治不相关的问题，这是他的谋略。在复杂的局面中，一切还没有明朗之前，"王顾左右而言他"式的韬光养晦至关重要。后来，王导历仕三朝，陈寅恪称赞他"笼络江东士族，统一内部，结合南人北人两种实力，以抵抗外侮，民族因得以独立，文化因得以续延"，堪称奠定东晋立国基础的"社稷之臣"。

五

周伯仁风德雅重，深达危乱。过江积年，恒大饮酒，尝经三日不醒。时人谓之“三日仆射”。

周伯仁，即周顗，东晋名士，出身于著名的汝南周氏，父亲是西晋名臣，拜爵武城侯。周顗不到20岁的时候，就继承了父亲的爵位，所以《世说新语》里往往称他为“周侯”。永嘉之乱后，他跟随安东将军司马睿出镇建康，担任军咨祭酒，后来还担任荆州刺史、吏部尚书等官职。过江以后，他经常大口喝酒，有时醉了一连三天不醒。当时的人称他为“三日仆射”。这其实反映他离开故土后的郁闷，表达出当时普遍存在的压抑和怅惘的情绪。周顗的声誉一直很好，他以国家为重，在稳定东晋大局中发挥了重要的作用，可惜后来在王敦之乱中被杀。《世说新语》中多次写到他。

六

过江诸人,每至美日,辄相邀新亭,藉卉饮宴。周侯中坐而叹曰:“风景不殊,正自有山河之异！”皆相视流泪。唯王丞相愀然变色曰：“当共戮力王室，克复神州，何至作楚囚相对！”

这则“新亭对泣”的故事非常有名，经常为后世诗人引用。

到江南来的官员们，遇到天气和美的日子，就互相邀约去新亭面对大江饮酒。有一次大家正喝着酒，周顗说：“风景的美好都是一样的，只是山河不同了！”众人面面相觑，潸然泪下。只有丞相王导变了脸色，说：“大家应该齐心协力，效忠朝廷，收复中原，哪至于像囚犯一样相对哭泣呢！”

过江之人是指西晋末年，北方经历永嘉之乱，中原大族纷纷南逃，渡过长江，来到建康，虽然他们在江南落了户，但经常思念中原家乡，所以才有了“新亭对泣”。

新亭，位于当时建康城的西南部大江边，南宋时史正志《新亭记》记载：“南去城十二里，有岗突然起于丘墟垅堑中，其势回环险阻，意古之为壁垒者，或曰此六朝所谓新亭是也。”新亭位于都城西南交通要道上，新亭旁边就是一个渡口。六朝人进出建康，往往要在新亭停留。六朝诗人在诗中经常写到新亭。范云《之零陵郡次新亭》写道：“江干远树浮，天末孤烟起。江天自如合，烟树还相似。沧流未可源，高帆去何已。”阴铿《晚出新亭》写道：“大江一浩荡，离悲足几重。潮落犹如盖，云昏不作峰。”

唐代诗人喜欢到金陵怀古，新亭也是他们常去的地方之一。所以，在唐诗中，新亭出现的频率很高。李白的《金陵新亭》写道：“金陵风景好，豪士集新亭。举目山河异，偏伤周顗情。”朱存的《金陵览古·新亭》写道：“满目江山异洛阳，昔人何必重悲伤。倘能戮力扶王室，当自新亭复故乡。”

后来，每当国家分裂，南北割据，诗人们登临新亭，常有“克复神州”之叹。比如南宋时期，写新亭的诗就特别多。史正志的《新亭二首》云：“龙盘虎踞阻江流，割据由来起仲谋。从此但夸佳丽地，不知西北有神州。”诗中表达对国家分裂的担忧。曾极的《金陵百咏》有诗《新亭》写道：“青山四合绕天津，风景依然似洛滨。江左于今成乐土，新亭垂泪亦无人。”借古讽今，抒发忧国之思。汪元量的《莺啼序·重过金陵》写道：“回首新亭，风景今如此。楚囚对泣何时已。叹人间，今古真儿戏。东风岁岁还来，吹入钟山，几重苍翠。”由六朝的新亭，联想到当下，国家分裂，山河破碎，人何以堪?

新亭，当时只是一个普通的亭子，由于赋予了北望中原、渴望统一的含义，便积淀成了诗歌史上一个独特的意象。关于新亭的登临、游历、咏史、怀古之作，往往都是借古人之酒，浇诗人心中之块垒。

七

袁虎少贫，尝为人佣载运租。谢镇西经船行，其夜清风朗月，闻江渚间估客船上有咏诗声，甚有情致。所诵五言，又其所未尝闻，叹美不能已。即遣委曲讯问，乃是袁自咏其所作咏史诗。因此相要，大相赏得。

这是一则发生在长江上的故事。

袁宏，时称“袁虎”，陈郡阳夏（今河南太康县）人，东晋文学家、史学家。袁宏年轻时很贫穷，曾经被人雇佣，去运送租粮。镇西将军谢尚坐船出游，晚上风清月明，他听见江边商船上有吟诵诗歌的声音，很好奇，静心一听，忍不住赞叹，就派人去询问，原来是袁宏在吟诵自己写的《咏史诗》。谢尚对他大为赞赏，两人意气相投，后来，袁宏做了谢尚的参军。

八

有人讥周仆射：与亲友言戏，秽杂无检节。周曰：“吾若万里长江，何能不千里一曲！”

“仆射”是周顗的字。有人指责左仆射周顗：跟亲友言谈玩笑时，行为粗野不检点。周顗说：“我就像万里长江，怎么可能一泻千里却没有弯曲！”

周顗的这个比喻很有意思，拿长江意象与个人的修养相类比，取其曲直之意，比喻新奇。长江，对于渡江之后的东晋名士们来说，好像是新奇之物，所以才随口说来。这也反映出东晋名士们对新奇语言风格的追求。

九

陆机诣王武子，武子前置数斛羊酪，指以示陆曰：“卿江东何以敌此？”陆云：“有千里莼羹，但未下盐豉耳！”

这一则故事不是写渡江，而是写出了江东与中原地区的不同习俗。

陆机是吴郡吴县华亭（今上海松江区）人，西晋著名文学家，吴亡后入晋。故事说的是陆机去拜访王济，王济面前放着几斛羊奶酪，他指给陆机看并说：“你们江南有什么东西能够跟这个相比的吗？”陆机说：“我们那里有千里湖出的莼菜汤，不用下盐豉就足以媲美这个了！”

中原人以奶酪为美味，而江南人以莼菜汤为美味，表现了南北不同的风俗习惯。永嘉南渡，大量士人把北方的风俗习惯带到了江南，南北文化形成了对流、融合，从而形成了六朝文化高峰。

上面引用的九则《世说新语》的故事，都与“渡江”或“江南”有关，透过这些故事，我们可以了解到南渡之初的社会状况、人们心理以及民众风俗。

事实上，《世说新语》中除了不断出现事件性描述的动词“过江”“渡江”“南渡”之外，着眼于地理空间描述的名词如“江东”“江南”“江左”“江表”“江津”“江渚”“江湖”，以及“荆江”“江陵”“江汉”“江夏”“江州”“九江”“庐江”等，也屡见不鲜。或者说，在《世说新语》中，长江似乎成了舞台，很多故事都是在此展开。著名学者程章灿说：“我们不仅可以说，《世说新语》是中国文化长江时代的产物，而且可以说，中国文化的长江时代是《世说新语》的产物。建康（今南京）是《世说新语》的核心。《世说新语》标志着中国文化进入长江时代，也可以说，它标志着中国文化进入南京时代。对于南京时代，我们可能感觉有点陌生，如果换作中国文化的六朝时代，那么，大家就耳熟能详了。中国文化的六朝时代，就是中国文化的南京时代。……我有一个希望：等你再次打开《世说新语》的时候，会从书页之间看见滚滚长江悄悄地流过。”（《〈世说新语〉与中国文化的长江时代》）论述精辟独到，为我们阅读《世说新语》打开了一扇窗户。“看见滚滚长江悄悄地流过”，是我们在阅读很多与南京有关的书籍的共同感受。

长江三赋

古往今来，写长江的诗，多如牛毛。写长江的散文，也是不可胜数。写长江的赋，相比较而言，不是很多。苏轼有前后赤壁赋，知名度极高。本文所列举的三篇写长江的赋，分别是东晋文学家郭璞的《江赋》、明代朱元璋的《江流赋》、元末明初罗贯中的《大雾垂江赋》。

赋是我国古代的一种有韵文体，介于诗和散文之间，类似于后世的散文诗。它讲求文采、韵律。其特点是“铺采摛文，体物写志”，侧重于写景，借景抒情。魏晋以后，赋向骈的方向发展，叫作“骈赋”。宋代以散文形式写赋，称为“文赋”。郭璞的《江赋》就是典型的骈赋，而朱元璋的《江流赋》、罗贯中的《大雾垂江赋》，都是文赋。

郭璞的《江赋》

东晋文学家郭璞的《江赋》算得上一篇奇文。1700多字，能够一口气读下来的人，可能不多。不信，请看第一段：

咨五才之并用，实水德之灵长。惟岷山之导江，初发源乎滥觞。聿经始于洛沫，拢万川乎巴梁。冲巫峡以迅激，跻江津而起涨。极泓量而海运，状滔天以淼茫。总括汉泗，兼包淮湘。并吞沅澧，汲引沮漳。源二分于崌崃，流九派乎浔阳。鼓洪涛于赤岸，沦余波乎柴桑。纲络群流，商搉涓浍。表神委于江都，混流宗而东会。注五湖以漫漭，灌三江而漰沛。滈汗六州之域，经营炎景之外。所以作限于华裔，壮天地之崄介。呼吸万里，吐纳灵潮。自然往复，或夕或朝。激逸势以前驱，乃鼓怒而作涛。

如果不借助名家的注释或翻译，很难把这一段读下来。翻译一下，这段文字的意思是——

天地间金木水火土各有用处，而水的美德实在是“五才”中最广远绵长的。岷山导引了长江之水，江水发源之处水势微浅，只能浮起酒杯。江水始出，蜿蜒流经洛水和沫水，在古巴郡梁州收拢了无数小河流。水浪冲激而过巫峡，水势迅猛暴涨，漫过江津。水量浩大，势如海水翻腾，波浪滔天，一片迷茫。它总括了汉水、泗水，又包容了淮水和湘江，并吞入了沅江、澧水，汲取引来沮水与漳水。嶓山、崃山二分长江之源，流到浔阳又分为茫茫的九大支流。在赤岸上下，巨浪鼓动；到柴桑附近，波涛渐渐减弱。长江主干统领众多细流，融会无数小河沟水。江水集于江都，展现神奇深广的风姿，汇积诸流而东奔大海。江水倾注五湖而漫无边际，灌入三江而波涛轰鸣。浩浩荡荡，泛流六州之域；曲折缭绕，流经南方大地。所以它成为华夏与蛮夷的界限，气势豪壮是天然的险阻。它水势迅猛，顷刻万里；容量极大，吞吐潮水。循环往复，极其自然，早潮晚汐，已成规律。后浪推着前浪，掀起汹涌波涛，滚滚向前。

《江赋》从头到尾洋溢着作者对长江、川渎山水的赞美。以浓丽的笔触勾勒长江的面貌，以丰赡、稀奇的文字书写山川见闻，描绘出长江所经郡县、城邑、山岭、平原，汇总大小河流、接连湖泊薮泽的长轴画卷，展示长江的源远流长、地域广阔、气势浩瀚、物产丰富，讴歌长江孕育万物之德。作者首先以舒缓的笔调描写长江的发源，总揽支流、直赴东海的过程，以“咨五才之并用，实水德之灵长”一句奠定全赋的基本情调。接着以一串串由双声叠韵构成的联绵词摹写江水的各种情状与音响，长江“拢万川”“冲巫峡”“跻江津”“总括汉泗，兼包淮湘。并吞沅澧，汲引沮漳”，“极泓量而海运，状滔天以淼茫”，极写长江的浩瀚气势。

接着写长江上“舳舻相属，万里连樯”的忙碌景象：“霱如晨霞孤征，眇若云翼绝岭。倏忽数百，千里俄顷。……于是芦人渔子，摈落江山，衣则羽褐，食惟蔬鲜……忽忘夕而宵归，咏采菱以叩舷。傲自足于一呕，寻风波以穷年。”江上舟楫往来，或渔或商，一片忙碌景象。在作者的心目中，长江“妙不可尽之于言，事不可穷之于笔”，正在于它的“经纪天地，错综人术”。结尾情调由激越复归于舒缓，以赞美长江的上善之德作结。

作者从自然、历史、现实、传说的多角度，创造出一首雄浑壮阔、激情澎湃的大江交响乐章。

赋，擅长词汇的铺陈和声韵的叠加，以饱满外溢的情感和异彩缤纷的词汇，形成如同烟花般绚丽夺目的特技效果。从这篇赋我们能感受到这个特点。李善《文选》赞美这篇赋：“述川渎之美。”刘勰《文心雕龙》说它：“景纯绮巧，缛理有余。”由于用古字和典故较多，行文显得艰涩，难以卒读。当代文学史家马积高《赋史》评价说：“《江赋》规模宏阔，内容详赡，与木华《海赋》同为江海之巨制。《海赋》气势磅礴，《江赋》条理明畅，其形容处，时见精彩，在艺术上可谓旗鼓相当。”

郭璞（276—324），西晋时期的文人，曾任宣城太守殷祐、丹阳太守王导的参军。晋元帝即位后，任著作佐郎，迁尚书郎。后任大将军王敦的记室参军。他是一位诗人、训诂学家、生物学家，还是风水师。在南京的玄武湖公园环洲内里，有一座郭璞墩，是他的衣冠冢，又称“郭仙墩”。324年，力阻王敦叛乱，被杀。明嘉靖皇帝钦仰他一身正气，下旨在此墩上设圣谕亭，供人凭吊。这里现在是南京市级文保单位。

朱元璋的《江流赋》

朱元璋的发迹，与长江有着密切的关系。当年，他如果没有渡江之志，也就不可能在南京建立政权。后来，他在长江上作战，经过龙湾大战、鄱阳湖大战，终于打败陈友谅，建立了大明政权。因此，朱元璋对长江充满感激之情。

朱元璋写过燕子矶：“燕子矶兮一秤砣，长虹作杆又如何。天边弯月是钩挂，称我江山有几多。”（《燕子矶》）他在庐山上看大江：“庐山竹影几千秋，云锁高峰水自流。万里长江飘玉带，一轮明月滚金球。路遥西北三千界，势压东南百万州。美景一时观不尽，天缘有份再来游。”（《庐山诗》）他的诗，总是大处着笔，诗句颇有气势。

除了诗歌，朱元璋还写了一篇《江流赋》。我们来看看他是如何写长江的——

长江荡荡，绿水悠悠。举目遥观，共长天而斗色；低头近觑，同融日以争光。岸边绿苇，滴溜溜风摆旌旗；堤下青蒲，孤笋笋露依剑刃。白蘋渡上，有一攒一簇白沙鸥；红蓼滩前，有一往一来红甲雁。其中富贵，飘飖飖荷叶弄嗟钱；内里繁华，招展展莲花倾玉觥。霁雪丛会，响沸沸金睛金色化龙鲤；晴波影里，骨剌剌绿甲绿毛通圣龟。

长江浩荡，绿水悠悠。起笔突兀，接着写远看、近观江水的景象：岸边芦苇摇荡，堤下青蒲逶迤，水中荷叶田田，天上沙鸥翔集，水里龟鳖自由自在。好一幅大江春景图！

接着，他写长江位置的重要性。“此江遥纳千流，总兼三台之职；远尊大海，位有宰相之权。东南形胜，实为吴越之藩篱；西北胸襟，雄据楚、淮之保障。晋残东渡，能随五马一为龙；汉末南争；善使三雄决二虎。”他作了一个比喻，长江类似于三台的职位，有宰相之权，而大海无疑就是皇帝。作为东南形胜，金陵大江又是吴越藩篱、楚淮屏障。这里强调了长江的军事地位。

又接着写四时之景：“此江，到春来，暖融融鸥浴鱼翔；到夏来，碧森森芰生荷放；到秋来，纷纷红叶逐波流；到冬来，片片寒冰随浪走。”总写之后，又分写江中所见的各种景象：“江中是景，清兮是水，绿兮是波，白兮是浪，碧兮是蒲，红兮是莲，青兮是荷，飞兮是鸥，落兮是雁，跃兮是鱼，行兮是舰。”

“东去西来万里长，滔滔不尽古今忙。流水水流流入海，浪翻翻浪浪翻江。碧荷荷碧碧烟罩，紫花花紫紫云盘。白鸥鸥白白鸥波，红蓼蓼红红蓼滩。采莲莲采采莲去，行棹棹行行棹还。烟树生烟烟绕数，渡舡来渡渡人舡。汩汩无边浴寒日，明明四际映青山。几番铁骑腾长浪，数次金戈照急澜。”真是色彩缤纷，争奇斗艳。

最后发出感叹：“嗟哉！跨江欲会猎；危乎！浮水要投鞭。炎炎纵火称公瑾，浩浩驱兵赞谢玄。英雄挥泪伤时往，豪侠持戈惜目前。王濬乘威焚锁铁，祖生慷慨扣船舷。”

朱元璋的这篇《江流赋》见于《明太祖御制文集》。赋中写了很多江中所见，荷花、芦苇、蒲草、红叶，各种植物，美不胜收。江鸥、大雁、鱼龟、帆船，比比皆是。青的、白的、碧的、绿的、红的，各种颜色，也是争奇斗艳。与长江有关的典故也想到了，孙吴据江左、周瑜火烧赤壁、东晋南渡、谢玄指挥作战、王濬焚烧铁索、祖逖中流击楫等等。一篇之中，写景、抒情、咏史，娓娓道来。有的句子近乎大白话，但有独特的味道。

这篇赋也有缺点，单就荷花来说，写了三四次，有累赘之嫌。尽管这是一篇文人赋，但作这样的赋，也是需要词汇的，真不敢相信这是朱元璋写的。朱元璋原先没有读过多少书，参军后，由于好学，加上军营中身边有李善长、刘基、宋濂这些大文人，耳濡目染，文化水平也有长进。朱元璋的御制文集，序言是刘基写的，后序是宋濂写的。像这样的赋，经过文人润色，也未可知。

罗贯中的《大雾垂江赋》

《三国演义》的主战场就是长江。各路英雄豪杰都在长江这个大舞台上叱咤风云，此起彼伏，惊心动魄。作者对长江赞美的同时，也对长江的神秘充满好奇。第四十六回《用奇谋孔明借箭　献密计黄盖受刑》写的是，周瑜嫉妒诸葛亮的才干，就想害他，于是与诸葛亮谈论该用什么兵器对付曹操的水军，诸葛亮说“大江之上，以弓箭为先”。于是周瑜就说军中缺少箭，麻烦他在10天之内造出10万支箭。第三天半夜，诸葛亮请来鲁肃，让他和自己一起乘坐事先准备好的船去“取箭”，他们趁着大雾来到曹营，敲锣打鼓，曹操害怕了，于是派弓弩手向草船射箭，瞬间，万箭齐发，草船成了“刺猬”。这就是赤壁之战中著名的草船借箭的故事。作者在写诸葛亮利用夜里江上大雾施展计谋时，插进了一篇《大雾垂江赋》：

大哉长江！西接岷、峨，南控三吴，北带九河。汇百川而入海，历万古以扬波。至若龙伯、海若，江妃、水母，长鲸千丈，天蜈九首，鬼怪异类，咸集而有。盖夫鬼神之所凭依，英雄之所战守也。时也阴阳既乱，昧爽不分。讶长空之一色，忽大雾之四屯。虽舆薪而莫睹，惟金鼓之可闻。初若溟蒙，才隐南山之豹；渐而充塞，欲迷北海之鲲。然后上接高天，下垂厚地；渺乎苍茫，浩乎无际。鲸鲵出水而腾波，蛟龙潜渊而吐气。又如梅霖收溽，春阴酿寒；溟溟漠漠，浩浩漫漫。东失柴桑之岸，南无夏口之山。战船千艘，俱沉沦于岩壑；渔舟一叶，惊出没于波澜。甚则穹昊无光，朝阳失色；返白昼为昏黄，变丹山为水碧。虽大禹之智，不能测其浅深；离娄之明，焉能辨乎咫尺？于是冯夷息浪，屏翳收功；鱼鳖遁迹，鸟兽潜踪。隔断蓬莱之岛，暗围阊阖之宫。恍惚奔腾，如骤雨之将至；纷纭杂沓，若寒云之欲同。乃能中隐毒蛇，因之而为瘴疠；内藏妖魅，凭之而为祸害。降疾厄于人间，起风尘于塞外。小民遇之夭伤，大人观之感慨。盖将返元气于洪荒，混天地为大块。

这篇赋不长，翻译一下，大意为：

伟大啊，长江！你西接巴蜀之地，南控江东之土，北靠大河之域。汇合百川东入海，历经万古而奔腾。至于像龙神、海神、水神、河神，千丈长鲸，九首水母，鬼怪异物，都集聚在你的浩瀚之中。啊，你是鬼神藏身的屏障、英雄战守的险塞。时辰已是阴阳交错、明暗不分，迎长空一色，忽大雾聚合。即使薪火在眼前，也不能看清，只有金鼓之声可闻。初始水气烟雾弥漫，刚隐没了终南山之形；渐渐大雾充塞江上，连北海之鲲也几乎迷失方向。而后雾气溢满空间，上接高天，下垂大地；渺渺乎苍茫一片，浩浩乎无边无涯。好似鲸鲵出水，翻海倒浪；蛟龙潜渊，吐气喷烟。又如梅雨淋漓，一扫溽热；春寒盖地，阴湿袭人。幽暗迷蒙，浩浩漫漫。东边柴桑之岸，南面夏口之山，都被隐没。战舰千艘，如沉沦于千山万壑之中；渔舟一叶，像出没于万顷波涛之上。甚至苍天无光，朝阳失色；使白天回到傍晚，变曦光如同碧水。即使大禹之聪慧，也不能测其深浅；即使离娄之智明，哪里能辨清尺寸之别？在这当时，河伯静止呼吸，风神不再发威；鱼鳖藏身，鸟兽隐迹。蓬莱之仙岛被隔绝，上天之宫门被暗围。大雾恍惚奔腾，如骤雨即来；纷纭杂沓，像寒云聚合。于是乎毒蛇隐匿其中，乘时喷吐毒气；妖魅躲藏其内，趁机为害作乱。降灾难于人间，起风尘于塞外。老百姓遇之损身遭害，高位者观之惊叹感慨。这大概是将太古时代的元气返回，使天地统一到大自然吧！

这篇赋分为三部分。第一部分写长江的地理概貌和神话传说，第二部分写长江大雾的景色，第三部分写大雾的自然之力给人间带来的灾难。第一部分采用了宏观的叙事视觉，以粗犷的笔触概述长江，其长纵横中华大地，贯通川蜀和江南；其大包容神魔鬼怪，囊括妖禽异兽。所以，长江自古以来就是天堑，兵家险塞。第二部分则多侧面、多角度地描写具体江雾中的景致。以大雾形成的时间为顺序，写初始的雾气聚合；渐渐地雾色溟蒙，隐山遮海；进而充塞空间，“上接高天，下垂厚地；渺乎苍茫，浩乎无际”。作者描绘了雾的形貌，地上，“东失柴桑之岸，南无夏口之山”；天上，“穹昊无光，朝阳失色”。其色之重，“返白昼为昏黄，变丹山为水碧”。雾色的聚合和翻滚，犹如“鲸鲵出水而腾波，蛟龙潜渊而吐气”。大雾的威力很大，作者一连用了多种事物来渲染，河神息浪，风师收功，“鱼鳖遁迹，鸟兽潜踪”。

作者为什么要写江雾？一是给草船借箭营造神秘的气氛；二是作者借大雾表达自己的观点，大雾弥漫是太古时代的元气返回，是大自然的规律。作者认为，诸葛亮是正义与智慧的化身，所以他能化腐朽为神奇，在几乎不可能的情况下，凭借大雾，取得了曹操10万支箭。这充满戏剧性的情节，其实是对诸葛亮的神化，也是作者写作高度艺术化的结果。

诗词扬子江

长江从南京开始至出海口一带，古代又称“扬子江”。不过，出海口最早是在镇江、扬州一带，后来演变到江阴一带，再后来，演变到南通一带。

据文献记载，隋唐年间，扬州城南十几里许，有扬子镇，因地临长江北岸，是南来北往的渡口，又名“扬子津”。隋炀帝继位，利用吴王夫差开的邗沟故道，开运河自山阳（今淮安）达扬子，并在扬子建扬子宫。到了唐代，又曾在扬子津附近设扬子县。

作为南来北往的重要渡口，扬子津在唐代十分有名。唐代很多诗人如李白、孟浩然、卢纶、刘昚虚、施肩吾等都写到过扬子津。孟浩然有一次路过扬子津，写道：“北固临京口，夷山近海滨。江风白浪起，愁杀渡头人。”（《扬子津望京口》）他夜宿扬子津写道：“日夕望京口，烟波愁我心。”（《宿扬子津寄润州长山刘隐士》）“京口”就是镇江，唐时江面比现在宽很多，从扬子津南望京口，烟波浩渺，羁旅之愁油然而生。孟浩然还有一首《渡扬子江》，内容是：“桂楫中流望，京江两畔明。林开扬子驿，山出润州城。海尽边阴静，江寒朔吹生。更闻枫叶下，淅沥度秋声。”扬子津渡口旁，就有驿站，所以，诗人说“林开扬子驿，山出润州城”。

诗人卢纶经过扬子津，站在长江岸边，遥望江对岸京口，群山笼罩在暮色之中，他写下了《泊扬子江岸》：“山映南徐暮，千帆入古津。鱼惊出浦火，月照渡江人。清镜催双鬓，沧波寄一身。空怜莎草色，长接故园春。”暮色苍茫，千帆归渡，明月照人，渔火点点，站在古老的渡口，感叹岁月之流逝，思念起故乡的春天。

当时扬子津有供游人休息的亭子，很多南来北往的旅人在亭子上题诗留念。唐代诗人吴融经过扬子津亭子，写道："扬子江津十四经，纪行文字遍长亭。惊人旅鬓斩新白，无事海门依旧青。前路莫知霜凛凛，故乡何处雁冥冥。可怜不识生离者，数点渔帆落暮汀。"（《题扬子津亭》）羁旅之愁，故乡之思，溢于言表。

唐开元、天宝以后，由于长江淤沙日益严重，瓜洲渐与北岸相接。自扬子津行船南渡，须绕过瓜洲尾部，水程增加20多里。后来，自扬子抵瓜洲的运河竣工，扬子津渡口退出历史舞台，其地位被瓜洲渡取代。所以到了宋代，"京口瓜洲一水间"，瓜洲在诗歌中就开始频繁出现了。

唐朝人喜欢用诗歌记录行旅所见、所感。孟浩然的朋友刘昚虚，暮秋时节站在扬子江边，看落叶纷纷，思念老朋友，他写道："木叶纷纷下，东南日烟霜。林山相晚暮，天海空青苍。暝色况复久，秋声亦何长。孤舟兼微月，独夜仍越乡。寒笛对京口，故人在襄阳。咏思劳今夕，江汉遥相望。"（《暮秋扬子江寄孟浩然》）诗人权德舆晚渡扬子江，思念亲人写道："返照满寒流，轻舟任摇漾。支颐见千里，烟景非一状。远岫有无中，片帆风水上。天清去鸟灭，浦迥寒沙涨。"（《晚渡扬子江却寄江南亲故》）诗人孙逖在扬子江边的楼上，眺望大江写道："晚来潮正满，数处落帆还。"（《扬子江楼》）刘禹锡的《杨柳枝》写道："扬子江头烟景迷，隋家宫树拂金堤。"诗人借扬子江春景，抒写怀古之思。

施肩吾是杭州地区第一位状元，生于唐睦州分水县桐岘乡（今杭州富阳区洞桥镇）。唐宪宗元和十五年（820）考中进士，后被钦点为状元。他北上赶考曾路过扬子江，考中后又过扬子江，此时的他春风得意，那天扬子江风平浪静，他开心地写道："忆昔将贡年，抱愁此江边。鱼龙互闪烁，黑浪高于天。今日步春草，复来经此道。江神也世情，为我风色好。"（《及第后过扬子江》）

扬子江头离别，最能触动诗人的心绪。郑谷《淮上与友人别》写道："扬子江头杨柳春，杨花愁杀渡江人。数声风笛离亭晚，君向潇湘我向秦。"这首著名的绝句凝练出"扬子江头杨柳春"的意象，写出了朋友间深厚感情，读来朗朗上口。张乔《怅别词》写道："送郎扬子江，郎似江心浪。一夜起秋风，头白从飘荡。"作品极写离别之苦，颇具民歌味道。晚唐诗人韦庄的《陪金陵府相中堂夜宴》写道："满耳笙歌满眼花，满楼珠翠胜吴娃。因知海上神仙窟，只似人间富贵家。绣户夜攒红烛市，舞衣晴曳碧天霞。却愁宴罢青娥散，扬子江头月半斜。"最后一句，"扬子江头月半斜"，为全诗的诗眼，意境静谧、空灵。

秦汉时期，由于受潮汐影响，在扬州、镇江一带形成的广陵潮波澜壮阔，江面风急浪高。由于长江河道的改变，到了唐代后期，广陵潮就渐渐消失了。李绅的《早渡扬子江》写出了扬子江波涛汹涌的气势："日冲海浪翻银屋，江转秋波走雪山。青嶂迴开蹲虎戍，碧流潜伏跃龙关。地分吴楚星辰内，水迫沧溟宇宙间。"

到了宋代，"扬子津"在诗词中已经不怎么出现了，但扬子江仍然是诗人们经常使用的意象。诗人梅尧臣回忆渡江时的情景："月晕知天风，舟人夜相语。平明好挂帆，白浪须出浦。此身犹在吴，归梦预到楚。今日念同来，吾妻已为土。"（《忆将渡扬子江》）

宋代诗人王令有一年过扬子江，风高浪急，船无法航行，他写道："扬子江风十月初，四驾巨浪渺无隅。常忧倾摇地为动，意欲起塞天无虚。大舟不行就系岸，小舟分去争得鱼。舟中壮士起坐笑，有酒更为斜阳酤。"（《扬子江阻风》）徐积《送曾子开》写道："扬子江头风正寒，行人莫叹渡头难。江头杨柳岂常在，但向江头洗眼看。"诗中有场景，有议论，有哲理。南宋诗人蔡襄《江头别杜殿丞》写离别之情："扬子江头南北路，木兰船上往来人。年华衮衮东流水，世事劳劳薄宦身。回首天涯成远别，忘怀物外自相亲。津亭共起忧时叹，重记津亭泪满巾。"今日扬子江头泪别，明日相隔天涯，茫茫人海，何时再能相逢?

杨万里曾出使金国，过扬子江时，写下《过扬子江二首》。"只有清霜冻太空，更无半点荻花风。天开云雾东南碧，日射波涛上下红。千载英雄鸿去外，六朝形胜雪晴中。携瓶自汲江心水，要试煎茶第一功。""天将天堑护吴天，不数殽函百二关。万里银河泻琼海，一双玉塔表金山。旌旗隔岸淮南近，鼓角吹霜塞北闲。多谢江神风色好，沧波千顷片时间。”诗人写出了他眼中的扬子江：“日射波涛上下红”“万里银河泻琼海”，虽然扬子江风平浪静，但联想到山河破碎，意绪难平。

诗人汪元量的《扬子江》写旅人之愁：“扬子津头客子愁，孤舟欲渡意绸缪。蛟龙汹汹争新穴，鸥鹭轻轻下故洲。水卷岸沙连地去，风掀江浪接天流。试披陆羽图经看，洗鼎煎茶更少留。”

宋恭帝德祐二年（1276）正月，文天祥被任命为右丞相，代表南宋政权入元营谈判，被扣留。临安沦陷，文天祥被押送北上，于镇江乘隙逃脱，经真州（今仪征）抵南通。他一路上写下多首诗，总名为《指南录》，其中以扬子江为名的诗就有好几首。他写道：“几日随风北海游，回从扬子大江头。臣心一片磁针石，不指南方不肯休。”（《扬子江》）这首著名的扬子江诗，表达了赤忱的爱国之情。他还有一首《过扬子江心》写道：“渺渺乘风出海门，一行淡水带潮浑。长江尽处还如此，何日岷山看发源。”他在《苏州洋》诗中写道：“一叶漂摇扬子江，白云尽处是苏洋。”文天祥的诗歌，喜欢使用扬子江意象，使得他的诗歌意境极为开阔。

宋代僧人遇贤的扬子江诗，别具特色。“扬子江头浪最深，行人到此尽沉吟。他时若向无波处，还似有波时用心？”（《杂诗》）这首诗充满禅意。意思是说，扬子江风急浪高，行人面对这样的险情，免不了沉吟踌躇。但是，如果在风平浪静之时，还能像面对波涛汹涌时那样用心吗？以扬子江头的自然界风浪，比喻不平静的现实社会，富有哲理。

元代诗人吴莱在一个风雨大作的日子渡扬子江，写下《风雨渡扬子江》一诗，记录了波涛汹涌的大江。“大江西来自巴蜀，直下万里浇吴楚。我从扬子指蒜山，旧读《水经》今始睹。平生壮志此最奇，一叶轻舟傲烟雨。怒风鼓浪屹于城，沧海输潮开水府。凄迷滟滪恍如见，漭滉扶桑杳何所？须臾草树皆动摇，稍稍鼋鼍欲掀舞。黑云鲸涨颇心掉，明月贝宫终色侮。”诗人说，平生第一次经历这样艰险的渡江旅程，留下了极其深刻的印象。诗人由汹涌的江水，联想到古时候大禹治水，表达对大禹的敬仰之情：“独思万载疏凿功，吾欲持觞酹神禹。”

元代还有几位诗人写过扬子江，如王冕的“春风扬子江头去，夜月茅山石畔过”（《送日侍者游两府兼柬丁仲容先生》）；萨都剌的“故人情怨知多少，扬子江头月满船”（《赠弹筝者》），萨都剌还有一首《送外舅慎翁之燕京》，“扬子江头柳色浓，小窗春雨去怱怱”，写江南春色的诗句，脍炙人口；陈旅的“扬子江头水拍天，人家种柳住江边”（《和维扬友人》），意境清新，画面感强。

到了明清时代，诗人们也喜欢用扬子江意象。明代诗人韩上桂的《秋江月》写道：“扬子江头见月光，华堂宝烛夺辉煌。”清代王士祯的《夜泊江口闻笛寄家兄西樵四首·其二》写道：“扬子江头月，流光千里馀。美人临水别，隔岁几行书。霜落吹羌笛，烟深闻夜渔。调高风籁寂，流怨满空虚。”

扬子江因为扬州附近的扬子津而得名，最初是指扬州、镇江附近的大江，但后来人们渐渐用“扬子江”来指代南京下游一带的大江。如宋代诗人陈德武《水龙吟》：“问津扬子江头，滔滔潮汐东流去。六朝文物，千年陈迹，几更乌兔。天限东南，水流今古，地分吴楚。喜壮游千里，桑弧蓬矢，功名事、儒生语。　　翘首石头城北，簇楼台、远连芳树。雪销天气，澄江如练，碧峰无数。银瓮春回，金山钟晓，梦闲鸥鹭。早归来，尽日风平人静，孤舟横渡。”这首词既写到南京的石头城，又写到京口的金山，诗中的扬子江范围比较宽泛。

明代诗人蔡羽的《清凉台》写道：“清凉寺里清凉台，交岩互磴青崔嵬。扬子江边白鹭洲，白云红叶长悠悠。”这里的“扬子江”指的就是南京附近的长江。明朝初年，高丽高官郑梦周多次出使大明，曾有汉诗《扬子江船上》写道：“身随海舶贺王正，路入江南眼忽明。地辟天开新建极，龙盘虎踞旧闻名。”高丽另一位高官李崇仁于洪武十九年（1386）出使大明，也作《扬子江二首》，其中一首写道：“蒙冲巨舰载熊罴，百里央央见彩旗。谁道长江限南北，君王神武耀华夷。”李崇仁在南京的江面上看见插满彩旗的大明水军，赞美大明天子的神武。这两位使臣所写汉诗中的“扬子江”，就是指南京附近的江面。可见在明代，称南京至扬州一带的长江为“扬子江”已经很普遍了。

那么，在文学中，“大江”“长江”“扬子江”，这几个意象有什么区别？自古以来，“大江”“长江”在诗文中用得极为普遍，“扬子江”因为扬子津而得名，唐宋诗人用得很普遍，开始时指镇江、扬州附近的大江，后来概念不断宽泛，常常用来指代南京下游的大江，甚至指代范围更广的大江。

作为文学意象，“扬子江”更具有江南的意味。它经常与杨柳（如“扬子江头柳色浓”等）、月（如“扬子江头月满船”等）、春（如“扬子江头杨柳春”等）、水（如“扬子江头水拍天”等）、风（如“扬子江头风正寒”等）、浪（如“扬子江头浪最深”等）等意象组合，形成大江独特的江南意境。至于诗人喜欢用“大江”“长江”，还是用“扬子江”，这要看诗人自己的审美习惯了，比如李白，就喜欢用“大江”“长江”，如“唯见长江天际流”“登高壮观天地间，大江茫茫去不还”。文天祥则喜欢用“扬子江”，比如“几日随风北海游，回从扬子大江头”“一叶漂摇扬子江，白云尽处是苏洋”。

宁饮建业水

宁饮建业水，不食武昌鱼。
宁还建业死，不止武昌居。

这一首东吴时的童谣，很易懂，出自《三国志·陆凯传》。这是东吴重臣陆凯劝孙皓将都城迁回建业而引用的一首童谣。

说起东吴的首都，要从孙权说起。

210年，孙权将妹妹孙尚香嫁给了刘备，刘备到江东拜访孙权，路过秣陵时，发现这里是一个好地方，于是就向孙权建议，将权力中心迁到秣陵。与此同时，孙权手下的大臣张纮也有这样的建议。孙权接受了建议，211年，迁都秣陵，次年，改名“建业”。后来孙权从关羽手中夺取荆州，于221年，将都城迁到了武昌。这个武昌不是现在地理意义上的武昌，而是湖北鄂城（今鄂州鄂城区）。229年五月，孙权在武昌称帝，定都武昌，但在同年九月，孙权又下令将都城迁往建业。

到了孙权的孙子孙皓做皇帝，他身边的术士说，首都建业在风水上对他不利，于是，孙皓不顾大臣们的反对，一意孤行，于265年将首都又迁到武昌。当时的童谣都唱道：“宁饮建业水，不食武昌鱼。宁还建业死，不止武昌居。”童谣也是社会民意的折射。童谣中表达了宁愿在故乡过穷苦日子，也不愿意在他乡享受荣华富贵的朴素愿望，实际上表达了当时吴国大臣们对故土建业的依恋之情。由于全国上下反对的声音太大，第二年，孙皓又将都城迁回了建业。

建业水，作为一种意象，被后世文人经常用于诗文中。如唐代诗人储光羲写道“潮生建业水，风散广陵烟。直望清波里，只言别有天”（《临江亭五咏》），元代诗人白朴写道“且饮建业水，莫羡富家翁”（《水调歌头》），宋代诗人王安石写道“迢迢建业水，中有武昌鱼”（《别方劭秘校》），宋代诗人曾极写道“建业水甘供日饮，波间亦有武昌鱼”（《金陵百咏·南轩》）。以上都用了“建业水”的意象。

后来，毛泽东在《水调歌头·游泳》中化用了这首童谣，写道“才饮长沙水，又食武昌鱼。万里长江横渡，极目楚天舒”，不露痕迹，浑然天成。

六朝山水诗

六朝诗人，对大江特别偏爱，留下了不少经典的赞美诗句："余霞散成绮，澄江静如练""大江流日夜，客心悲未央""大江一浩荡，离悲足几重"……这在六朝以前是没有过的。

六朝诗人为何那么喜欢大江？这要从六朝人的山水诗勃兴说起。

六朝是一个文学自觉的时代，在六朝之前，文学一直是伦理道德与经学的附庸，没有独立的品格。而六朝时期，文学有了独立的地位。文学创作与文学理论都走向了高峰。所以刘勰说："宋初文咏，体有因革。庄老告退，而山水方滋。"（《文心雕龙》）意思是说，从刘宋开始，讲究玄理的老庄告退，清新自然的山水开始受到人们重视。

六朝人对自然有一种特别亲近的自觉意识，喜欢"山泽之游"。陶弘景说："山川之美，古来共谈。"（《答谢中书书》）山水诗的开山祖师谢灵运就喜欢与朋友"以文章赏会，共为山泽之游"。登临游览，成为六朝文人日常生活的重要组成部分。他们似乎在重新审视身边的山川，一草一木都能引起他们的共情。正如刘勰所说："登山则情满于山，观海则意溢于海。"这个时期的文人一般都身兼一官半职，他们流连于山水之间。在旅途中，他们关注山川之美。每到一个地方，他们也总是特别留意那里的自然风光。所以说，六朝诗人的诗歌创作，得益于"江山之助"（刘勰语）。

六朝人寄情山水，歌以咏志，看似是简单的个人情感抒发，却承载着历史的厚重与士人的悲怨。从社会环境看，六朝政权更替频繁，士人往往成为政治的牺牲品，甚至有朝不保夕的恐惧。士人从山水中找到了乐趣与寄托，他们用诗歌这种艺术形式表达对大自然的赞美，抒发心中的苦闷与忧愤，于是，产生了一种文学现象，山水诗开始勃兴。

南京山川秀丽，人文荟萃，诗人谢朓就曾在诗中说：“江南佳丽地，金陵帝王州。”六朝时期的山水诗人热情讴歌金陵之类。

就拿长江来说，六朝人对长江给予格外的关注。东晋郭璞就曾写过《江赋》，极尽渲染之能事，赞美长江。

六朝时，建康的大江边有石头津、新林浦、板桥浦、三山、新亭等港湾或渡口，六朝的诗人们经常写到它们。这些诗篇或者写大江的自然美，或者借大江的意象抒发羁旅之情、怀乡之感、失意之愁。

谢灵运溯江西上，亲友在石头城相送，他有感而发写了《初发石首城》。“故山日已远，风波岂还时。苕苕万里帆，茫茫终何之。”茫茫大江，风波涌起，一叶扁舟，前途未卜，心中十分惆怅。谢灵运是山水诗第一人，写了很多山水诗。有的尽管不是写长江，但对于江山的关注与钟情，让他的山水诗显得特别有韵味，不时有名句，比如“野旷沙岸净，天高秋月明”（《初去郡》）、“江山共开旷，云日相照媚”（《初往新安至桐庐口》）、“连峰竞千仞，背流各百里”（《会吟行》）、“云日相辉映，空水共澄鲜”（《登江中孤屿》）。这些诗句山水意境清新，对后世的山水诗产生了重要的影响。

谢朓的山水诗则往往通过自己的仔细观察，捕捉自然景物之中最美、最有情趣的部分，精心剪裁安排，富有韵味。如《晚登三山还望京邑》写道“余霞散成绮，澄江静如练。喧鸟覆春洲，杂英满芳甸”，在诗人眼里，大江澄澈，落霞成绮，百鸟婉转，杂花丛生；《暂使下都夜发新林至京邑赠西府同僚》写道“大江流日夜，客心悲未央”，诗人看到长江日夜奔流，亘古如斯，不禁感叹人生之须臾；《之宣城郡出新林浦向板桥》写道“天际识归舟，云中辨江树”，远望江面，江天一色，一叶扁舟，更觉得渺小。李白非常欣赏谢朓的诗歌，他曾说：“解道澄江静如练，令人长忆谢玄晖。”王士祯说李白“一生低首谢宣城”。

“二谢”是山水诗的杰出代表。他们具有敏锐的观察力，能够捕捉到自然山水中最美的光影，然后描绘出一幅幅画面来。画面中，山水远近，层次感分明。不仅如此，他们还能够用文字突出山水在四季中的变化。

除了“二谢”，还有其他几位山水诗人。范云的《之零陵郡次新亭》写道：“江干远树浮，天末孤烟起。江天自如合，烟树还相似。沧流未可源，高帆去何已。”诗写出了江天一色、烟树迷蒙的景象。鲍照的《还都至三山望石头城》写道：“泉源安首流，川末澄远波。晨光被水族，晓气歇林阿。两江皎平迥，三山郁骈罗。”诗人描绘出了一幅长江晨光图。何逊的《登石头城》写道：“连樯入回浦，飞盖交长术。天暮远山青，潮去遥沙出。”诗人登上石头城，放眼望去，日暮时分，远山青翠，舟楫回港，潮水退去，白沙露出。阴铿的《晚出新亭》写道：“大江一浩荡，离悲足几重。潮落犹如盖，云昏不作峰。”诗人把大江浩荡与离愁别绪对比着写，极写出离愁之多。阴铿还有《江津送刘光禄不及》，写道：“依然临送渚，长望倚河津。鼓声随听绝，帆势与云邻。泊处空余鸟，离亭已散人。林寒正下叶，钓晚欲收纶。”诗写江边送友人，不及相见，惆怅之情，溢于言表。

总之，六朝诗人得大江之助，使得他们的山水诗歌焕发出迷人的光彩。

六朝山水诗歌对唐代的山水诗派产生了重要的影响。

唐诗里的金陵大江

我一直以为，唐朝的金陵大江是属于诗人的。

唐朝的南京城，真的一座空城。宫殿毁了，遗址还在，山水还在，与政治家的观点相反，南京在唐朝文人心目中的地位是相当高的。尽管是一座空城，但诗人们都喜欢到南京来看一看。于是，李白来了，杜甫来了，来到金陵的诗人还有：刘禹锡、沈彬、刘长卿、王昌龄、常建、杜牧、李商隐、陆龟蒙、唐尧臣、皮日休、孟郊、许浑、李德裕、罗隐、崔颢、李群玉、高蟾、刘沧、韦庄、孙元晏……有的是专门来的，有的是顺道来的。只要一踏上金陵这块土地，诗人们就会生发思古之幽情，于是产生了一种文学现象——金陵怀古。在整个唐代，金陵怀古之作是相当多的，不乏经典作品。

大江是金陵重要的组成部分，在怀古诗中，金陵大江是诗歌中重要的元素，打上了诗人情感色彩后，便成了怀古诗中重要的意象。

一

说李白是大江之子，是恰当的。

李白出生于西域，成长于巴蜀，25岁出蜀，“仗剑去国，辞亲远游”，沿着长江一路漂流下来。先是出三峡，游历湖北的江陵、武昌，湖南的长沙、岳阳，泛舟于洞庭湖上，然后东游至金陵、扬州、绍兴等地，后来又回到湖北的安陆，与在高宗时做过宰相的许圉师的孙女结婚，并在那里生活了10年。他的一生大部分时间是在长江中下游流域度过的。62岁卒于当涂，葬于青山。当涂离南京并不远。可以说，李白生前与长江有着密切的联系。

大河大江是李白之所爱。且看李白的关于黄河的诗歌——

“黄河之水天上来”（《将进酒》）、“黄河如丝天际来”（《西岳云台歌送丹丘子》）、“黄河西来决昆仑”（《公无渡河》）、“欲渡黄河冰塞川，将登太行雪满山”（《行路难·其一》）……在李白的笔下，黄河从天而降，气势非凡，极具庄严感、崇高感。

长江博大浩瀚，气象万千，是自然之河，也是人文大江。当李白遇见长江，像是遇见老朋友，灵感乍现，诗情迸发。他热爱长江，讴歌长江，他的那些关于长江的诗歌，字字珠玑，是长江文学作品中的经典，说李白是长江之子，是当之无愧的。

看看李白是如何写大江的——

他笔下的三峡长江：“朝辞白帝彩云间，千里江陵一日还。两岸猿声啼不住，轻舟已过万重山。”（《早发白帝城》）“千里”“万重山”，意境极其远阔。朝霞铺天，彩云涌起，极富彩色感。猿声点缀，轻舟如箭，极富动感。一句没有写感慨，但快乐的心情溢于言表。“两岸猿声啼不住，轻舟已过万重山”，是实写，又是虚写，极富哲理性。

他登庐山看大江：“登高壮观天地间，大江茫茫去不还。黄云万里动风色，白波九道流雪山。”（《庐山谣寄卢侍御虚舟》）黄云万里，白波九道，又是极其壮观的景象！

他写大江的汹涌波浪：“海神来过恶风回，浪打天门石壁开。浙江八月何如此？涛似连山喷雪来。”（《横江词》其一）大江扬波喷雪，似是天外来客。

他写平坦的大江：“渡远荆门外，来从楚国游。山随平野尽，江入大荒流。月下飞天镜，云生结海楼。仍怜故乡水，万里送行舟。”在巴蜀深山见惯了长江于峡谷间奔突的身姿，第一次看见江流突破万重峡壁，奔向一望无际的广袤荒原，延绵不断的崇山峻岭被它抛向身后，是怎样一种快乐心情？

他写在黄鹤楼送别友人：“故人西辞黄鹤楼，烟花三月下扬州。孤帆远影碧空尽，唯见长江天际流”（《黄鹤楼送孟浩然之广陵》），极其简单的意象，加上通俗的字面，组合成了经典的送别画面。

他在天门山望大江写道：“天门中断楚江开，碧水东流至此回。两岸青山相对出，孤帆一片日边来。”（《望天门山》）位于安徽采石矶附近的天门山，两山夹峙，刀劈斧削，犹如巍峨的山门紧锁大江，只见一叶孤帆似从天出，行于两山之间。好一幅绝美的天门行舟图！

他写夜晚在长江中行舟：“江行几千里，海月十五圆”（《自巴东舟行经瞿塘峡登巫山最高峰晚还题壁》），“挂席拾海月，乘风下长川”（《叙旧赠江阳宰陆调》）。

诗人与长江结下深厚的友情：“寄言向江水，汝意忆侬不？遥传一掬泪，为我达扬州”（《秋浦歌·其一》），他认为长江有情有义，江水会为之传泪。在诗人眼里，“洞庭潇湘意渺绵，三江七泽情洄沿”（《当涂赵炎少府粉图山水歌》），无论走到哪里，江水总是自己的好朋友。

万里长江，气象万千，或雄奇险峻，或宽广浩瀚，或浊浪排空，或澄净如练，它总是奔腾不息，百折不挠，这与李白胸襟阔大，不受羁束的精神、气质非常契合，所以，李白视之为知音。他热情地抒写它，讴歌它，赞美它。长江不仅带给了李白丰富的阅历，而且开阔了他的视野，给了他灵感。而李白创作的经典诗歌，也丰富了长江文化的内涵。

二

李白一生过金陵四五次，留下的诗歌有70多首，他写了金陵石头城、玄武湖、紫金山、凤凰台、长干里、劳劳亭、板桥浦、瓦官阁、甘露寺、狮子山、栖霞山等多处名胜。清代文人陈文述说：“金陵江山之胜，甲于东南，古来诗人游者，太白为著。”（《秣陵集》）

六朝都城，大江东去，虎踞龙盘，南京独特历史与地理优势，引起了李白的关注。他在金陵写的很多诗歌都与长江有关。比如他写石头城：“石头巉岩如虎踞，凌波欲过沧江去。钟山龙盘走势来，秀色横分历阳树。四十余帝三百秋，功名事迹随东流。”（《金陵歌送别范宣》）

他的《金陵三首》，每一首都写到金陵长江。“地即帝王宅，山为龙虎盘。金陵空壮观，天堑净波澜。”“地拥金陵势，城回江水流。当时百万户，夹道起朱楼。”“古殿吴花草，深宫晋绮罗。并随人事灭，东逝与沧波。”他看到的金陵，大江东去，波澜壮阔，六朝时期，朱楼林立，而今只是空壮观。

他用6首诗的篇幅写金陵附近的横江。“人道横江好，侬道横江恶。一风三日吹倒山，白浪高于瓦官阁。”“海潮南去过浔阳，牛渚由来险马当。横江欲渡风波恶，一水牵愁万里长。”“横江西望阻西秦，汉水东连扬子津。白浪如山那可渡，狂风愁杀峭帆人。”“海神来过恶风回，浪打天门石壁开。浙江八月何如此？涛似连山喷雪来。”“横江馆前津吏迎，向余东指海云生。郎今欲渡缘何事？如此风波不可行。”“月晕天风雾不开，海鲸东蹙百川回。惊波一起三山动，公无渡河归去来。”（《横江词》六首）白浪如山，波涛似雪，他把横江的波涛汹涌描绘得惊心动魄。

他喜欢凝望金陵大江，写道：“汉江回万里，派作九龙盘。横溃豁中国，崔嵬飞迅湍。六帝沦亡后，三吴不足观。我君混区宇，垂拱众流安。今日任公子，沧浪罢钓竿。”（《金陵望汉江》）

他看金陵大江，经常会怀想前朝往事。“苍苍金陵月，空悬帝王州。天文列宿在，霸业大江流。绿水绝驰道，青松摧古丘。台倾鳷鹊观，宫没凤凰楼。别殿悲清暑，芳园罢乐游。一闻歌玉树，萧瑟后庭秋。”（《月夜金陵怀古》）月光照着南京，人不禁悲从中来。星星还是那几颗星星，而金陵的王气却像东流水一样一去不复返了。路之尽头是浩渺的湖水，古墓上的苍松翠柏老态龙钟；萧瑟的秋风中，还可以听到陈后主所作的《玉树后庭花》。

他登上位于金陵城西的孙楚楼，想念六朝诗人谢朓。“金陵夜寂凉风发，独上高楼望吴越。白云映水摇空城，白露垂珠滴秋月。月下沉吟久不归，古来相接眼中稀。解道澄江净如练，令人长忆谢玄晖。”（《金陵城西楼月下吟》）在金陵一个静悄悄的夜晚，凉风习习，诗人独自登上高楼眺望吴越。白云和城垣的影子倒映在江面上，微波涌动，恍若白云、城垣在轻轻摇荡，垂落的露珠仿佛从月中滴出。诗人月下沉思久久不归，思念古人，感叹如今能与古人相通的人真是太稀少了。领略澄江净如练的优美景色时，自然怀念南朝著名诗人谢玄晖。金陵城西楼即“孙楚楼”，因西晋人孙楚曾来此登高吟咏而得名。

他登上城南的凤凰台，心胸为之开阔，写道：“长波写万古，心与云俱开”（《金陵凤凰台置酒》）、“凤凰台上凤凰游，凤去台空江自流。吴宫花草埋幽径，晋代衣冠成古丘。三山半落青天外，二水中分白鹭洲。总为浮云能蔽日，长安不见使人愁”（《登金陵凤凰台》）。放眼望去，凤去台空，江水无声，三山依旧，白鹭飘摇，联想到国需良才，而自己不能施展抱负，不禁愁从中来。

他经常来到江边的白鹭洲头，送别友人写道：“朝别朱雀门，暮栖白鹭洲。波光摇海月，星影入城楼”“绿水解人意，为余西北流。因声玉琴里，荡漾寄君愁”（《宿白鹭洲寄杨江宁》），“西望白鹭洲，芦花似朝霜”（《洗脚亭》）。他与友人在江边道别，依依不舍，写道：“白鹭洲前月，天明送别回。”（《送殷淑三首》）

他喜欢在月下到金陵的大江上去，赏月怀古。《自金陵溯流过白壁山玩月达天门寄句容王主簿》写道：“沧江溯流归，白璧见秋月。秋月照白璧，皓如山阴雪。幽人停宵征，贾客忘早发。进帆天门山，回首牛渚没。川长信风来，日出宿雾歇。故人在咫尺，新赏成胡越。寄君青兰花，惠好庶不绝。”一个月白风清的秋夜，他泛舟板桥江面，沉醉于月落星隐时分的大江夜色，写道：“汉水旧如练，霜江夜清澄。长川泻落月，洲渚晓寒凝。”（《秋夜板桥浦泛月独酌怀谢朓》）“汉水”实指长江，李白多次以“素练”来形容长江的柔静之美，在这首诗中，夜幕下的寒江更显清澈，一江静水将月华泻向大海，四野清幽无声，实则动静相生，空灵的夜空让人顿生几多惆怅。“独酌板桥浦，古人谁可征？玄晖难再得，洒酒气填膺。”举杯独酌，古人不见，情何以堪？

有一次，他在金陵城西江边的落星石上游玩，遇到一位隐士，两人说话很投机，他写道：“心爱名山游，身随名山远。罗浮麻姑台，此去或未返。遇君蓬池隐，就我石上饭。空言不成欢，强笑惜日晚。绿水向雁门，黄云蔽龙山。叹息两客鸟，徘徊吴越间。一语一执手，留连夜将久。解我紫绮裘，且换金陵酒。酒来笑复歌，兴酣乐事多。水影弄月色，清光奈愁何。明晨挂帆席，离恨满沧波。”（《金陵江上遇蓬池隐者》）他把身上的衣服脱下来换酒，两人举杯高歌，得意忘形。李白就是这样一位率性的人！

李白很注重感情，朋友走了，他到江边劳劳亭送别写道：“金陵劳劳送客堂，蔓草离离生道旁。古情不尽东流水，此地悲风愁白杨。”（《劳劳亭歌》）。他自己要远行，金陵的朋友来送别，他写道：“请君试问东流水，别意与之谁短长。”（《金陵酒肆留别》）

在采石矶，有李白捉月坠江的传说。李白酒后与友人泛舟江上，醉眼蒙眬中，忽见江心一轮明月若隐若现，一生爱月咏月的李白不禁纵身一跃，扑入水中。随即，有人看见他骑着一头江鲸缓缓腾空而去。这个传说有江、月、鲸等元素，抓住了诗仙李白狂放不羁的性格特点，表达了人们对伟大诗人的崇敬之情。

三

除了李白，唐朝的诗人们写了很多金陵怀古诗。

金陵山川地形，被文人做了想象性的描绘：山川形胜、金陵王气、龙盘虎踞……现在诗人踏上金陵土地，所见山形依旧，大江依旧。“大江盘金陵，诸山横石头。”（岑参《送许拾遗恩归江宁拜亲》）

唐朝的诗人们到金陵，绝大多数人都是从大江中来，所以，诗人们未到金陵城，就先看见了大江。

唐朝的诗人们到了金陵，都会去登临六朝遗迹，因此，石头城、凤凰台、台城、新亭、劳劳亭等等，都留下了很多诗篇。诗人所到之处，不见了六朝的繁华，只有空荡荡的山川。刘禹锡的《石头城》写道：“山围故国周遭在，潮打空城寂寞回。淮水东边旧时月，夜深还过女墙来。”“潮打空城”，一个“空”字写尽了金陵的沧桑感。

刘长卿登上金陵大江边的临江楼，看着眼前日夜流淌的大江，为金陵的萧条冷寂感到可惜："萧条金陵郭，旧是帝王州。日暮望乡处，云边江树秋。楚云不可托，楚水只堪愁。行客千万里，沧波朝暮流。"（《金陵西泊舟临江楼》）罗邺登上石头城，面对江上来来往往的帆船，心中无限感慨："柳碧桑黄破国春，残阳微雨望归人。江山不改兴亡地，冠盖自为前后尘。帆势挂风轻若翅，浪声吹岸叠如鳞。六朝无限悲愁事，欲下荒城回首频。"（《春望梁石头城》）张祜到了石头城，感慨岁月埋葬了曾经的繁华："累累墟墓葬西原，六代同归蔓草根。唯是岁华流尽处，石头城下水千痕。"（《过石头城》）沈青箱说，六朝的繁华不在，眼前只有一片空寂："六代旧山川，兴亡几百年。繁华今寂寞，朝市昔喧阗。夜月琉璃水，春风卵色天。伤时与怀古，垂泪国门前。"（《过台城感旧》）

在诗人的笔下，有月下的大江："扬子江头月半斜"（韦庄《陪金陵府相中堂夜宴》）；有夕阳中的大江："玉树歌终王气收，雁行高送石城秋。江山不管兴亡事，一任斜阳伴客愁"（包佶《再过金陵》）；有雨中的大江："楚江微雨里，建业暮钟时。漠漠帆来重，冥冥鸟去迟。海门深不见，浦树远含滋。相送情无限，沾襟比散丝"（韦应物《赋得暮雨送李曹》）、"春阴漠漠覆江城，南国归桡趁晚程。水上驿流初过雨，树笼堤处不离莺。迹疏冠冕兼无梦，地近乡园自有情。更被东风动离思，杨花千里雪中行"（吴融《春归次金陵》）。特别值得一提的是韦庄的《台城》与《杜牧》的《江南春》，都把金陵写得如梦如幻。"江雨霏霏江草齐，六朝如梦鸟空啼。无情最是台城柳，依旧烟笼十里堤。"以霏霏江雨渲染，以柳树青青反衬，营造出一种朦胧、缥缈的气氛，使这首诗显得含蓄蕴藉，余味悠长。杜牧的《江南春》写道："千里莺啼绿映红，水村山郭酒旗风。南朝四百八十寺，多少楼台烟雨中。"江南无边春色，层层布景，色彩明丽，烟雨迷离，楼台隐约，描绘出了一幅绝妙青绿山水画。两首诗都是写春天雨中的江城金陵，抓住了江南的物候特征，写出了早春时节金陵城的朦胧美，同时在怀古的情绪中，透出感伤的色彩。

长干曲是南朝乐府歌辞，崔颢有4首《长干曲》。其一写道："君家何处住？妾住在横塘。停舟暂借问，或恐是同乡。"其二写道："家临九江水，来去九江侧。同是长干人，生小不相识。”作品采取一问一答的形式，表达出了男女之间微妙的相思之情。李白很重视从乐府民歌中汲取灵感，如《长干行二首》《子夜吴哥》《杨叛儿》等。他写道：“妾发初覆额，折花门前剧。郎骑竹马来，绕床弄青梅。同居长干里，两小无嫌猜。”作品以一位居住在长干里的商妇自述的口气，叙述了她的爱情生活，倾吐对于远方丈夫的殷切思念之情。“十六君远行，瞿塘滟滪堆”，丈夫要乘船到很远的地方去做生意，还不知道什么时候能回来。“早晚下三巴，预将书报家”，她多么渴望丈夫的来信啊。这首《长干行》以惟妙惟肖的口语化表达，书写了真挚的爱情。

唐诗的长干里，就在今天的中华门外。从附近的秦淮河，可以直达长江。不少长干里人以舟为家，以贩卖为业，张籍的《贾客乐》可作为注脚，诗是这样写的：“金陵向西贾客多，船中生长乐风波。欲发移船近江口，船头祭神各浇酒。”唐朝的金陵，尽管是一座空城，但老百姓还得过日子，在大江上往来做生意的商人并不在少数。

四

大江东去，古老的河流日夜奔腾。古人不见今时月，今月曾经照古人。月亮还是大唐的月亮，大江还是大唐的大江，只是时光已经过去了千年。今天，我们在读唐代诗人们写金陵大江的诗歌，仿佛回到了大唐，在月光中感知大江的灵魂。

金陵不幸诗人幸。岁月更替，金陵失去了繁华，但助了诗人的诗兴，激发了诗人的灵感。诗人在废都上、大江中看到了兴衰，感受到了沧桑，凝聚到了作品中，便有了惊世骇俗的沧桑之美。所以，金陵怀古诗，不仅数量多，而且经典佳作也多，在这些怀古诗篇中，绝大多数以金陵大江为背景、为底色，总的基调是感伤的、惆怅的，但由于大江意象的植入，在感伤中又透出远阔、苍茫的气象，不是那种小家子气式的闷气闲愁，有时候还抒发出人生的哲理，令人产生共情，这就是唐朝诗人的气度，这就是金陵大江的魅力。

一江春水向东流

春花秋月何时了？往事知多少。
小楼昨夜又东风，故国不堪回首月明中。
雕栏玉砌应犹在，只是朱颜改。
问君能有几多愁？恰似一江春水向东流。
——《虞美人》

极为常见的词语，组织在一起，成了一首绝妙好词。以水比愁，也不是李煜独创。前人多有比喻，比如李白的诗写道“抽刀断水水更流，举杯消愁愁更愁”，薛莹的诗写道“落日五湖游，烟波处处愁。”但是，李煜这一句“问君能有几多愁？恰似一江春水向东流”，无论从韵律上，还是意境上，都是完美的组合，道前人之所未道，但又晓畅易懂，读来朗朗上口，意味深长。这就是经典的魅力。

李煜身经亡国，繁华消歇，不堪回首，悲哀也到了极点，于百感交集中，写下了这首绝命词《虞美人》。

做俘虏的日子是不好过的，是极其难堪的。李煜把自己的忧愤、悲愁、痛苦，以及对故国的怀想，都写进了一首首词中：“林花谢了春红，太匆匆。无奈朝来寒雨晚来风”（《相见欢》）、“离恨却如春草，更行更远还生”（《清平乐》）、“最是仓皇辞庙日，教坊犹奏别离歌。垂泪对宫娥”（《破阵子》）、“剪不断，理还乱，是离愁。别是一番滋味在心头”（《相见欢》）、“独自莫凭栏，无限江山，别时容易见时难。流水落花春去也，天上人间”（《浪淘沙》）……读来句句是刻骨铭心的痛。据说，《虞美人》传到宋太宗那里，他终于忍无可忍，派人给李煜送去毒药，李煜被毒死的这一天正好是他的42岁生日，七月初七，传说中牛郎织女会面的日子。

有人说，宋朝亡了李煜的国，但他在某种意义上，却用自己情浓千载的词征服了宋朝。

作为亡国之君，他的际遇令人怜悯；作为词家，他后期的作品足以让人心痛到流泪。清朝诗人郭麐评道：“作个才人真绝代，可怜薄命作君王。”（《南唐杂咏》）这个评价最具概括论性。作为一个“好声色，不恤政事”的国君，李煜是失败的，但正是亡国成就了他词坛“千古词帝”的地位。王国维说：“唐五代之词，有句而无篇。南宋名家之词，有篇而无句。有篇有句，唯李后主降宋后之作，及永叔、子瞻、少游、美成、稼轩数人而已。”

葬送了一座江山，换得一册千古绝唱。“国家不幸诗家幸，赋到沧桑句便工。”李煜“赋到沧桑”，才有了《虞美人》这样千古传诵的词篇。

春风又绿江南岸

京口瓜洲一水间，钟山只隔数重山。
春风又绿江南岸，明月何时照我还？
——《泊船瓜洲》

这是北宋诗人王安石的一首代表作品。熙宁八年（1075），王安石第二次拜相，在从江宁（今南京）前往汴梁（今开封）的途中，船停靠在瓜洲，他眺望对岸的京口（今镇江）和只隔数重山的钟山，感慨万千，写下了这首诗，表达了他对第二故乡南京的眷念。这首诗创造了一个经典的意象——春风又绿江南岸，虽然没有直接写长江，但“江南岸”3个字，已经将长江蕴含其中，一句短短7个字，蕴含着令人遐想的意味。南宋学者洪迈在《容斋续笔》中讲述了王安石写作这首诗的过程：吴中士人得到了王安石写作此诗的手稿，从手稿看，一开始，王安石写作“春风又到江南岸”，觉得“到”不好，改成“过”，“过”又不满意，改成“入”，还不满意，又改成“满”，一连改了十几个字，最后定为“绿”。

这是一个经典的古代诗歌炼字、推敲的故事。最后的“绿”字，应该说是最妥帖的，带给了我们绿意盎然的色彩感。

王安石是一位政治家，几度罢相，三起三落。他本是江西临川人，但是他喜欢金陵，17岁那年随父上任来到金陵，在这里度过了青年时代。后来，他出任江宁府知府，相当于南京市市长。最后一次罢相，是在北宋熙宁九年（1076），他选择回到金陵安家，在钟山脚下建“半山园”，终老于此。

王安石是一位修养很高的诗人。他写了很多有关南京的诗歌，据统计有300首之多。他特别喜欢南京的山水。写钟山的诗歌尤其多，对金陵大江，诗人也有偏爱。一个秋天，诗人登高望远，只见大江东去，夕阳西下，千帆竞发，不禁怀想六朝往事，无限感慨，写下《桂枝香·金陵怀古》：

登临送目，正故国晚秋，天气初肃。千里澄江似练，翠峰如簇。归帆去棹残阳里，背西风，酒旗斜矗。彩舟云淡，星河鹭起，画图难足。　念往昔，繁华竞逐。叹门外楼头，悲恨相续。千古凭高对此，谩嗟荣辱。六朝旧事随流水，但寒烟衰草凝绿。至今商女，时时犹唱，后庭遗曲。

上阕写金陵之景色，下阕抒怀古之情，赞美金陵风物，喟叹历史兴亡，寄托词人忧国忧民的情怀。这首词被认为是金陵怀古词中最好的作品之一，周汝昌说："王介甫只此一词，已足千古，其笔力之清遒，其境界之朗肃，两宋名家竟无二手，真不可及也！"

王安石还有一首写金陵的怀古词《南乡子》，写得很不错。"自古帝王州，郁郁葱葱佳气浮。四百年来成一梦，堪愁。晋代衣冠成古丘。　绕水恣行游，上尽层城更上楼。往事悠悠君莫问，回头。槛外长江空自流。"最后一句，"槛外长江空自流"直接引用了王勃的《滕王阁》一诗，贴切、自然，表现出了空灵美。

王安石在金陵还写过不少有关长江的诗词。他有时候在江边晚眺，看大江东去写道："日下崦嵫外，秋生沆砀闲。清江无限好，白鸟不胜闲。雨过云收岭，天空月上湾。归鞍侵调角，回首六朝山。"（《江亭晚眺》）一天黄昏，他在江边走走，只见帆影片片，月照大江，写道："落帆江口月黄昏，小店无灯欲闭门。半出岸沙枫欲死，系船犹有去年痕。"（《江宁夹口·其三》）有一次，他在江上行驶，只见青山隐隐，船来船往，一片繁忙的景象，又写道："江北秋阴一半开，晚云含雨却低徊。青山缭绕疑无路，忽见千帆隐映来。"（《江上》）

王安石把对金陵的爱、对大江的情融入一首首诗词中，千年过去，依然闪耀着经典的光芒。

不用长江限南北

大江来从万山中，山势尽与江流东。
钟山如龙独西上，欲破巨浪乘长风。
江山相雄不相让，形胜争夸天下壮。
秦皇空此瘗黄金，佳气葱葱至今王。
我怀郁塞何由开，酒酣走上城南台。
坐觉苍茫万古意，远自荒烟落日之中来。
石头城下涛声怒，武骑千群谁敢渡？
黄旗入洛竟何祥，铁锁横江未为固。
前三国、后六朝，草生宫阙何萧萧。
英雄来时务割据，几度战血流寒潮。
我生幸逢圣人起南国，祸乱初平事休息。
从今四海永为家，不用长江限南北。

——《登金陵雨花台望大江》

这是一首七言古诗。诗很好懂，所用典故不多，也都是些常见的历史掌故。诗的开头六句写所看到的景色。长江从万山丛中呼啸东下，钟山似盘龙乘风西上。长江与钟山相互争雄，两者之势堪称天下壮景。接着，写秦始皇埋黄金，以镇压金陵的“天子之气”，但徒劳无功，金陵依然“王气”旺盛。下面笔锋一转，写诗人自己的心绪与感慨。由眼前的落日，感受到万古苍茫之意，联想到三国、六朝时期的往事，六朝宫殿都已杂草丛生，残败破落，那些企图凭借长江天险割据一方的英雄，只能给百姓带来灾难。最后四句又回到现实，诗人庆幸躬逢盛世，歌颂当朝“圣人”朱元璋平定天下，从此可以四海一家，不再因长江分割南北而起干戈。全诗气势豪放，音韵铿锵，舒卷自如，纵横恣意。

自古以来，写大江的诗歌很多，高启的这首诗意境开阔，沉郁顿挫，是难得的佳作。此诗作于洪武二年（1369），明朝开国不久。作者生于元末明初，饱尝战乱之苦。当时诗人正应征参加《元史》的修撰，怀抱理想，要为国家做一番事业。当他登上金陵雨花台，眺望荒烟落日笼罩下的长江之际，随着江水波涛的起伏，思潮起伏，有感而作。这首诗具有恢宏的开国气象。尤其是“从今四海永为家，不用长江限南北”，道出了战乱后众人的心声。

在古代，长江很多时候被视为难以逾越的天堑，所以，在很多人的心目中，长江自然划分出南北。宋代李纲说：“长江千里。限南北、雪浪云涛无限。”（《喜迁莺·晋师胜淝上》）从春秋战国开始，长江就一直是割据政权争夺的焦点。三国时代，长江就是一个大舞台，各路英豪在这个大舞台上尽显风采。六朝政权把长江作为屏障，偏安江南300多年。南唐政权继续依仗长江，想坐稳江山。然而，中华民族具有强大的凝聚力与感召力。天下大势，分久必合。天堑虽然难以逾越，但总会有人逾越。为了实现南北统一，历史上发生过无数次大江争夺战。元朝虽然实现了统一，但政权不得人心。从1351年韩山童、刘福通领导红巾军起义，到1368年朱元璋建立大明王朝，这十几年间，大江南北，干戈四起，杀声不断，所以，诗人感叹“几度战血流寒潮”。大明政权推翻了元朝，再次实现了江南江北的大一统。诗人庆幸自己生于这个时代，发出了“从此再也不用长江分割南北”的慨叹。这虽然是诗人一人之言，但却是那个时代的集体呼唤。所以，《登金陵雨花台望大江》被认为是明初诗歌的开山之作。历代诗评家都对高启给予了极高的评价。清人赵翼在《瓯北诗话》中推崇他为“（明代）开国诗人第一”。毛泽东也称赞他为“明朝最伟大的诗人”。

这样一位才子，结局却很惨。朱元璋让他做官，他怎么也不愿意。后来，朱元璋找了一个理由，把他给杀了，他死时才30多岁，实在太可惜！

有记无楼六百年

阅江楼，有记无楼六百年。

阅江楼这个名字，起得非常好。阅者，看也。阅书、阅史、阅报、阅人，但要说阅江，实在是一个大胆的创意。谁起的名字？朱元璋。这是宋濂说的：

京城之西北有狮子山，自卢龙蜿蜒而来。长江如虹贯，蟠绕其下。上以其地雄胜，诏建楼于巅，与民同游观之乐。遂锡嘉名为“阅江”云。登览之顷，万象森列，千载之秘，一旦轩露。岂非天造地设以俟大一统之君，而开千万世之伟观者欤？

这是《阅江楼记》中写得极有气势的一段，翻译一下，大意是，京城的西北方有座狮子山，是从卢龙山蜿蜒伸展而来。长江犹如一线长虹，盘绕着流过山脚下。皇上因为这地方形势雄伟壮观，下诏在山顶上建楼，与百姓同享游览观景之乐，于是赐给它美妙的名字叫“阅江”。登楼极目四望，万千景色次第罗列，千年的大地秘藏，似乎顷刻显露无遗。这难道不是天地有意造就了美景，以等待一统海内的明君，来展现千秋万世的奇观吗？

600多年前，大江从狮子山脚下流过。

狮子山，古称“卢龙山”“北山”。东吴时就在山上设立军事据点。山下就是龙湾。明洪武七年（1374），刚刚建国不久的朱元璋踌躇满志，想到自己曾经在狮子山上指挥部队大败陈友谅，取得龙湾保卫战胜利，便打算在狮子山顶建一座阅江楼。朱元璋自己写了篇《阅江楼记》，同时嘱咐大臣们每人作一篇《阅江楼记》。

文臣宋濂的《阅江楼记》写得最好，后来被收进了《古文观止》。朱元璋的两篇《阅江楼记》也都保存了下来。宋濂的《阅江楼记》不长，比较易懂，写得非常有气势。一开始交代了阅江楼的位置、名称来历，接着写皇帝登楼所见所思，这当然是作者的想象。每当风和日暖的时候，皇上的车驾降临，登上山巅，倚着栏杆远眺，必定神情悠悠，进而遐想。诸侯赴京朝见天子，看见长江汉江滔滔东去，看见高深的城池、严密固防的关隘，必定说："这是我栉风沐雨战胜强敌，攻城取地所获得的啊。"看见广阔的中华大地，更想到要怎样来保全它。看见波涛的浩荡起伏，帆船的上下颠簸，外国船只连续前来朝见，四方珍宝争相进贡奉献，必定说："这是我用恩德安抚，以威力镇服，声望延及内外所达到的啊。"看见四方僻远的边陲，更想到要用怀柔的政策。看见大江两岸之间、四郊田野之上，耕夫有烈日烘烤皮肤、寒气冻裂脚趾的烦劳，农女有采桑送饭的辛勤，必定说："这是我拯救于水火之中，而安置于床席之上的人啊。"对于天下的黎民，更想到要让他们安居乐业。关于建阅江楼的目的，宋濂在文中说是皇上用来舒展自己的怀抱，凭借着景物抒发感慨，寄寓着他志在治理天下的思绪，何止是仅仅观赏长江的风景呢？长江浩浩荡荡几千里，六朝之时，往往将它倚为天然险阻。如今已是南北一家，于是视长江为平安河流，不再用于战争了。然而，这到底是谁的力量呢？读书人有登上此楼观看此江的，应当想到皇上的恩德有如苍天，浩浩荡荡难以形容它的广阔，简直与大禹凿山疏水拯救万民的功绩同样的无边无际。忠君报国的心情，难道还有不油然而生的吗？

宋濂（1310—1381），明初文学家。朱元璋称帝后，任命他为文学顾问、江南儒学提举，给太子讲经。他被明太祖称为"开国文臣之首"。朱元璋颁发的诏令多出其手。《阅江楼记》既为奉诏而作，其中有溢美之词。但作者又能援引六朝覆灭的事实，在歌功颂德的同时，包含讽劝之意。全文结构严谨，转接自如，写景、叙事和议论穿插得十分自然。而铺陈排比手法的运用，与内容很和谐，增强了文章的气势。

再看看朱元璋是怎么写阅江楼的："然宫城去大城西北将二十里，抵江干曰龙湾。有山蜿蜒如龙，连络如接翅飞鸿，号曰卢龙，趋江而饮水，末伏于平沙。一峰突兀，凌烟霞而侵汉表，远观近视，实体狻猊之状，故赐名曰狮子山。”这里交代了卢龙山为什么叫“狮子山”，原来是取其形。

接着，朱元璋写登上狮子山的所见。远望，淮山连绵，群峰耸立，长江如带，舟楫如梭，江岸草木蓊郁，花草繁茂。“既名之后，城因山之北半，壮矣哉！若天霁登峰，使神驰四极，无所不览。金陵古迹，一目盈怀，无有掩者。俄而复顾其东，玄湖、钟阜，倒影澄苍，岩谷云生而霭水，市烟薄雾而蓊郁，人声上彻乎九天。登斯之山，东南有此之景。俯视其下，则华夷舸舰，泊者檣林，上下者如织梭之迷江。远浦沙汀，乐蓑翁之独钓。平望淮山，千岩万壑，群峰如万骑驰奔青天之外。极目之际，虽一叶帆舟，不能有蔽。江郊草木，四时之景，无不缤纷，以其地势中和之故也。”

接着，他又回忆了自己当年在狮子山下作战的情景：“昔伪汉友谅者来寇，朕以黄旌居山之左，赤帜居山之右，谓吾伏兵曰：‘赤帜摇而敌攻，黄旌动而伏起。’当是时，吾伏精兵三万人于石灰山之阳，至斯而举旌帜，军如我约，一鼓而前驱，斩溺二万，俘获七千。观此之山，岂泛然哉？乃于洪武七年甲寅春，命工因山为台，构楼以覆山首，名曰阅江楼。”他说，想到当年他与陈友谅作战，今天看到这座山，感受非同一般。所以，建造阅江楼目的就是“实在便筹谋以安民，壮京师以镇遐迩”。

《阅江楼记》写好不久，朱元璋又写了《又阅江楼记》，他在文中写道：“昔孙吴居此而有南土，虽奸操、忠亮，卒不能擅取者，一由长江之天堑，次由权德以沾民。当是时，宇内三分，劲敌岂小小哉？犹不能侵江左，岂假阅江楼之拒势乎？”他的意思是说，当年孙吴据江左，曹操、刘备都不能侵入，一是依靠长江天堑，二是以德治国，也不是凭借阅江楼而把敌人拒之江北的。接着，他又写道：“今也皇上声教远被遐荒，守在四夷，道布天下，民情效顺，险已固矣，又何假阅江楼之高，扼险而拒势者欤？夫宫室之广，台榭之兴，不急之务，土木之工，圣君之所不为。”意思是说，今天，国家治理有道，民情归顺，平安稳定，又为什么要凭借阅江楼来为自己打气呢？大兴土木，不是一个圣君之所为啊。这好像又给自己终止阅江楼的建设找了一个理由。

皇帝唯我独尊，可以这么说，也可以那么说，这很容易让人联想到当初他在自己的家乡凤阳，把中都建好了，突然一道旨令，废中都。皇帝就是如此豪横!

很有意思的是，从明代开始就有人写登阅江楼的诗，明代南京兵部尚书代王守仁的《登阅江楼》写道："绝顶楼荒旧有名，高皇曾此驻龙旌。险存道德虚天堑，守在蛮夷岂石城。"清代金朝觐的《阅江楼》写道："高楼控引大江流，狮子山头迹尚留。天意自分南北堑，偏安时作帝王州。"清代浙东学派的重要代表人物全祖望《登阅江楼》写道："突兀楼台起，苍茫眼界宽。江天落襟袖，烟雨幻林峦。"清代顾湄《阅江楼》写道："万里长江一望收，高皇亲建阅江楼。"有人根据这些诗作推测，阅江楼真的是建起来了，不然这些诗人怎么会有登阅江楼的诗呢?

其实，朱元璋的阅江楼肯定没有建起来，也许是后人在当年地基上建了比较简易的阅江楼。另外，古人写诗，有时候也未必是实指，往往凭借想象，也可以构思出一片艺术的天地。

600多年后，2001年，阅江楼真的建起来了。大江虽然已经西移，但并不远，登上阅江楼，向西眺望，长江如带，飘然北去，变的是河道，不变的是奔腾不息的江水，它承载着太多的记忆，流向远方……

滴滴沉江底

来家不面母，咫尺犹千里。

矶头洒清泪，滴滴沉江底。

这首题为《燕子矶口占》的小诗，以长江为背景，抒写伟大的亲情，读了让人如鲠在喉，心情沉重。

燕子矶，在南京北郊观音门外长江边。山石直立江上，三面临空，形似燕子展翅欲飞，地势险要。口占，即当场即兴作诗。小诗极为通俗易懂，回到家门不见母亲的面，咫尺之地好像隔着千里。燕子矶头掉下伤心的泪，点点滴滴都沉入了江底。

1644年，清军南侵，史可法在江北率师抵御。适逢驻扎在长江中游的明将左良玉以清君侧为由，进攻南京。史可法奉命驰援，渡江至燕子矶，而左良玉军已败退。当时扬州军情有燃眉之急，关系到王朝的命运，于是他又率军回江北抗清，没能回南京见上母亲一面。

“来家不面母，咫尺犹千里”，两句10个字，表达出了很复杂的感情。作者对母亲有着极深厚的感情，但此时又不能“忠孝两全”，充满内疚之情。“矶头洒清泪，滴滴沉江底”，似乎是在写“来家不面母”的伤心，实际上不止如此，还包含对整个国家状况的忧愤之情。南明危在旦夕，外患内忧。弘光政权成立后，权奸马士英执政，与东林党人斗争剧烈，而左良玉又从旁发难，造成“窝里斗”的糟糕局面。所以，这清泪既是愧疚之泪，又是悲愤之泪。“滴滴沉江底”，古人有铜人铅泪之说，所以诗人说滴滴沉入江底，表达出极其沉痛的心情。

史可法（1601—1645），明末抗清名将。崇祯元年中进士。少年时受东林党人左光斗的影响，以国事为己任。初任西安府推官，后升为右佥都御史、南京兵部尚书。1644年，在南京拥立福王（弘光帝）即位，成立南明小朝廷，为马士英等排挤，外出督师扬州。他拒绝多尔衮的诱降，重新部署军力，加强战备。清军大举围攻扬州之际，他致书母、妻，决心死战报国，率领扬州军民死守城池，终因实力悬殊，扬州城破。史可法自刎未死，被清军俘获，从容就义。

背影

“背影”，是现代文学大家朱自清创造的一个经典的文学意象。

“背影”的故事，就发生在南京的长江边的浦口火车站。

1917年，朱自清的祖母去世，在北京读书的他回家奔丧，此时父亲被革职，想到南京找工作，于是两人一起到了南京，父亲把朱自清送到浦口火车站。当父亲穿过铁道，爬上月台，去买橘子，朱自清看到了他的背影，内心深受触动，8年后，他写下了散文《背影》。

《背影》有1300多字，基本上都是白描。“背影”在文中出现了4次。文章一开始就点明：“我与父亲不相见已二年余了，我最不能忘记的是他的背影。”接着，作者写两次看见父亲背影的情景。一次是父亲为了买橘子而跨越铁轨，要爬上对面的月台，“他用两手攀着上面，两脚再向上缩；他肥胖的身子向左微倾，显出努力的样子，这时我看见他的背影，我的泪很快地流下来了”。最后是父亲和他话别，走出车厢，看着“他的背影混入来来往往的人里，再找不着了，我便进来坐下，我的眼泪又来了”。

文章的最后写道，接到父亲的信后，再一次想到父亲的背影：“我北来后，他写了一信给我，信中说道：‘我身体平安，惟膀子疼痛利害，举箸提笔，诸多不便，大约大去之期不远矣。’我读到此处，在晶莹的泪光中，又看见那肥胖的，青布棉袍，黑布马褂的背影。唉！我不知何时再能与他相见！”

这篇散文的语言朴素、典雅。作者抓住人物形象的特征“背影”命题立意，在叙事中抒发父子深情，把父亲对儿女的爱，表现得细腻、感人。

其实，朱自清的“背影”后面，是有故事的。

朱自清出生于江苏东海县，后随父定居扬州。1916年中学毕业后成功考入北京大学预科。在现实生活里，朱自清和他父亲朱鸿钧的关系非常糟糕。朱家是书香门第，朱鸿钧在徐州当榷运局长，相当于烟酒专卖局局长，在家族里算是不得志的。朱鸿钧一身传统习气，不仅养了好几房姨太太，而且从小就对朱自清管教严厉，父子关系很紧张。朱自清16岁时与武钟谦成婚，虽然家道已中落，但朱鸿钧还是为他办了一场盛大的婚礼。不久，朱鸿钧因一位姨太太吵大闹而被革职。他回到家里，只好通过靠变卖家产来维持生活。朱自清的祖母因为家庭变故，心情郁闷，很快就去世了。办完祖母丧事，朱家已是债台高筑，朱鸿钧为了找工作，与返校的朱自清同行到浦口车站。朱自清在北大读书时，就很少与父亲联络。毕业后，朱自清立刻到杭州第一师范教书，把一半的薪水寄回家中给父亲，但朱鸿钧不仅认为“儿子赚钱给父亲花用”是天经地义，还嫌朱自清不会赚钱，有一次竟利用他和校长的私交，要求学校将朱自清的薪水全数寄给他，害得朱自清生活陷入困境。不只如此，朱鸿钧还对朱自清爱人颐指气使，冷嘲热讽。朱自清知道后，忍无可忍，带着妻子和孩子离开故乡，与父亲决裂。有一次，朱自清想跟父亲和解而回老家，但朱鸿钧却不让他进门。又过了两年，日渐年老体衰的朱鸿钧在追忆过往人生时，对糟糕的父子关系萌生懊悔，主动写了一封信给朱自清，也就是在《背影》里提到的那封信。朱自清读信后，内心有了触动，将过去与父亲的种种不愉快抛诸脑后，以8年前父子在浦口车站的告别为背景，写出了《背影》。

1928年，以《背影》为书名的散文集出版后，在老家的朱鸿钧也读到了这篇文章。据朱自清三弟朱国华的回忆：“只见他的手不住地颤抖，昏黄的眼珠，好像猛然放射光彩。”多年来父子间的不愉快顿时烟消云散。

背影，自古以来就是艺术家捕捉的意象。据说，唐代画家周昉曾画有《背面美人图》。苏轼见后大为赞赏，写了一首长诗《续丽人行》，从此“背面美人图”成了一个热门题材，受到画家和诗人的青睐。明代诗人苏澹写道：“钗鞞乌云鬓欲蓬，回身环佩响丁东。背人不是无情思，自古红颜畏画工。”（《背面美人二首》）明代诗人高启写道：“欲呼回首不知名，背立东风几许情。莫道画师元不见，倾城虽见画难成。”（《背面美人图》）清代诗人孙原湘《背影》写道：“削玉双肩秀绝群，遥从背影识文君。衣裁藕色偏如雪，窗透兰香可待薰。”这些从不同角度捕捉美人背影的诗词，给人留下深刻印象。

唐代诗人刘长卿的《送灵澈上人》写的是友人的背影：“苍苍竹林寺，杳杳钟声晚。荷笠带斜阳，青山独归远。”灵澈上人戴着斗笠，向青山走去，夕阳的余晖洒在他的身上，把他的影子越拉越长，他渐渐消失于茫茫天际。这首写友人背影的小诗，意境优美，让人回味无穷。

而朱自清的《背影》所写的父亲，并不高大，是一位很普通的父亲，还有一副落魄的形象，父子之间的关系甚至很糟糕，但亲情又是从骨子里头渗出的，作者就是通过父亲买橘子时的背影，表现深藏于心中的父爱，所以能引发读者的共情。

六朝烟水气

对南京文化氛围的总结，有很多精辟的意象，比如六朝烟水气、金陵王气、金陵帝王州、天下文枢之地等。我以为，吴敬梓的“六朝烟水气”概括得最好。

《儒林外史》第二十九回中，天长才子杜慎卿来南京，萧金铉道：“慎卿兄，我们去到雨花台岗儿上走走。”杜慎卿道：“这最有趣。”于是一同步上岗子，在各庙宇里，见方、景诸公的祠甚是巍峨，又走到山顶上，望着城内万家烟火，那长江如一条白练，琉璃塔金碧辉煌，照人眼目。他们尽情徜徉，徘徊了大半日，“日色已经西斜，只见两个挑粪桶的，挑了两担空桶，歇在山上。这一个拍那一个肩头道：‘兄弟，今日的货已经卖完了，我和你到永宁泉吃一壶水，回来再到雨花台看看落照。’杜慎卿笑道：‘真乃菜佣酒保都有六朝烟水气，一点也不差！’”。

什么是六朝烟水气？气是何物？没有人能说清楚。

有人说是组成宇宙的元素，有人说是运势，有人是云象，有人说是地脉，有人说是味道，有人说是韵味。

南京向来就有钟山紫气、金陵王气、六朝烟水气之说，都离不开一个“气”。南京，为这“气”纠缠了千年。人们试图用“气”来诠释南京之谜、南京之魅、南京之魂。

烟水，本意是指雾霭迷蒙的水面。烟水有一种看不清、道不明的朦胧美。后来的诗人们都把六朝说得十分朦胧，如韦庄的《台城》写道“无情最是台城柳，依旧烟笼十里堤”，杜牧的《江南春》写道“南朝四百八十寺，多少楼台烟雨中”，王安石写道“六朝旧事随流水，但寒烟衰草凝绿。至今商女，时时犹唱，后庭遗曲”（《桂枝香·金陵怀古》），高观国写道“明日粉香残，六朝烟水寒”（《菩萨蛮·苏堤芙蓉》），叶大庄写道“带得六朝烟水返，凄清。天上人间寄与卿”（《南乡子》）。六朝烟水，凄冷清寂，扑朔迷离，让人捉摸不透。

六朝烟水，首先与水相关。吴敬梓写的两个挑粪桶的人，要登雨花台看落照，雨花台的落照有多美？大江一线，落日熔金，远山如黛，绿树蓊郁，民居参差……好一幅古城落照图！南京是一座江城，离不开水，所以落照图中必定有大江。韦庄捕捉到的早春时节，烟雨迷蒙的景象，也是江城的天气特征。

六朝烟水，与六朝的繁荣和文化积淀有关。六朝存世300多年，江南地区经济得到了发展，作为南方的经济文化中心，建康城市迎来了空前的繁荣。六朝造就一座座文化艺术的高峰，让后人惊叹不已。从文学上来说，六朝开创了我国山水诗一派，出现了以谢灵运、谢朓、沈约、颜延年等为代表的一批山水文学大师。记录六朝人社会生活风貌的《世说新语》，对后世文学产生了深远的影响。刘勰的《文心雕龙》是我国第一部文学理论著作。从书法上看，“二王”（王羲之、王献之）书法，是中国书法艺术史上令后人无法企及的高峰。从艺术史看，出现了顾恺之等杰出画家。六朝雕刻造型生动、线条流畅，达到了非常高的水平。从园林艺术看，六朝的皇家园林，如乐游苑和华林园，是我国最早出现的皇家花园。六朝创造了我国文学艺术上的第一个高峰，令后人仰慕。六朝繁华，是后人对建康城的总体印象。这块土地上积淀了深厚的文化气息，所以，后人每每踏上这块土地，总会有繁华之叹、兴衰之感。他们的脚步轻轻，为的是不敢惊动陈土里层层叠叠的历史。所以朱自清先生说：“逛南京像逛古董铺子，到处都有些时代侵蚀的遗痕。你可以摩挲，可以凭吊，可以悠然遐想；想到六朝的兴废，王谢的风流，秦淮的艳迹。”（《南京》）

我们的古人习惯用形象的感知来解读事物。六朝烟水气，是对南京城市气质、文化氛围的形象概括。

如果一定要问六朝烟水气究竟是什么？六朝烟水气是一种历史沉淀的厚重感，是一种到处透发出书卷气的文化气息，是一种美丽与哀怨相结合的诗意氛围。

六朝烟水气，只能慢慢感知。

六朝烟水气，氤氲在宣纸上，便成了朦胧淡雅的水墨画；凝结成文字，便成了意味隽永的诗词歌赋；化在空气里，便是雨花台的落照、石头城的雪、燕子矶的大江……

金陵大江意象

金陵因江而生，依江而存，因江而兴，自从六朝以来的1000多年间，金陵大江发生过太多的故事，代代相传，经过文人不断地渲染，史实与传说被作为典故沉淀下来，有的浓缩成了成语、俗语，有的成了金陵独特的大江意象。其中不少意象直到今天仍然“活”在文学作品中，熠熠生辉。

“江南佳丽地，金陵帝王州。”谢朓的这两句诗抓住了金陵的特征，一句说金陵的山水秀丽，一句说金陵的历史，都很恰当，今天，用这两句作为南京的宣传语，也不过时。“钟山龙盘，石城虎踞”，是对金陵壮观形势的形象概括，已经成为南京独有的城市意象，经常为人们引用。

除了江南，还有“江左”“江东”“扬子江”三个概念与南京密切相关。六朝时，人们甚至用“江左”指代东晋。东晋宰相谢安博学多才，风度优雅，多才多艺，世称“大才叠叠谢安”，后人还说“江左风流宰相唯谢安耳”。以谢安为代表的东晋名士有一种淡定从容、博学文雅的价值追求，后人将这种风尚称之为“江左风流”。“江左风流”在后世的诗文中出现的频率很高。苏轼《徐熙杏花》写道：“江左风流王谢家，尽携书画到天涯。却因梅雨丹青暗，洗出徐熙落墨花。”苏轼还有一首《和陶渊明饮酒》写道：“江左风流人，醉中亦求名。渊明独清真，谈笑得此生。”宋代刘克庄的《梅花十绝答石塘二林》二叠之七写道：“江左风流属谢家，诸郎如玉女尤佳。”宋代仇远的《送客湖桥·其二》写道：“别酒离歌送马蹄，归鞍斜日故迟迟。小儿拍手山翁醉，江左风流一晋时。”后人到金陵怀古，自然羡慕“江左风流”。元代诗人卢挚《蟾宫曲·金陵怀古》写道：“问江左风流故家，但夕阳衰草寒鸦。隐映残霞，寥落归帆，呜咽鸣笳。”

扬子江因为扬州城南的扬子津而得名，隋唐时期，扬子江多数时候指的是扬州、镇江一带的大江，但也有诗人开始用“扬子江”称呼金陵大江。如唐代李益（一作李白）诗人的《长干行》写道：“忆妾深闺里，烟尘不曾识。嫁与长干人，沙头候风色。五月南风兴，思君下巴陵。八月西风起，想君发扬子。”“发扬子”，就是从金陵附近的江面出发。现代作家张恨水的《白门之杨柳》写道：“你如果走过南京的四郊，就会觉得扬子江边的杨柳，大群配着江水芦洲，有一种浩荡的雄风……”

金陵大江段，有很多自然景观、人文古迹，为历代诗人吟咏，渐渐沉淀为一种意象。

比如石头城，是东吴时重要的军事据点。唐人到了金陵，石头城是必去的。因此，自六朝以来，写石头城的怀古诗多如牛毛。在诗中，石头城几乎成了金陵城的代表性意象。刘禹锡的《石头城》是其中的代表作。

还比如雨花台，是南京城南的重要景点。相传，南梁初年，高僧云光法师曾在此设坛说法，感动佛祖，顷刻间天上落花如雨，雨花台因此得名。登雨花台望大江，是古人的一件雅事。历代写登雨花台望大江的诗作也是层出不穷。高启的《登金陵雨花台望大江》是其中的代表作。

永嘉南渡。西晋末北方有“八王之乱”，中原士族纷纷南逃渡江，来到建康，琅琊王司马睿在建康称帝，建立东晋王朝，史称“永嘉南渡”或“衣冠南渡”。与此相关的成语是“五马渡江”“过江之鲫”。五马渡江，是指当时有司马氏五王南渡长江，最后琅琊王司马睿建立了政权，当时民间有童瑶唱道：“五马浮渡江，一马化为龙。”其实，这只是为司马睿取得政权制造舆论罢了。过江之鲫，出自东晋初年的一句俗语“过江名士多于鲫”，比喻当时渡江北人众多。这几个典故常常被后世文人引用。

中流击楫。东晋时，祖逖率军北伐，当船行到江中，望着滚滚东去的江水，猛地站起来，举起手中的船桨，叩着船舷，发誓道：“祖逖不能清中原而复济者，有如大江！”后人常借这个意象表达雄心壮志。如宋代李好古写道“击楫中流，曾记泪沾裳”（《江城子》），顾炎武写道“祖生多意气，击楫正中流”（《京口即事·其二》），毛泽东写道“曾记否，到中流击水，浪遏飞舟”（《沁园春·长沙》）。

投鞭断流。东晋初年，前秦的势力日趋强大，苻坚即位后一心想消灭东晋，他在朝会上征求大臣们意见。有人说东晋有长江天险，不能冒险。苻坚说：“以吾之众旅，投鞭于江，足断其流。”意思是说，我们百万雄师把马鞭投到长江里，就可以把长江断流，这有什么可怕的呢？明末清初，郑成功有诗云：“缟素临江誓灭胡，雄师十万气吞吴。试看天堑投鞭渡，不信中原不姓朱！”（《出师讨满夷自瓜州至金陵》）诗中用了“投鞭断流”的典故，表达了收复中原的强烈愿望。

新亭对泣。《世说新语》记载，南渡人士，每至暇日，相邀到建康城的西南江边新亭饮宴。一次聚会中，有人叹息道：“这里的风景与洛阳没有什么不同，只是山河国土起了变化。”众人皆相视流涕。只有王导神情严肃道：“我们大家应当齐心协力，克复神州，哪能像囚徒一样相对流泪呢！”这个典故被后世文人经常使用，尤其是在国家分裂的时候，借这个典故意象表达收复山河的决心。

一苇渡江。达摩祖师到建康传教，不受梁武帝待见，便渡江北上。他在江岸折了一根芦苇渡过长江，在南京长江北岸的长芦寺修行了一段时间，再北上少林寺，创立禅宗。于是，“一苇渡江”成了一个经典意象。

饮马长江。南朝宋国大将檀道济智勇双全，屡立战功，北魏军队对他惧怕三分。由于宋朝廷昏庸，檀道济被陷害，被捕时他目光如炬，气愤地说：“长城坏矣。”北魏拓跋焘听说檀道济已死，便有了南下江南的打算。后来率军一直打到了长江北岸的瓜步，实现了饮马长江的梦想。后人常用“饮马长江”意象，表达渡江追击的决心。

长江天堑。“长江天堑”出自《南史》。隋军即将渡江，群官奏请陈后主多加防备，可是尚书孔范却奏曰：“长江天堑，古来限隔，虏军岂能飞度？”后人用“长江天堑”形容地势险要，不可逾越。“长江天堑”一词经常出现在诗文中，如清代刘绎《南天极目·其一》写道“从古长江天堑险，谁教捷径笑山灵”，清代王士祯《水龙吟·扬子江上作》写道“尽道长江天堑，暗销磨、几番战垒”，乾隆皇帝《润州道中作》写道“长江天堑古称雄，守险何如守德崇。此日往来成坦道，殷殷保泰惕予衷”，毛泽东的词句“天堑变通途”，也是化用了“天堑”这个意象。

一衣带水。“一衣带水”出自《南史》。“隋文帝谓仆射高颎曰：‘我为百姓父母，岂可限一衣带水不拯之乎？’”南北朝时，北方的北周和南方的陈国以长江为界。隋开皇八年（588）冬下令伐陈。出发前，他对高颎说：“我是天下老百姓的父母，难道能够因为一条像衣服带子一样狭窄的长江的阻隔，而不去拯救那里的老百姓吗？”后人根据这段记载提炼出成语“一衣带水”，意指距离很近。宋代王义山《和申屠御史来豫章韵》写道：“一衣带水绕洪城，水不在深龙则灵。”宋代洪刍《金陵作》写道：“沙觜弯环转柁牙，一衣带水绕城斜。”黄遵宪《近世爱国志士歌》之一写道：“只一衣带水，便隔十重雾。能知四国为，独君识时务。”

“问君能有几多愁，恰似一江春水向东流”，是南唐后主李煜的经典词句，以滚滚江水比喻滔滔不绝的悲愁，既通俗，又形象。王安石曾问黄庭坚，读李后主的词最欣赏的是哪一句，黄庭坚答曰：“问君能有几多愁，恰似一江春水向东流。”后人在引用这一意象时，其实已经超越了李后主悲愁的意境，有时比喻时光飞逝，有时寓意大势所趋。

《春江花月夜》是唐朝诗人张若虚的代表作，有人称它“孤篇横绝全唐”。其实，《春江花月夜》是乐府旧题，最早为陈后主所创。《旧唐书·音乐志二》记载：“《春江花月夜》《玉树后庭花》《堂堂》，并陈后主作。叔宝常与宫中女学士及朝臣相和为诗，太乐令何胥又善于文咏，采其尤艳丽者以为此曲。”后来隋炀帝又曾做过此曲。《乐府诗集》收《春江花月夜》7篇，其中有隋炀帝的两篇。张若虚这首为拟题作诗，与原先的曲调已不同。《春江花月夜》经过张若虚的再创作，春、江、花、月、夜沉淀为最经典的美的意象组合。他运用富有生活气息的清丽之笔，以江为背景，以月为主体，描绘了一幅幽美邈远、朦胧迷离的春江月夜图。

天低吴楚，眼空无物。这个成语出自元朝萨都剌《念奴娇·登石头城次东坡韵》词：“石头城上，望天低吴楚，眼空无物”。现比喻空空荡荡，一无所见。

渡江战役。中国历史上曾发生过多次渡江战役，比如晋灭吴、隋灭陈、宋灭南唐、中国人民解放军渡过长江等，都是以争夺长江南边的南京城为核心而展开的。因此“渡江”几乎成了一种争夺的标志，或者说，成了改朝换代的意象。

金陵大江，不仅为文学家们提供了丰富的书写内容，而且也涵养了文学家们的文化品格与审美情趣。文学家们以经典的意象、优秀的作品，彰显了大江的魅力，沉淀出璀璨的精华，带给人们更多美的熏陶。所以说，大江与文学，相得益彰，彼此生辉。

扬子江，向海洋

大江奔流不息，亘古如斯。

万里长江从雪域高原奔腾而来，向着大海奔去……

长江进入江苏，最终汇入海洋，这一段常常被称为“扬子江”。

奔腾了万里，长江丝毫没有歇息的意思，依旧滔滔不息，始终如一，向着最终的目标奔去。

大江流过古老的南京，继续向东北方向流去，在八卦洲拐了一个弯，呈现出“厂”字形，复又向东流去。

浩浩荡荡的长江蜿蜒穿越江苏省境内，流程总长433公里，而与之相伴的河岸边界线则延展至1169公里，串联起南京、镇江、扬州、泰州、常州、无锡、苏州、南通8市。

东西向流淌的长江与贯穿南北的京杭大运河，在江苏省内相互交织，孕育出江苏地区独特的长江文化与运河文明。

不仅如此，大江两岸，运河之畔，山水秀丽，人文荟萃，胜迹良多，湖塘散如明珠，大海揽江入怀，形成江、河、湖、海相互交融的景象，共同孕育出水韵江苏的独特风貌，滋养了金陵文化、淮扬文化、吴文化、江海文化等特色鲜明的地域文化。

江苏因江而兴，因江而盛。

江苏没有辜负大江的恩泽。美丽的景色、深厚的文化、发达的经济、勤劳聪慧的江苏人，自古以来始终在为大江增色添彩。

一

大江流过南京之后，继而抵达镇江，其境内的江段弯曲呈现出“几”字状。镇江三面环绕着江水，东北西三个方向皆与大江相接，成为地道的水岸都市。

长江流经镇江境内103.7公里。

4000年前，仅在镇江以北的区域，长江展现出一般河道的轮廓。从镇江至扬州的下游，江水辽阔，沙滩密布。直至唐朝时期，镇江段的长江仍旧宽阔。《元和郡县志》载：“京口江旧阔四十余里。”那时，镇江和扬州周边地区恰位于长江汇入大海之处，因此唐朝诗人王湾站在北固山脚下，目睹江流与海洋交融的景象，水天相接，烟波浩渺，写道：“海日生残夜，江春入旧年。”（《次北固山下》）

镇江城市现在看规模不是很大，可是历史上却是赫赫有名。这里春秋时称“朱方”，春秋末年叫“谷阳”，秦始皇又把“谷阳”改为“丹徒”，意为穿着红色衣服的囚徒，大有贬抑之意。朱方只是吴国江边一座很小的城镇。208—209年间，孙权看中这里江边独特的地形，于是，在江边的北固山上修筑一座包砖山城，称为“铁瓮城”。他将自己的治所从吴县（今苏州）迁来此城，并将“丹徒”改为“京口”。就是在这里，孙权谋划了联合刘备抗曹的方针，并取得了赤壁之战的胜利，奠定了三国鼎立的局面。在《三国演义》中，“京口”之名频繁出现。211年，孙权又审时度势，将治所从京口迁到不远处的秣陵（今南京），并在第二年修筑了石头城，改“秣陵”为“建业”。尽管孙权在京口驻扎的时间并不长，也就两三年时间，但在吴国从创立走向强大的历程中，发挥了十分关键的作用。

到了南朝，永嘉南渡，刘宋在京口设“南徐州”，所以镇江又称“南徐”。隋统一后改置“润州”。唐朝时，润州一度管辖金陵。“镇江”之名则始自北宋。

长江流经江苏镇江市北的一段，因古名“京口”而得名“京江”。唐代诗人杜牧《杜秋娘诗》赞颂京江：“京江水清滑，生女白如脂。”

镇江形胜，为历代所称道，以“三山一渡”最具代表性。

“镇江三山”又称“京口三山”，指的是北固山、焦山和金山，三山成掎角之势。它们虽然海拔不显，但由于毗邻长江之畔或嵌于江心，使其地理位置变得尤为关键。北固山北临长江，高不过50多米，形势险固，故名“北固”。南朝梁武帝曾题书“天下第一江山”，赞其形胜。甘露寺雄居山巅，建于东吴甘露年间，这里流传很多有关三国时代吴国的传说，比如传说中的刘备招亲的故事，就发生在这里。这当然是后人的附会。

焦山是长江中四面环水的岛屿，山高70多米，因东汉焦光隐居山中而得名。焦山林木蓊郁，满目苍翠，被誉为“江中浮玉”。

金山位于镇江市西北，高40多米，古代金山是屹立于长江中流的一个岛屿，有“江心一朵美芙蓉”之称。唐代张祜描述为“树影中流见，钟声两岸闻”（《题润州金山寺》）。北宋沈括称赞说：“楼台两岸水相连，江北江南镜里天。”（《夜登金山》）传说，“水漫金山”的故事就发生在这里。清光绪年间，金山与陆地连成一片。

镇江还拥有一个非常著名的渡口——西津渡。

从西津渡乘船经金山，到达瓜洲，再抵扬州，是唐代渡江的热门航线。唐朝诗人张祜在京口长江边的小山楼里，夜眺大江，写下著名的《题金陵渡》：“金陵津渡小山楼，一宿行人自可愁。潮落夜江斜月里，两三星火是瓜洲。”

西津渡三国时称“蒜山渡”。唐武德年间，润州（今镇江）属金陵区域，这里又被称为“金陵渡”。除了张祜，李白、孟浩然、米芾、苏东坡、陆游、马可·波罗等很多名人，都曾在这里搭船渡江。

西津渡是古代镇江通往江北的唯一渡口，因此，具有极其重要的战略地位，自三国以来一直是兵家必争之地。晋代祖逖在西津渡江面中流击楫挥师北上，南宋刘裕在西津渡蒜山大破孙恩，隋文帝在西津渡江面上渡江大举灭陈，唐代骆宾王兵败后曾隐藏在蒜山，南宋韩世忠驻兵蒜山抗击金兵，郑成功抢占瓜洲、西津渡，都发生在西津渡一带。

西津渡街区，因渡成街，昔日曾盛极一时。直到今天，街区内拥有国家级重点文保单位3处、省市级文保单位38处。昭关石塔建于元代，具有镇遏江水之意。沿昭关石塔之右，坐落着盛名已久的镇江江面救援组织——救生会。过去，镇江附近的江面风浪凶险，不时有船只沉没之灾。于是，南宋乾道年间，官府于西津渡创立救助机构。

由于江水西移，今天的西津渡距离长江已有六七里。西津渡早已失去了渡口的功能。一眼看千年，走在古旧的石板路上，思古之情油然而生。

镇江不仅拥有长江，还拥有运河。镇江是江南运河的最北端。在古代，从长江南去苏州、杭州等地，都要经过镇江城里。古运河自东南向西北蜿蜒穿过主城区，所以清代诗人查慎行说："舳舻转粟三千里，灯火临流一万家。"这两句诗生动描绘了镇江运河漕运的繁荣景象。实际上，从唐代开始，镇江便成了漕运的重要枢纽。到了宋元时期，镇江的都市地位更是凸显，成为连接南北的关键节点，并肩负起全国漕粮转运的重大责任。据史书记载，自唐代起，通过镇江的漕粮占到了全国总量的逾半数。到了南宋，镇江更是担纲了全国近70%的漕粮转运任务。古运河为镇江城市的发展带来了机遇。得益于水上交通的发达，镇江的香醋、黄酒等特产畅销天下。

镇江与南京、扬州距离很近，所以王安石说："京口瓜洲一水间，钟山只隔数重山。"短短两句诗，清晰地勾勒出镇江、扬州与南京之间的地理位置关系。

镇江是南京的锁钥之地。唐朝杜佑在《通典》里说："京口因山为垒，缘江为境，建邺之有京口，犹洛阳之有孟津。自孙吴以来，东南有事，必以京口为襟要。京口之防或疏，建邺之危立至。六朝时以京口为台城门户，锁钥不可不重也。"杜佑称镇江为南京的门户。事实上是如此，在历史上，江北的军队如果控制了扬州，然后从江北的瓜洲或瓜步渡江进入镇江，就直接威胁到南京的安全。当年朱棣就是这么做的。

和平的当代，镇江地理上的军事意义已经失去，但作为长江边的历史文化名城，镇江的地位独特。镇江是一座地道的三国名城。古往今来，众多名人在此留下足迹。吟咏镇江的诗词多达万首，可以与金陵相媲美。像镇江的北固山，其文学形象十分突出，扬子江上甚至还没有哪一座山能与之相比。

近年来，镇江充分利用这些文化资源做文章，推进长江、大运河国家文化公园建设，擦亮“江河交汇”独特价值，建设“一渡”（千年古渡西津渡）、“一闸”（古京口闸）、“一线”（古运河上段夜游亮化）、“一标”（江河交汇地标）、“一馆”（谏壁船闸江河交汇航运文化展馆）、“一岛”（谏壁节制闸岛）、“一园”（江河交汇生态湿地公园），彰显“江天一览”“揽城入怀”的江城特色与古渡风貌。

二

“京口瓜洲一水间”。

扬州在北，镇江在南，遥相对望。历史上，西津渡与瓜洲渡，一南一北，曾经渡过多少南来北往的游客。

今天的扬州蜀冈一带是古邗城遗址，距离长江北岸15公里左右，而在春秋末年，蜀冈就位于长江边。汉唐时期，长江入海口和今天杭州湾相似，呈喇叭形，自扬州向东，江面逐渐开阔，海潮从江口上溯至扬州和镇江，奔腾澎湃，形成潮涌，谓之“广陵潮”。汉乐府《长干曲》云：“逆浪故相邀，菱舟不怕摇。妾家扬子住，便弄广陵潮。”中唐诗人李绅在一首诗的序文中也说：“潮水旧通扬州郭内。”（《入扬州郭》）

隋代，扬州江边有扬子津。唐代曾设扬子县，扬子江由此得名。在唐诗中，扬子津出现的频率很高。后来，江岸逐渐南移，扬州城离长江渐渐远了。扬子津成为陆地后，瓜洲成了南来北往的渡口。宋朝以后，从镇江到扬州，先渡江到瓜洲，再经过约40里的运河水程，到达扬州。

与镇江一样，扬州是运河之城。公元前486年，吴王夫差动用人力在扬子江北岸建立了邗城，并挖掘了邗渠，从而实现了长江和淮河流域初步的水系联通。隋炀帝开通隋唐大运河，实现南北航运大贯通。扬州成了大运河向北去的起点。河流汇聚而形成便利的水运条件，促进了扬州的商业兴盛，使其在唐朝时期跻身为全境最大的城市，当时人们常用“扬一益二”（扬州第一，成都居次）来形容其繁华。作为港口城市，其繁华程度足以与广州和泉州相媲美，它充当了海上丝绸之路与大运河之间的关键交汇点。扬州的漆器、玉器、铜镜享誉海内外。当年在扬州这座城汇聚了来自日本、新罗、阿拉伯及波斯等地的商人们，他们在这里买卖各种珍贵商品。鉴真和尚从这里出发，多次东渡日本。

唐代众多诗人描绘了扬州的繁盛景象。李白的“故人西辞黄鹤楼，烟花三月下扬州”（《黄鹤楼送孟浩然之广陵》），徐凝的“天下三分明月夜，二分无赖是扬州”（《忆扬州》），王建的“夜市千灯照碧云，高楼红袖客纷纷”（《夜看扬州市》），杜牧的“二十四桥明月夜，玉人何处教吹箫”（《寄扬州韩绰判官》），张祜的“人生只合扬州死，禅智山光好墓田”（《纵游淮南》），张若虚的“春江潮水连海平，海上明月共潮生”（《春江花月夜》），唐代诗人把最美好的赞美给了扬州。

瓜洲更是一个诗意的存在。“汴水流，泗水流，流到瓜洲古渡头”（白居易《长相思》）、“楼船夜雪瓜洲渡，铁马秋风大散关”（陆游《书愤》）……历代写瓜洲的诗词不计其数。瓜洲古渡位于长江北岸，南距扬州约15公里，与镇江市隔江相望。瓜洲原为长江中泥沙堆积的瓜状形沙碛，最早形成于汉代。晋代时成为四面环水的沙洲，渐渐形成渔村、小镇。由于泥沙沉积日益严重，到唐代中期时，瓜洲已经与长江北岸的扬子津相连，成为一个渡口。开元二十六年（738）冬，润州刺史齐浣主持开凿贯通瓜洲与扬子的伊娄运河，使江南漕船渡江的距离从30公里缩短到10公里，大运河入江口也因此再次向南推移至瓜洲渡口。伊娄运河的开挖使瓜洲成为当时大江南北的咽喉。所以，李白赞美说：“齐公凿新河，万古流不绝。丰功利生人，天地同朽灭。”（《题瓜洲新河饯族叔舍人贲》）

遗憾的是，随着江岸北移，瓜洲于光绪年间坍入江中。今天的瓜洲是后来命名的一个半岛，其实只是一个象征性的存在。

明清时扬州盐业兴盛，离不开运盐河和长江两条水道。当时泰州、通州的20个盐场先在泰州设仓汇储，经运盐河运抵扬州湾头，再从运河经仪征入长江，溯江而上，行销安徽、江西、湖北、湖南等地。扬州盐商的财富在清乾隆年间达到极盛。同治十二年（1873）至20世纪30年代，两淮盐务总栈迁至仪征的十二圩，这里原先只是仪征江边一个芦田野港，做了盐运码头后，立即繁荣起来，在一条千米左右老街上，登记注册商号有近500家，鼎盛时期，盐税收入曾达全国盐税总数六成以上，仪征因此有“盐都”之称。

今天，长江流经扬州境内86.7公里，加上境内大运河北上，共同造就了绿杨城郭、湖水连绵的美丽景象。扬州虽处江北，但水韵悠悠，帆影叠叠，风景秀丽，不输江南。

中国大运河成功列入“世界遗产名录”，扬州市拥有的遗产地点高达10处，在沿运河的城市中数量位居首位。2021年，扬州中国大运河博物馆建成，这是扬州弘扬大运河文化的标志性成果。

“扬州是个好地方，依水而建、缘水而兴、因水而美，是国家重要历史文化名城。”2020年11月，习近平总书记在扬州考察调研时这样评价这座古城。

近年来，扬州在重点弘扬大运河文化的同时，还在重点发掘京口瓜洲一水间千年古渡文化、江上盐都十二圩盐运文化。

三

常州虽然只拥有25.8公里长江岸线，但长江对这座城市留下深刻印记。乾隆皇帝曾用“江湖汇秀”来赞美常州。“江”是长江，“湖”是太湖。

在古代，常州府管辖的区域很大，武进、江阴、靖江三县都曾属于常州，常州府因此有“八邑名都”之称。后来，江阴、靖江等逐渐析出，常州的长江岸线变短。

位于常州市新北区春江镇杏村南的象墩遗址，发现了良渚文化遗存，距离长江岸线仅有十多里。这表明，4000多年前常州的长江南岸就有早期人类活动。

4世纪，永嘉之乱，西晋灭亡，大批北方士族南迁，来自山东兰陵的萧氏家族，迁居江边的“晋陵武进县之东城里”。萧氏家族是西汉开国名臣萧何的后代。进入南朝后，南兰陵萧氏渐渐崛起，其家族成员萧道成、萧衍先后创立萧齐、萧梁两个政权，出过15位帝王，经历79年。南兰陵萧氏所定居的孟河、万绥一带，留下东岳庙戏楼、九龙禅寺等遗迹。这里被称为“齐梁故里”。南兰陵萧氏在六朝文化史上具有独特的重要地位。

常州附近的大江边分布着不少古镇名村，如奔牛、孟河、魏村、焦溪等。

奔牛古镇早在南宋时就很有名，南宋诗人陆游的名篇《常州奔牛闸记》引用俗语说：“苏常熟，天下足。”在南宋人看来，常州苏州都是土地肥沃、稻粱充足的富庶地区。

唐元和年间，常州刺史孟简对孟渎进行了疏浚整治工作，连接江南与长江，引入长江水源，以浇灌农作物，为漕船行驶提供了便利。得益于水路的畅通，孟河逐渐繁荣起来，闻名遐迩的“孟河医派”正是在此地诞生。到了清朝，由于孟河位于重要航道的交汇点，南来北往的药材都通过此地进行转运，使得孟河镇药市兴盛，名医辈出，形成了费、马、巢、丁四大医学世家。

清朝时期，常州成为江西木材沿长江向苏南运输的第一站，同时也是木材贸易的重要集散地。木材商人纷纷沿长江而来，汇聚常州，留下了多处文化遗产。今天常州城区北直街的屠撰先宅建于清代，常州屠氏经营木业，曾为皇宫采办木料。在常州市区的青山路，建于清代的临清会馆保存完好。同治、光绪年间，来自江西中部临江府清江县的“临清帮”成为垄断常州木业的三巨头之一。江西深山里的树木被砍伐后运至赣江边，编成一张张木排，由人工撑驶，顺长江到达江苏，再通过大运河运往常州、苏州等地。

今天，长江常州段全部位于常州高新区，化工围江现象曾经一度十分突出。常州市以猛药去疴的决心，累计投入100多亿元，关闭沿江48家化工企业，并对沿江岸线进行生态复绿，目前生态岸线跃升至80.6%。

四

长江流经泰州境内125.7公里。

泰州古称“海阳”“海陵”，这两个历史地名便昭示着其与大海间的紧密联系。南唐时为州治，称为“泰州”，取国泰民安之意。泰州是承南启北的水陆要津，兼融吴楚越之韵，汇聚江淮海之风。

距今1万年左右，泰州地区还是汪洋大海。长江每年携带大量泥沙入海。江流与海浪激荡，泥沙逐渐沉积，形成扬泰岗地。距今7500年前，位于扬泰岗地前沿的泰州从海中升起，其东北、东面与南面全为海水所包围，像一座伸向黄海的半岛，出现于黄海西岸。后来，黄海不断东退，江水带来的泥沙增多，泰州南边逐渐成为长江三角洲冲积平原。

6000余年前，即新石器时代，泰州地区早已是先民们的栖息之所。

唐代王维的弟弟要去海陵做官，王维在送别之际，给弟弟写道：“浮于淮泗，浩然天波，海潮喷于乾坤，江城入于泱漭。”（《送从弟惟祥宰海陵》）这几句话的意思是，你看泰州这座江城多么美丽！它远远地漂浮在淮水与泗水之南，浩荡激越的波涛仿佛从天上来。大海在天地之间吐纳，海陵立于江水、淮水和海水交汇处，苍茫一片。有如此美丽的锦绣江河，你第一次为官一方，一定要做一个好官。

历史上的泰州临江滨海，盛产海盐。唐代，泰州已是全国最大的海盐生产基地，海陵监“岁煮盐六十万石”；宋代，泰州产盐销盐量居全国之首；明代的两淮都转盐运司直接设在泰州；清初，泰州依然是黄海沿线盐商贩运营销的主要集散地。海盐通过长江和运河水路，行销全国各地。

在泰州的长江边，历代诗人写下很多意境优美的诗篇。唐代李嘉祐写道：“万室边江次，孤城对海安。朝霞晴作雨，湿气晚生寒。苔色侵衣桁，潮痕上井栏。题诗招茂宰，思尔欲辞官。”（《仲夏江阴官舍寄裴明府》）城市面对大海，千门万户，临江而居，真是一座水城。宋代刘攽写道：“楚江葭苇带青枫，小市鱼盐一水通”（《海陵》），秋日的海陵，蒹葭苍苍，枫叶飘彩，鱼盐市场，一派热闹景象。元代朱经写道：“渔舟荐宿傍清江，灯火荧煌月一窗。素焰映沙光耿耿，余辉照水影双双。”（《骥渚渔灯》）“骥渚”是靖江的旧称，诗中描绘了泰州渔火的景象。明代储巏《自柴墟归海陵》写道：“北望江乡水国中，帆悬十里满湖风。白苹无数依红蓼，惟有逍遥一钓翁。”诗描绘了故乡泰州的水乡风光。

就当代来说，泰州是中国人民解放军海军诞生地。1949年4月20日，渡江战役正式打响。4月23日，中央军委急电三野立即组建海军，定名为“中国人民解放军华东军区海军”。当天下午，华东军区海军首任司令员张爱萍将军，在泰州白马庙读书楼的二楼会议室主持召开华东军区海军成立大会，标志着人民海军正式诞生。1999年，泰州建成以纪念人民海军创始为主题的博物馆，现已成为红色教育基地和国家级文保单位。

2022年，长江国家文化公园泰州段建设已经正式启动，靖江市和高港区被列为核心区，兴化市、海陵区和姜堰区被列为拓展区。

靖江古称“马驮沙”，“靖”，是安定太平的意思。人们祈愿江海安宁，岁月静好。靖江拥有52.4公里长江岸线，境内流淌着近4000条河流，虽然地处江北，但水乡特色鲜明。近年来，靖江为了保卫母亲河，拆除了长江边众多码头，搬走了污染企业，临江修建了占地10万平方米的音乐花海广场。这个广场如今成为长江靖江段一段最美岸线。

五

与泰州靖江隔江相望的是无锡境内的江阴。

长江流经江阴34.8公里。

长江流经江阴地带时，河道陡然收窄，其最狭窄部分宽度不过1250米，人们称此地为“长江锁钥”。这里历来是军事战略要冲。

在中华文明的早期，文化中心都在黄河流域，江南相对蛮荒。司马迁曾说，“江南卑湿”，“地广人稀”。一位姬姓的周部落首领，有3个儿子，他打算传位给第三个儿子，于是大儿子泰伯与二儿子仲雍为了避让，便渡江到了江东，建立勾吴。这就是“泰伯奔吴”的故事。相传当时泰伯“南奔梅里”，而“梅里”就是如今的无锡梅村一带。泰伯奔吴，将当时领先的中原文化传播至江南无锡地区，因此，该地区成为江南文化的关键起源地。

公元前559年，吴王寿梦第四子季札避王位，来到芙蓉湖西面的延陵马鞍山（今舜过山）耕作隐居，后延陵被赐为季札的封地，因此季札被尊称为“延陵季子”，江阴也由此被称为“延陵古邑”。

战国年间，黄歇被封于江阴，受封为春申君。他引导当地居民改用铁质的耕作工具，推广牛拉犁耕地的方式，还动员民众清淤芙蓉湖，开凿申浦河，在江畔建立了黄田码头。所以，江阴又称“春申旧封”。

山北水南为阴，因地处“大江之阴”而得名。“江阴”这个名字，最早见于梁朝。

北宋时，江阴就已经很富庶了。王安石被罢相后，曾向朝廷提出到江阴做官，没有被允许。他在《予求守江阴未得酬昌叔忆江阴见及之作》写道：“黄田港北水如天，万里风樯看贾船。海外珠犀常入市，人间鱼蟹不论钱。高亭笑语如昨日，末路尘沙非少年。强乞一官终未得，只君同病肯相怜。”朱昌叔，是王安石的妹夫，他有诗《寄王荆公忆江阴》：“城上城隍古镜中，城边山邑翠屏风。鱼虾接海随时足，稻米连湖逐岁丰。太伯人民堪教育，春申沟港可疏通。朱轮天使从君欲，异日能忘笑语同。”从两人的唱和中可以看出，宋代的江阴是鱼米之乡，帆樯林立，市场繁荣。直到今天，这个位于长江南岸的江南水乡，还是中国最富裕的县级市之一，用富得流油来形容并不过分。

400多年前，江阴走出了一位重要的人物，他就是著名的地理学家、旅行家、文学家徐霞客。他对大江充满敬畏之情。他在《溯江纪源》里写道：“余邑正当大江入海之冲，邑以江名，亦以江之势至此而大且尽也。”说他是大江之子，恰如其分。

长江的源头是哪？在徐霞客之前，文献都认为是岷江，《尚书·禹贡》中就记载“岷山导江”。为了查明长江发源的确切位置，徐霞客依靠步行，历经艰辛勘察，在对云南的山河进行现场踏勘后，撰写了《溯江纪源》，认为金沙江才是长江的正源：“故推江源者，必当以金沙为首。”徐霞客还提出了“江源唯远”的观点，对后人探寻河川源头具有重要的启示意义。

黄山位于江阴城的东北，因战国时期楚国春申君黄歇的封地在此而得名。由于黄山矗立江边，军事位置重要，被称为“江阴要塞”。早在公元前

547年，吴国在江阴黄山筑石室，建烽火台。鸦片战争时，为抵御英军入侵，清政府在黄山建炮台。抗日战争期间，中国海军在江阴要塞阻击日军沿长江继续西进，曾演绎“江阴自沉”的悲壮一幕。

1949年，中国人民解放军节节胜利，国民党政权妄图凭借长江天险负隅顽抗，在黄山炮台投入兵力7000余人，企图阻止解放军渡江，在中共地下党的策动下，江阴要塞官兵顺应历史潮流，成功起义。

在近年来的长江岸线大整治中，江阴压缩生产岸线，对20个沿江废弃宕口进行修复治理，在江边建了10座公园，串联起一条“生态绿廊”。

同饮一江水，共护长江美。江阴有个长江村，2023年12月，在长江村的倡议下，长江沿线11个省（市、自治区）的百个长江村聚集江阴，共话长江大保护和乡村振兴。

六

长江在苏州境内，流经张家港、常熟、太仓3市。

苏州拥有158公里的长江岸线。

张家港原名“沙洲”，顾名思义，曾是江边小岛，今天，它已经成为长三角地区经济发达的闪亮明珠。张家港湾是长江入海前最后一个超过90度的弯道，也是江海交汇的第一道湾。从老沙码头至段山港的12公里江岸上，滩涂湿地连绵，芦苇茂密，野鸟翔集，呈现出一派静谧的江野风光。

常熟，正如它的名字一样，因“土壤膏沃，岁无水旱之灾”而得名。常熟，为吴文化发祥地之一。大江东去，流至常熟，“江海交汇七彩洲，花海如烟铁黄沙”。凸入江中的“铁黄沙”如今已经成为集生态、湿地、观光为一体的生态岛。

“马头通六国，曾泊岛夷船。”（《重过太仓》）这是明代诗人桑琳吟咏古城太仓的诗句。太仓，东濒长江，舟楫往来，与崇明岛隔江相望。太仓曾是通江达海“六国码头”。早在三国时期，吴国就在太仓屯粮。元代开创漕粮海运路线，航线的起点就在太仓。当年太仓港帆樯林立，货物成山，外通高丽、琉球、日本等国，成为海上丝绸之路的重要节点。

郑和下西洋的庞大船队从南京出发，沿长江抵达太仓，在刘家港完成补给，训练水手，再到福建的长乐伺风开洋，驶向茫茫大海。

近年来，苏州抓紧建设长江国家文化公园，张家港市将9公里生产岸线调整为生态岸线，拆除20余家码头企业、10万平方米违章建筑，修复30公顷芦苇滩涂湿地。常熟自2019年以来投入4.7亿元用于铁黄沙岛的建设与生态修复。太仓在白茆口下游拆除厂房5.2万平方米，全部复绿。与此同时，苏州加强张家港、常熟、太仓港区建设力度，推进港口航运经济高质量发展。

大江大湖共同造就了苏州吴文化的典型特征，吴侬软语，城水共生，经济发达，生活精致，古人早就用“上有天堂，下有苏杭”来赞美之。

七

南通，长江之尾。

长江流过6000多公里后，在南通与上海之间的长江口汇入浩瀚大海。至此，万里长江完成了它伟大而神圣的使命。

南通无疑是江海生成的城市，因此自古以来就有“江海门户”之称。长江沿岸有如皋的长江镇、通州的五接镇、崇川的临江社区、海门的临江镇、启东的船舶工业区与圆陀角，沿江岸线长166公里。

考古发掘表明，汉代时南通西北的海安、如皋就已经形成陆地。而在长江和大海交汇处，出现了扶海洲（今如东县一带）、胡逗洲（今南通市区一带）、东布洲（今海门区一带）等几块面积较大的沙洲。从5世纪一直到清代，这些沙洲陆续靠拢大陆，生成了今天的江海平原。这一过程还在延续之中。位于南通最东端、位于长江口以北的启东市，完全成陆地不过一两百年的时间，启东这个名字就有“启吾东疆”的含义。这里也是江苏省每天最早看到日出的地方。

长江流过南京、镇江后，北岸基本上看不到山。到了南通，江面渐宽，黄泥山、马鞍山、狼山、剑山、军山5座小山突然出现在左岸，令人眼前一亮。它们面江矗立，秀丽多姿。原先，这5座小山都是长江口江面上的小岛，后来，淤沙成地，沧海桑田，渐渐与陆地连成一体，成为江畔美景。

狼山海拔虽然只有100多米，但矗立江边，是观赏海天景观的绝佳去处。早在唐朝，鉴真东渡时，人们就观察到了狼山。《唐大和上东征传》记载：天宝七年（748），六月二十七日发自崇福寿，“乘舟下至常州界狼山，风急浪高”。北宋著名诗人王安石站在狼山之巅，眺望大海，写下《狼山观海》：“万里昆仑谁凿破，无边波浪拍天来。晓寒云雾连穷屿，春暖鱼龙化蛰雷。阆苑仙人何处觅？灵槎使者几时回？遨游半在江湖里，始觉今朝眼界开。”诗人在狼山之巅，看到的是茫茫大海，穷无际涯，由此联想到，究竟是谁凿破昆仑，让大水奔腾而来？传说中海山有仙人，那么仙人又在何处？在江湖中到处奔波，直到今天登上此山，才真的觉得眼界大开。

南宋末年，爱国文臣文天祥在逃亡中路过通州，曾写下《发通州》《石港》《卖鱼湾》《北海口》《渔舟》《扬子江》《怀杨通州》等多首脍炙人口的诗篇，其中《卖鱼湾》写道：“风起千湾浪，潮生万顷沙。春红堆蟹子，晚白结盐花。故国何时讯，扁舟到处家。狼山青两点，极目是天涯。”他从茫茫大江之上望狼山，只见青螺两点，分外引人注目。他从扬子江入海，途中吟道：“几日随风北海游，回从扬子大江头。臣心一片磁针石，不指南方不肯休。”（《扬子江》）

受大江大海所赐，南通人向来具有开阔的视野与实干的精神。因此，南通为人称道的地方不在少数。比如，南通的教育事业可圈可点，南通的纺织业全国领先。这都与近代实业家张謇有关系。

张謇出生于今天的南通市海门区常乐镇。他主张“实业救国”，重视教育，他认为，“父教育，母实业”。他一生创办了20多家企业、370多所学校，为中国近代民族工业的兴起、教育事业的发展做出了贡献。

张謇出生在江海交汇处，又常常行走于长江水路，对长江极为关注，很早就重视对长江的治理。1894年在北京参加殿试时，他就提出了“治水先从下处入手”的治江主张。其后，他又进一步提出了著名的“治江三说”理论，提议设立长江讨论委员会，江苏境内长江干流宜做统一规划，分段治理等等。

在南通的城市规划中，张謇开创性地设计了“一城三镇”的城市布局，将长江边的天生港建成港口运输区和交通枢纽，将长江边的狼山一带设计为风景休闲区域。

张謇的梦想百年后得以实现。今天，长江边五山片区的环境得到了很好的治理，俨然成了一座大花园。2020年11月12日，习近平总书记考察五山滨江片区，用“沧桑巨变”4个字称赞这座滨江生态公园。

八

大江入海流。

长江走完江苏段的433公里后，注入东海。

江苏，真的要感谢长江。

因为长江，才有了扬子江，甚至人们用它来称呼全部的长江。扬子江是长江的延续与传承。扬子江除了具有长江伟岸、壮丽的特征外，还形成了诸多特色，比如，扬子江造就了六朝古都、十朝都会南京。在扬子江段，大江与大海完成了交汇。扬子江的历史丰厚，丰富了长江的文化内涵。

因为长江，江苏才具有太多水的特质。江苏既有大江、大河，又有大湖、大海，而江河湖海又都是因江而起，所以，江苏名称中第一个字就是“江”。也因此，人们常常用“江河交汇”“江湖相伴”“江海相融”来解读江苏，用“水韵江苏”来概括江苏的文化特质。

因为长江，才有了扬子江两岸如画美景。江苏境内胜迹众多，人文荟萃。2022年，江苏省文化和旅游厅评出“水韵江苏·长江百景”，包括自然生态景观类34处、历史人文景观类32处、红色传承景观类12处、新时代发展景观类22处。其中，南京有19处入选，数量居全省第一，南通18处，扬州17处。

因为长江，江苏才有了支撑经济发达的地理优势。大江日夜奔腾不息，造就了富饶的长江三角洲，而江苏就位居长江三角洲的核心区域，土地肥沃，水源丰沛，粮食充足，经济发达，早就成为中国经济的“第一引擎”。2023年，习近平总书记在考察江苏时强调，江苏拥有产业基础坚实、科教资源丰富、营商环境优良、市场规模巨大等优势，有能力也有责任在推进中国式现代化中走在前、做示范，谱写“强富美高”新江苏现代化建设新篇章。

因为长江，江苏才有了像南京、扬州、镇江这样闪闪发光的历史文化名城。江苏拥有丰厚的文化资源。江苏段以长江全流域2.5%的面积，拥有占总数10%的全国重点文物保护单位，文化遗产资源空间分布密集度和质量明显高于流域平均水平。从全省角度来看，江苏沿江8市以全省48%的面积，拥有全省文物资源总量的80%。吟咏扬子江的诗文比比皆是，经典之作也是随手拈来。

因为长江，江苏才有机会同时拥有长江文化和大运河文化资源。长江和大运河，一横一纵、畅通东西、贯通南北，构成江苏发展的坐标轴。长江与大运河是中华民族的代表性符号，是中华文明的标志性象征。中央把江苏确立为两大国家文化公园重点建设区。2022年1月，长江国家文化公园江苏段建设正式启动。江苏在全国率先出台《长江国家文化公园江苏段建设推进方案》，明确“以沿江县（市、区）为核心区，沿江8个设区市除核心区外的区域为拓展区，其他5个设区市为辐射区”的建设范围，提出文化遗产保护等8大工程、20项重点任务，确定了5个国家级重大项目和145个省级重点项目，预计长江国家文化公园江苏段建设任务于2025年基本完成。

因为长江，江苏才有了整治江河、重视生态发展的决心与行动。曾几何时，正如习近平总书记所说，“长江病了，而且病得不轻”。最近十年来，江苏聚焦长江突出生态环境问题，“刮骨疗毒”“壮士断腕”，狠抓环境治理，着力破解“重化围江”难题，累计关停沿江化工企业3505家，压减沿江1公里范围内化工生产企业145家，取消25家化工园区的定位，大量生产岸线转为生活、生态岸线。南通五山、南京幕燕、江阴滨江等20个特色示范段串点成线、连片成带，带动了沿江整体环境的提升。

因为长江，江苏的交通航运事业也迈上了快车道。1968年，南京建成长江上第二座长江大桥，最近十多年，造桥速度加快，如今江苏境内已建成15

条过江通道，2035年将达到41条。长江江苏段被誉为“钻石航区”，长江航运量的70%在江苏，可谓是“黄金水道”。

因为长江，江苏人才有了追赶大江脚步的气魄与闯劲，才有了拥抱大海的视野与情怀。开放、包容，创新、实干，永远是江苏人追求卓越的精神气质。昨天是，今天是，明天更是！

感恩大江，祝福江苏！

参考文献

［1］南京市地方志编纂委员会办公室.南京通史［M］.南京出版社，2010.
［2］李学勤，徐吉军.长江文化史［M］.江西教育出版社，1995.
［3］蒋赞初.南京史话［M］.南京出版社，1995.
［4］程章灿.旧时燕［M］.凤凰出版社，2006.
［5］贺云翱，周行道.文化南京：历史与趋势［M］.江苏人民出版社，2020.
［6］冯天瑜，马志亮，丁援.长江文明［M］.中信出版集团，2021.
［7］国都设计技术专员办事处.首都计划［M］.南京出版社，2018.
［8］倪锡英.南京［M］.南京出版社，2011.
［9］卢海鸣.南京文化概览［M］.南京出版社，2023.
［10］段智钧.古都南京［M］.清华大学出版社，2012.
［11］刘义庆.世说新语［M］.中华书局，2009.
［12］吴功正，许伯卿.六朝文学［M］.南京出版社，2003.
［13］朱偰.金陵古迹名胜影集［M］.中华书局，2006.
［14］杨国庆.南京城墙［M］.译林出版社，2003.
［15］周应合.景定建康志［M］.南京出版社，2009.
［16］王聿诚.雨花历史文献［M］.南京出版社，2013.
［17］李敬宇.老浦口［M］.江苏凤凰文艺出版社，2016.
［18］吕武进.南京地名趣话［M］.南京出版社，2007.
［19］夏仁虎.秦淮志［M］.南京出版社，2006.
［20］王崇辉.南京民间故事［M］.江苏古籍出版社，1990.

[21] 薛冰.家住六朝烟水间[M].南京师范大学出版社，2005.
[22] 陈济民.南京掌故[M].南京出版社，2012.
[23] 卢海鸣，邓攀.金陵物语[M].南京出版社，2014.
[24] 吕武进，李绍成，徐柏春.南京地名源[M].江苏科技出版社，1991.
[25] 许辉，李天石.六朝文化概论[M].南京出版社，2003.
[26] 王娟，张遇.老南京写照[M].安徽文艺出版社，1999.
[27] 石三友.金陵野史[M].江苏文艺出版社，1985.
[28] 南京市栖霞区地方志编纂委员会办公室.栖霞简志[M].方志出版社，2018.
[29] 贺云翱.百年商埠——南京下关历史溯源[M].江苏美术出版社，2011.
[30] 薛冰.南京城市史[M].东南大学出版社，2015.
[31] 明孝陵博物馆.吴大帝孙权与南京[M].南京出版社，2012.
[32] 邢定康.守望南京[M].南京出版社，2014.
[33] 陈勇.诗国南京[M].南京出版社，2020.
[34] 冯亦同.名家笔下的南京[M].南京出版社，1995.
[35] 沈科，严曙.随园与大观园[M].广陵书社，2011.
[36] 胡阿祥.六朝政区[M].南京出版社，2008.
[37] 王永平.六朝家族[M].南京出版社，2008.
[38] 刘小宁.1912：南京[M].江苏人民出版社，2014.
[39]《长江万里行》编写组.长江万里行[M].上海教育出版社，1977.
[40] 石铭鼎，栾临滨.长江[M].上海教育出版社，1989.
[41] 卢海鸣.南京历代运河[M].南京出版社，2019.
[42] 蔡桂林.运河传[M].河北大学出版社，2009.
[43] 冯亦同.南京历代经典诗词[M].南京出版社，2016.
[44] 龚斌，范少琳.秦淮文学志[M].黄山书社，2013.
[45] 乔光辉.长芦古诗文选注[M].南京出版社，2020.
[46] 张岱.陶庵梦忆[M].上海古籍出版社，2001.
[47] 陈明光，邱敏.六朝经济[M].南京出版社，2010.

［48］陈文述.秣陵集［M］.南京出版社，2007.

［49］吴敬梓.儒林外史［M］.二十一世纪出版社，2011.

［50］阿垅.南京血祭［M］.宁夏人民出版社，2005.

［51］甘熙.白下琐言［M］.南京出版社，2007.

［52］俞允尧.秦淮古今大观［M］.世界图书出版公司，2010.

［53］程章灿.《世说新语》与中国文化的长江时代［N］.扬子晚报，2023-04-26.

［54］胡阿祥.自然与人文视野中的六朝长江［N］.扬子晚报，2023-04-29.

［55］干有成.长江对南京意味着什么［J］.江苏地方志.2020（01）.

［56］胡箫白.江与城：长江与南京的历史互构［EB/OL］.（2022-01-05）［2023-09-11］.https：//www.thepaper.cn/newsDetail_forward_16128164.

［57］贺云翱，干有成.南京历史上的滨江开发［N］.南京日报，2014-01-23.

［58］于锋.悠悠长江与古都南京的千年约定［EB/OL］.（2022-08-02）［2023-11-20］.https：//mp.weixin.qq.com/s/KHAo2CPxUFFPrjprIGgjsA.

后记

我的老家在安徽芜湖无为，无为在明代叫“无为洲”，明城墙砖上有这个名字，现在成了县级市无为市。无为位于大江之北，长江干流经过无为市域59.3公里。我居住的村庄虽然离长江还有几十里路，但我很小的时候，就知道长江，因为每年冬天兴修水利之际，父辈们都要背上行李到长江边去挑大堤，一走就是一两个月。听长辈们说，无为大堤最容易决堤，过去夏季经常发大水，所以，政府发动全无为的农民挑土筑堤。经过多年的奋斗，现在挑成了一条坚固的百里大堤。

传说，“无为”这个地名，也与长江有关。我小时候还听说，“无为”这个名字是三国时曹操给起的。曹操当年与孙权争霸，在江北无为境内准备驻兵，他登上江边的山坡一看，马鞭一挥，道：此地无为！他的意思是说，这个地方不适合屯兵作战。传说归传说，在三国时期，无为的确是古战场。无为古称“濡须”，境内有一条濡须河，连接巢湖与长江，这条河是东吴与曹魏争夺的焦点。据文献记载，吴魏濡须大战就发生过4次，各有胜负。曹操有没有说过“此地无为”，无从考证，其实，关于无为来历的另外一种说法是，“无为”来自老子的“无为而无不为”。

在《水浒传》中，“无为”这个名字也出现过。书中写到，宋江在江州（今九江）题反诗，被江州对面的无为军通判黄文炳看见了，报告给朝廷，朝廷治了宋江死罪。后来，梁山好汉劫法场，救出宋江。宋江派人到无为军杀了黄文炳。水浒上说无为就在九江的对面，其实是有误的，无为离九江陆路有两百多公里，不过小说这样说，也不要那么坐实。记得多年前读到这个情节时，心里还有一丝不快，水浒上那么多梁山好汉，没有一个出自无为，独独出了一个坏人黄文炳，转而一想，哪里没有好人，哪里没有坏人，不禁莞尔。北宋时，大书法家米芾还在无为当过郡守（相当于县长）呢。

后来我到南京求学，发现南京就在长江边上，记得到了南京后的第二天，我就跑去长江大桥上看大江，因为小学课本上有长江大桥的插图。那时候，在很多人的心目中，长江大桥是南京标志性的景点。站在大桥上，看大江东去，有一种震撼的感觉。

在南京生活，我发现，南京长江中江心洲与八卦洲的七八成居民都是无为人，他们说着无为方言，传承着无为习俗，我很好奇，这两个岛上怎么有那么多无为人。经过走访与翻阅资料得知，他们在清末民初来到岛上垦荒。那时候，洲上都是芦苇杂草，一般人是不会上岛的，勤劳的无为人为了讨生活，从上江一直漂荡下来，扎根岛上，开荒耕作，繁衍生息，现在成了南京的居民。

我一直想把无为人到岛上拓荒的故事写出来，我甚至构思了很多无为人拓荒的情节，让这个江中小岛承载着清朝以来的历史风云，故事的背景就是大江。为此，我开始研究金陵大江的地理、历史、文化。故事还没有动笔，有一天忽然想到要为金陵大江写一个小传。我为什么要写金陵大江传?

从自然景观来说，万里长江一波三折，美景如画，有三峡的奇险，有洞庭的浩瀚，有湖口的平静，有入海口的远阔，金陵大江的自然景观谈不上最美，但97公里的金陵大江，在中国的历史上占据极其重要的地位。自从孙权选择在这里定都，开启了六朝300多年的都城时光。城市不断扩大，居民不断增多，汇聚天下英豪，创造恢宏财富。金陵因大江而生，大江因金陵而显，可谓相得益彰。从军事的角度看，长江自古以来被称为“天堑”，在南京建立政权的朝廷总是以长江为天险，守江自保。每当北方政权强大，就会发起渡江战役，比如东晋灭吴、隋灭陈、宋灭南唐。而渡江战役绝大多数时候都是以南京的上游采石矶，或下游镇江、瓜步一带为突破口。因此，金陵大江之上，几度风云变幻，几度战血流寒潮。

从文化的角度看，金陵地处江南，延伸到江北，吴头楚尾，是南北交汇之地，兼具吴文化与北方文化相交融的特征。3000多年建城史、约450年建都史，沉淀出了诸多有形、无形的金陵文化遗产，被誉为“天下文枢”，在中国文化史上可谓是独树一帜。这些文化遗产都打上了长江的烙印。由于金陵大江历史深厚，位置关键，景色美好，所以为文学之渊薮。六朝时，这里开创山水诗一派。唐朝诗人来了之后，形成金陵怀古潮流。历代到金陵的文人诗人不可胜数，吟咏之作比比皆是，以大江为背景的作品也是举不胜举，其中不乏经典作品。大江为“文学之都”所做的贡献，煌煌其著。

长江万里，长江千面，精彩纷呈，魅力无穷。从不同的地理位置看长江，从不同的时代看长江，都会画出面貌各异的长江画卷，都会讲出意味深长的故事。金陵大江故事有的美丽，有的温馨，有的悲壮，有的惨烈，今天重温这些故事，一者帮助我们更好地认识大江，二者可以帮助我们更全面地了解金陵的历史，三者有助于我们善待大江，敬畏大江。

我在这部书里分空间篇、时间篇、文学篇三个部分来讲述金陵大江的故事，为长江立传，端详长江，解读长江，致敬长江，礼赞长江。由于本人阅读与见识有限，难免有遗珠之憾，权当抛砖引玉，以期方家撰写更好的大江传。

我原先的书名为“金陵大江传”，拜南京出版社社长卢海鸣先生所赐，书名最后定为“扬子江传”，我觉得这个书名更理想，理由是：第一，隋唐以来尤其是明代以来，一直将自南京开始的下游大江称作“扬子江”，“扬子江”这个名称已经使用了1000多年，具有深厚的历史内涵与独特的标示性；第二，在整段扬子江中，南京这一段大江发生的故事最多，文化含义更丰富，更具代表性；第三，扬子江连通海洋，是长江驰名中外的别称，用“扬子江传”更能彰显长江兼容、开放的精神气质。从历史上看，长江从来都是开放的。早在东吴时期，孙权就派船队从长江驶入海洋，到达南海。明代郑和的船队从长江启航下西洋，访问30多个国家或地区。明朝万历年间来到中国的意大利传教士利玛窦，1595年从江西赣州经鄱阳湖进入长江后，想当然对“扬子江”发挥了自己的想象：（长江）因为河身宽大，它被当地人叫作扬子（因为近音，利玛窦将“扬子”认成“洋子”，理解为“大洋之子”），并对长江进行了定义——流经南京的大江在中国称为“扬子江”。受利玛窦等明代传教士的影响，越来越多的西方人开始把长江称为“扬子江”。晚清南京下关开埠，越来越多的外国商人进入南京，“扬子江”成了司空见惯的长江代称。建造于1914年、由英国人柏耐登设计的扬子饭店就是以扬子江命名的。因此，本书用“扬子江传”作名，更能凸显南京开放、包容的城市气质。

苏轼说：“哀吾生之须臾，羡长江之无穷。”在须臾的人生中，与金陵大江相遇，回首大江风云变幻之历史，感受大江波澜壮阔之美，亦是人生之一大幸！

是为后记。

2024年1月于方山脚下、秦淮河畔